철학자와 달리기

철학자와 달리기

Running with the pack

중년의 철학자가 달리면서 깨달은 인생의 지혜와 성찰

마크 롤랜즈 지음 | 강수희 옮김

나의 아버지 피터 롤랜즈에게 바칩니다.
당신은 가셨지만,
우리가 함께한 달리기는 어제처럼 생생합니다.

프롤로그

달리다 보면
삶의 가치를
알게 된다

달리기란 무엇인가?

수천만의 사람들이 여가 삼아 하는 달리기의 의미 혹은 중요성은 무엇인가?

대답은 사람마다 다를지도 모른다. 각자 다른 이유로 달리니까. 어떤 이는 그저 달리는 게 즐거워서, 어떤 이는 기분이나 몸이 좋아지니까, 또 어떤 이는 건강과 행복을 위해, 심지어는 살아 있다는 느낌을 주니까 달린다는 사람까지, 달리는 이유는 천차만별이다. 업무를 하는 데 필요해서 달릴 수도 있고, 일상의 스트레스를 날리려고 달릴 수도 있다. 자신의 한계를 시

험하거나 다른 사람과 자신을 비교해 보려고 달리는 사람도 있
다. 달리는 이유는 달리기의 의미와 같기 때문에, 사람마다 달
리는 이유가 다른 것 같다.

그럼에도 불구하고 현재 지배적인 믿음은 달리기는 단순히
개인의 차원을 넘어 전 인류 차원의 의미와 중요성을 지닌다는
것이다. 많은 이들이 그 중요성은 과거 인류 진화의 역사에서
나타났고, 그 결과 현재의 우리를 만든 달리기의 역할에 근거
하고 있다고 생각한다. 어떤 이들은 우리가 수백만 년에 걸친
무작위적 돌연변이와 적자생존을 통해 달리도록 태어난 유인
원이라고 생각할지도 모르며, 어쩌면 그들이 옳을 수도 있다.
우리는 달렸기 때문에 풀만 먹는 것이 아니라 사냥을 해서 짐
승도 잡아먹을 수 있었다.

하버드 대학교 인류학 교수인 리처드 랭엄Richard Wrangham과
같은 학자들은 섭취하는 단백질의 양이 늘어나면서 인간의 뇌
가 상당히 커졌다고 주장한다. 비록 이것이 '대뇌화encephaliza-
tion(뇌가 발달하면서 뇌의 기능이 발달하는 것—옮긴이)'의 핵심 요인
은 아니라 할지라도, 단백질 섭취량의 증가가 대뇌화의 필요조
건인 것은 분명하다. 달리 말하면 달리기는 인간이 하나의 종
으로 발전하는 데 있어서 제약이 되는 부분을 제거한 것이다.

또 한편에서는 과거 인류의 달리기와 현대인의 높은 인지 능
력 간에 긴밀한 연관 관계가 있다고 주장한다. 우리 조상들의

사냥 전략은 속도가 아니라 인내심이었다. 즉, 큰 무리일지라도 그중 한 마리를 정해 몇 킬로미터가 되든 계속 추적하여 압박함으로써 사냥감이 뛰다 지쳐서 죽게 만드는 전략이다. 버몬트 주립 대학교 생물학과 교수 베른트 하인리히Bernd Heinrich는 전체 무리에서 한 마리만 표적으로 삼고 그 동물이 지평선 너머로 사라질 때까지 여러 시간 혹은 여러 날을 집중력을 가지고 추적함으로써 인간의 인지 능력이 발달하게 되었다고 주장한다.

나는 이런 이야기들의 중요성은 우리가 인간에 대해 하는 많은 이야기들처럼 내용이 아니라 그 속에 품은 의미에 있다고 생각한다. 그렇다고 이런 이야기들이 틀렸다는 것은 아니다. 오히려 이런 이야기들에는 중요한 진리의 요소들이 들어 있다. 그러나 그런 진리의 요소를 전체의 진리로 오해하는 것은 거짓말보다 더 위험할 수도 있다. 달리기에 대한 이러한 혁신적인 설명은 달리기의 의미를 호모 사피엔스 종에게 유용한 측면을 가진 것으로 규정한다. 이 접근법에는 문제가 없다. 사실상 진화에 따른 설명이 이런 방식이며, 또 이래야만 하니까. 그러나 여기에 내포된 의미는 바로 달리기에 어떤 종류의 가치를 부여하는 것이다. 달리기는 그 자체가 아니라 그것이 우리에게 주는 효용 때문에 가치 있는 것이다.

이런 식으로 가치를 부여하다 보니 달리기의 의미, 즉 달리는 이유는 개인차가 있다는 주장에서 계속 맴돌게 된다. 사람들이 달리는 이유는 각자 다른 필요 때문이라고 가정하는 것이다. 철학자들은 이렇게 쓸모(효용)에 근거한 가치를 '도구적 가치'라고 부른다. 도구적 가치가 있다는 것은 목표를 위한 수단으로서 의미가 있다는 뜻이다. 돈은 도구적 가치가 있다. 돈의 의미는 물건을 사는 수단이라는 점에 있다. 약은 건강을 되찾아 주는 수단이므로 도구적 가치가 있다. 도구적 가치만 있다는 것은 그 자체의 의미는 없다는 뜻이기도 하다. 그 가치는 항상 그 자체가 아닌 외부의 다른 것에 있으며, 그 다른 것이야말로 진정한 가치의 근원이다.

　달리기는 도구적 가치를 가진다. 그러나 개인의 달리기와 진화에 따른 인류의 달리기에 대한 설명에는 공통적으로 엄청난 오류가 있기에, 어쩌면 거대한 역사적 음모가 아닐까 의심스럽기도 하다. 바로 달리기에 도구적 가치밖에 없다는 주장이다. 그러나 도구적 가치는 달리기의 주된 가치도 아닐뿐더러 그 주장은 사실도 아니다.

　우리는 어떤 측면에서는 괴물 같은 시대에 살고 있다. 달리기에 대한 이런 도구주의적 생각은 모든 것이 무엇인가에 기여하는 효용이 있어야 한다고 가르치는 공리주의 시대를 살아온 우리들의 협소한 시각이 반영된 것일 뿐이다. 20세기를 대표

하는 철학자인 마르틴 하이데거Martin Heidegger는 막강한 영향력을 지닌 그의 에세이 《기술에 대한 하이데거의 물음The Question Concerning Technology》에서 현대 사회의 본질이 '닦달Gestell', 즉 강요라고 주장했다.

현대 사회는 주변의 세상을 보거나 이해하는 방식을 구체화함으로써 다른 방식을 허용하지 않는다. 현대 사회는 남녀노소를 불문하고 누구나 자신만의 닦달이 있다는 면에서 단연코 독특하다. 현대 사회의 특징은 두드러지게 도구적이거나 공리적인 형태의 닦달이다. 현대 사회의 닦달은 모든 것이 다른 것을 위한 자원일 뿐이다. 우리는 모든 것을 효용성이라는 기준에서 보고 이해한다. 나에게 주는 효용이나 해악을 기준으로 대상을 판단하다 보니 그 대상에 다른 가치가 있을 수 있다는 사실조차 대강 넘겨 버리고 마는 것이다. 심지어 자연조차도 자원의 총합체로서 기술되고 있는 실정이다. 의도적으로 맞춤법을 깨는 것이 특징인 하이데거는 이러한 현대의 도구적 경향을 '세계의 밤darkened of the world'(원문인 'darkened of the world'는 문법에 맞지 않으나 번역되는 뜻인 '세계의 밤'은 문법에 맞으므로, 문맥상 원문을 함께 기재하였다—옮긴이)으로 묘사했다. 현실은 좁은 의미의 기술로 정의된다.

본질적으로 인간이 사물의 가치를 효용으로밖에 볼 줄 모른다고 단언할 수는 없지만, 사실 부정하기도 어렵다. 달리기라는 활동이 보통 자신과 남을 위해 정당화되는 것도 그런 이유임이 확실하다. 사람들은 건강하고 싶어서, 날씬한 몸매를 유지하고 싶어서, 여가 활동으로, 혹은 살아 있기 위해서 달린다고 말한다. 이러한 대답에 내재된 전제는 만약 달리기가 여가를 보내는 합법적인 방법이라면 반드시 효용이 있어야 한다는 것이다. 즉, 어떤 방식으로든 유용해야 한다는 것이다. 달리기에 도구적 의미로 이해할 수 없는 독립적인 가치가 있다는 생각은 보통 이해하기조차 힘들다. 나 역시 수십 년간의 혼란을 극복한 후에야 비로소 이 개념을 이해했다.

　나는 이 책에서 달리기의 경험에 대해 철학자들이 종종 '현상학적 고찰'이라고 부르는 작업을 주로 할 것이다. 단지 그 자체가 목적이거나 즐거워서 하는 것은 아니다. 사실 이 작업은 까다롭고 혹독하며 쉬이 지치는 일이다. 오히려 도구적 가치나 효용이 아닌 달리기의 독립적 가치를 설명한다고 말하는 편이 낫겠다. 그리고 최소한 큰 그림에서는 누구나 이 가치 속에서 삶의 의미를 찾을 수 있다.

　아마 대부분이 이 책에서 내가 펼치는 주장을 이상하게 여길 것이다. 달리기에 다양한 도구적 가치들이 있는 것은 사실이다. 그러나 가장 순수한 절정의 상태에서 달리는 일은 전적으로 다른 종류의 가치인 본질적 혹은 내재적 가치를 가지게 된다. 어떤 대상이 본질적 가치를 가진다는 것은 그로 인해 우리

가 얻거나 소유할 수 있는 것 때문이 아니라 그 자체로서 가치
가 있다는 뜻이다. 그래서 나는 달리기에 본질적인 가치가 있
다고 주장한다. 합당한 이유로 달릴 때 우리는 삶의 본질적 가
치와 조우하게 되는 것이다.

　이것은 단순히 달리기가 무엇인가를 이해하는 것보다 더 포
괄적인 중요성을 가진다. 세계의 밤 속에서 살아가는 것은 본
질적 가치를 바라보면서도 알아채지 못하는 무력함으로 인해
더욱 어려워진다. 우리의 삶은 목적을 위해 수단이 되는 일을
하는 과정이다. 그리고 그 목적은 또 다른 목적의 수단일 뿐이
다. 평생을 끝도 없이 이어지는 목적과 수단의 쳇바퀴를 돌며
손에 잡히지도 않는 가치를 좇아 달린다. 목적을 위한 수단이
아니라 그 자체로 중요한 무엇인가를 만날 때 비로소 잠시나마
그 좇음은 끝이 날 것이다. 잠시라도 가치를 좇는 대신 그 속에
몰입하는 것이다.

　사람들은 가끔 삶의 의미를 묻는다. 그 해답을 찾는 것은 요
즘 거의 내팽개쳐 둔 철학자들의 업이다. 슬프게도 이 질문은
두 가지 이유로 더 어렵다. 먼저, 의미라는 단어 때문에 일부는
그 대답이 매우 신비롭고 권위자만이 할 수 있는 것이라 짐
작한다. 둘째, 의미들도 아닌 의미는 마치 실존의 만병통치약
처럼 삶이 무엇인지를 단번에 설명해 주는 유일한 정답이 있

으리라는 뉘앙스를 풍긴다. 그러나 현실에서 그 질문은 더 친근하고 덜 거창하다. 누구나 한 번쯤은 해 보는 질문인 '삶에서 중요한 것은 무엇인가?'라는 질문이다. 달리 말하면, '삶에서 가치 있는 것은 무엇인가?' 또는 '삶에서 소중하게 생각해야 할 것은 무엇인가?'이며, 살아가는 방식이 내가 가치 있다고 여기는 것들을 반영한다고 가정한다면 '어떻게 살아야 하는가?'라는 질문으로 바꾸어 볼 수도 있다. 신비로운 대답은 거의 쓸모가 없다. 대답이 대답이 되려면 이해할 수 있어야 하고, 이해할 수 있다면 신비로운 것이 아니다. 게다가 이러한 질문들이 단 하나의 정답만을 가질 필요도 없다.

나는 달리기가 삶의 의미와 가치를 이해하는 하나의 방법이라고 생각한다. 달리기는 삶의 본질적 가치를 드러내기 때문에 우리가 달리면 그러한 본질적 가치를 만날 수 있다. 물론 그 방법에 달리기만 있는 것은 아니다. 그러나 하나의 방법인 것은 분명하다. 아무리 세속적이고 평범해도 가장 합리적으로 삶의 의미를 설명해 주는 방법이다. 최소한 나에게 있어서 삶의 의미에 대한 대답은 늘 취약하고 변화했다. 몇 분 만에 쉽게 이해되었다가 곧 사라진다. 그러나 이들이 어쩌면 내 삶의 가장 중요한 순간들일지도 모른다.

나는 근본적으로 달리기에 일종의 앎이 체화되어 있다는 점을 설명할 것이다. 달리는 나는 삶에서 중요한 것이 무엇인지 안다. 비록 여러 해 동안 나는 내가 그랬다는 사실조차 몰랐지만 말이다. 이것은 새롭게 얻은 앎이라기보다는 되찾은 앎에 가깝다. 어렸을 때는 나도 무엇이 중요한지를 알았다. 비록 우리 모두가 무엇이 중요한지 알았을지는 의심스럽지만 말이다.

어쨌든 이것은 내가 어른이 되고 생활인이 되어 가는 위대한 성장 놀이를 시작하면서 잊어버린 것이다. 사실 성장 놀이 자체를 시작하려면 이것부터 먼저 잊어버려야 한다. 가장 자연스럽고 편안하게 삶의 의미를 이해하는 사람은 가장 그럴 필요가 없는 사람들이라는 것은 인생 최대의 모순이다. 결국 나는 내가 결코 되찾을 수 없는 어린 시절과 내가 결코 돌아갈 수 없는 고향의 속삭임을 들을 수 있을 것이다. 이 속삭임과 소문과 기나긴 달리기의 불평불만을 듣는 때야말로 내가 한때 알았던 것을 이해하게 되는 순간이다.

생각은 종이 위에 활자로 내려앉는다. 그러나 생각은 저 멀리서 천천히 울리는 종소리와 같이 삶 속에서 메아리친다. 이 메아리는 단순히 최초의 종소리를 똑같이 재현하는 것이 아니라 항상 미묘하게 바뀐다. 삶이 항상 움직이기 때문이다. 이것을 인생에 적용해 본다면 생각의 도플러 효과doppler shift(소리나 빛이 발원체에서 나와 발원체와 상대적 운동을 하는 관측자에게 도착했을 때 진동수에 차이가 나는 현상—옮긴이)라고 할 수 있다. 단순한 생각이 아니라 살아 있는 생각의 돌연변이인 것이다.

달리기에 대해 쓰려면 글의 구조도 그에 따라야 한다는 것을 나는 서서히 이해하게 되었다. 그렇지 않다면 그를 구성하는 생각은 아귀가 맞지 않아 흔들릴 것이기 때문이다. 달리기는 특별한 것이 없는 활동이다. 오랜 시간에 걸쳐 발을 내딛고 팔을 흔드는 움직임은 모두 한 동작에서 다음 동작으로 흘러간다. 이 책을 구성하는 생각도 이와 같다. 달릴 때처럼 생각들도 하나에서 다음으로 물 흐르듯 한 순간도 똑같거나 머무르지 않고 늘 변화하며 흘러간다.

이 책은 나와, 또 나와 함께 달렸던 무리의 삶 속에 흩어진 달리기의 일화에 따라 구분되어 있다. 하지만 장을 구분한 것은 형식적일 뿐이다. 달리기에 생명을 불어넣는 생각들은 서로서로 이어져 있다. 실제 삶의 달리기는 몇 년씩 간격을 두고 벌어졌을지언정 그 속을 흐르는 생각은 꼬리를 물고 이어진다. 수년 전 수 킬로미터 길에 내버려 두고 온 나의 생각은 새롭고도 미묘하게 변이된 형태로 다시 완강하게 모습을 드러낸다. 논리는 여전히 거기 그대로 있지만, 방향을 안내하는 표지판을 따라 달리기 위해 내가 움직이는 팔다리처럼 매 순간 달라져 있다.

이 책은 전제에서 완벽한 결론으로 깔끔하게 이어지는 논리적 주장은 아니다. 오히려 가끔은 느리고 또 고통스럽게 이어졌던 나의 많은 달리기들처럼, 일반적인 결론의 방향으로 달리려고 애쓰는 한 사람의 이야기이다. 결국은 목적지에 도달할 것이다. 그러나 이 달리기에는 연결되는 길이나 한쪽이 뚫린 골목조차도 없는 막다른 길들이 많이 있다. 가끔은 어디로 가는지도 모르는 채 뛰고 또 뛰어 목적지를 알게 되기도 했다.

반복적인 부분이 있다면 미리 사과한다. 실제로 달리기를 하다 보면 경치와 방향이 늘 미묘하게 변화하는데, 사실은 이것이 가장 중요하다. 결국 달리다 보면 언제나 우리는 다시 집으로, 원점으로 되돌아온다. 그러나 아주 오래 달린다면 그 돌아온 집조차도 달라졌을 것이다. 이 책의 끝도 이 책의 원점이다. 그러니 이 책을 끝까지 따라 왔다면 그 원점은 확실히 달라져 있을 것이다.

나는 가끔 달리기는 역사를 전하는 장소일지 모른다고 생각한다. 달리기 속에서 나는 거인의 어깨 위에 올라선다. 다시 말해, 나보다 뛰어난 이전 사상가들의 개념의 후류後流(비행기가 날아갈 때에 추진기 뒤쪽에 생기는 바람—옮긴이) 속에서 달리는 것이다. 달리기 속에서 나는 읽고도 잊어버린 것들, 삶의 사소함과 사소함의 삶 속에서 오래전 묻혀 버린 것들을 발견한다. 그들은 다시 한번 의식의 단계로 올라와 왜 자기를 잊었냐며 나에게 뻗대고 삐죽댄다. 아무것도 변하지 않거나 모든 것이 다

변하면서 그들이 들어오고 나가는 이 단계에 대해서 나는 할
말이 거의 없다.

　달리기는 내가 기억하는 장소이다. 무엇보다 달리기는 남이
아닌 나의 삶의 초기에 내가 알았지만 성장하여 어른이 되면서
잊기를 강요받았던 것을 기억해 내는 장소이다. 누구나 그것
을 아는 줄도 몰랐지만 사실은 알고 있었다. 달리기는 기억의
장소이다. 그곳에서 우리는 달리기의 의미를 찾는다.

삶도 달리기도
핵심은
도전이다

나에게 마라톤은 부작용 없는 약과 같아요.
언제나 울적할 때 달리면 웃으며 집에 올 수 있었으니까요.

늙었다고 주저하지 말고
당신이 원하는 것이라면 도전해야 해요.

폐냐 크라운 Pena Crown

준비는 끝났다?

어떻게 해도 이건 꼴사나운 짓이다. 아직 동이 트려면 한 시간이나 남았다. 간밤의 고민 끝에 결국 나는 2만여 명의 군중 속에 섞여 G 그룹 출발선에 서 있고, 바로 옆에는 한껏 흥분한 70대 노인들이 득실댄다. 나를 둘러싼 이 늙다리들은 기대에 부풀어 앞으로 뛰게 될 시간이며 스플리트 타임 split time (마라톤의 이정 구간에 따라 측정한 시간—옮긴이) 따위를 상세히 떠벌리느라 여념이 없다.

나는 그렇게 흥분한 상태는 아니다. 1950년대 체코의 마라톤 영웅 에밀 자토펙 Emil Zatopek 은 "달리고 싶다면 1마일을 달려라. 그러나 삶을 경험하고 싶다면 마라톤을 하라"고 말한 적이 있다. 마라톤이 생전 처음인 나로서는 공감할 수 없다. 그러나 불현듯 나의 마라톤 훈련은 일반적인 삶의 굴곡을 따라 온 것 같다는 생각이 든다. 미래의 희망에 부풀어 시작했으나 출발 지점부터 잘못 되었고, 곧이어 내리막길이 기다리고 있었다. 출발 지점과 결승 지점 사이에는 약 5만 2천 개의 계단이 있고, 나는 그중 백 개도 제대로 못 마칠 것 같았다.

지금까지는 다 좋았다. 사실 나는 아내에게 얼마나 철저하게 첫 마라톤 준비를 했는지 장황하게 설명했다. 사실 그다지 어려운 것도 아니다. 마라톤은 누구나 마음만 먹으면 할 수 있다.

그러나 그런 마음을 먹는 것 자체가 쉽지 않을 뿐이다. 만약 이미 일주일에 8킬로미터씩 4회, 총 32킬로미터 정도를 달리고 있다면, 4개월 후 생애 첫 마라톤에 출전할 수 있다. 사실, 처음 마라톤을 준비하던 때의 나는 그만큼도 달리지 않았다. 훈련은 장거리 달리기부터 시작하며 보통 주말에 한다. 주중에는 단거리를 빠르게 달린다. 나는 일주일에 약 6.4킬로미터의 단거리를 3회 달리는 것부터 시작했다. 단거리 달리기는 항상 상대적으로 짧게 끝냈다. 훈련이 한창일 때 나는 주중에 9.6킬로미터, 12.8킬로미터, 9.6킬로미터씩 총 3회를 달렸다.

장거리 달리기는 마라톤에서 매우 중요한 훈련이다. 장거리 달리기에서는 같이 달리는 사람이 있다면 대화를 하면서 달릴 수 있는 선까지 페이스를 늦춘다. 나의 유일한 달리기 동반자였던 견공 휴고는 대화를 나누기에 그다지 좋은 상대는 아니었다. 내게 휴고의 페이스는 시속 8킬로미터를 조금 넘는 수준이었다. 이 페이스를 일정하게 유지하면서 매주 단계적으로 약 1.6킬로미터씩 늘려 나갔다. 그래서 나의 첫 장거리 훈련 실적은 부끄럽지만 9.6킬로미터에 불과했다.

사실 좀 억울하다. 훈련을 실시한 때는 마이애미의 9월이었기 때문이다. 섭씨 32도에 달하는 기온에 높은 습도까지 겹쳐 체감 온도는 그보다 훨씬 높았다. 이런 덥고 습한 날씨에 뛰어 본 적이 없는 사람들은 이게 얼마나 힘든지 알면 기절할 것이다. 내가 그랬으니까. 이런 조건에서는 체온을 유지하기 위해 심장과 폐에 더 큰 무리가 간다. 단거리 달리기를 연이어 뛴 사람처럼 정신없이 숨을 헐떡대기도 했다.

그래도 나는 굴하지 않고 매주 대략 1.6킬로미터씩 서서히 거리를 늘려 나갔다. 사실 말처럼 쉬운 건 아니었다. 매주 마지막 1.6킬로미터는 죽음이었다. 나는 할 수 있는 한 달렸고, 꼭 걸어야 할 때만 걸었다. 핵심은 쓰러지지 않고 계속 앞으로 나아가는 것이다. 2010년 12월에는 약 32킬로미터까지 거리를 늘렸고, 나 같은 마라톤 첫 출전자는 절대 32킬로미터 이상의 장거리 달리기는 하지 않는다. 이제 준비는 끝났다.

무모한 정신과 고장 난 육체

대회까지는 두 달이나 남았기 때문에 나는 보통 이런 상황에서 내가 늘 하던 대로 했다. 바로 기본 원칙을 어기는 것이다. 처음 이 대회에 참여하기로 했을 때는 기록을 신경 쓰지 않겠다고 굳게 다짐했다. 이번이 첫 마라톤이고, 내 목표는 그저 죽지 않고 42.195킬로미터를 완주하는 것이었다. 그 목표에만 집중하리라 다짐했다. '마크, 넌 이제 예전 같지 않아. 2년만 있으면 쉰이라고. 네 목표는 오직 완주뿐이야. 다른 것은 모두 신경 꺼.'

그러나 12월이 되고 약 32킬로미터를 큰 어려움 없이 성공하자 대회 전까지 8~9.6킬로미터 정도를 더 늘리면 훈련 마지막 몇 주간에는 시간 단축도 가능하리라는 욕심이 생겼다. 실제로 시간 단축 훈련을 할 수도 있었다. 단순히 대회에 출전하는 수준이 아니라 기록을 낼 수도 있었다. 4시간은 어렵겠지만, 4시간 반? 심지어 4시간 15분도 불가능해 보이지 않았다. 그러나 이것은 비극에 단골로 등장하는 주제인 허황된 야심이었다. 더 먼 거리를 더 빨리 달려 보면 어떻겠냐고 묻자마자 내 몸은 기권 신호를 보냈다.

2급 종아리 근육 파열은 누군가가 종아리를 회초리로 후려치는 느낌이었다. 사실 예상하지 못했던 일은 아니었다. 내 기억이 맞다면 2급 종아리 근육 파열은 이미 90년대 중반부터 나를 괴롭혀 온 것이다. 내 나이 정도에 오는 이런 유의 종아리 근육 파열은 재활 치료에 6주 남짓 걸린다. 만약 환자가 나처럼 인내심이 전혀 없다면 기간은 더 길어진다.

나도 처음 파열이 왔을 때는 일반적인 사람들보다 더 조심했다. 재활을 시작했고, 퍼스널 트레이너가 시키는 대로 파열된 조직 부위별 운동을 했다. 하지만 조금 낫기 시작하자 인내심이 바닥나 뛰쳐나갔고, 내 종아리는 몇 백 미터도 못 가 금세 도져 재활은 도로아미타불이 되었다. 그러기를 여러 번 반복한 후 마침내 나는 아무것도 하지 않고 절대 안정을 취해야 하는 신세가 되었다.

　파열이 재발한 것은 2010년 12월 4일이었다. 지금은 2011년 1월 30일이고, 나는 마이애미 마라톤 대회의 출발선에 서 있다. 설상가상으로 내 생애 첫 마라톤인데 직전 2개월간 달리기의 '달'도 못 해 봤으니 이렇게 난감할 데가!

　좋게 말해서 준비가 덜 된 상태로 나는 출발선에 섰다. 금요일 점심때까지만 해도 만약 누군가 내게 달릴 거냐고 물었다면 진심을 다해 "아니요"라고 대답하거나 더 강력한 부정의 뜻을 표했을 것이다. 이것은 다른 사람들에게 표명한 나의 공식 입장일 뿐 아니라 내 이성에게 말한 것이기도 했다. 그러나 작은 몸집으로 몰래 비집고 들어온 막강한 영향력의 비이성적인 나는 이미 내가 대회의 출발선에 서 있을 것을 알고 있었던 것 같다. 그래서 금요일 오후에 마이애미비치 컨벤션 센터로 마라톤 물품을 찾으러 차를 몰고 가는 나 자신을 발견했을 때 크게 놀라지 않았다.

　물론 내 이성은 여전히 고개를 젓고 있었다. '그냥, 혹시 몰라서 가는 거야'라고 나는 내 이성을 타일렀다. 내 이성은 종아리 보호대를 사고, 준비가 하나도 안 되어 있는데 마라톤에 나가려면 어떻게 하면 좋은지 센터에서 만나는 사람마다 붙들고 물어 보는 이유가 '혹시 몰라서'냐고 반문했다. 내 이성은 가끔 너무 비판적이다. 그러나 안 될 것이 분명한 이유가 백 가지임에도 불구하고 나는 '그냥, 혹시 몰라서'라는 어설픈 대사를 주워

섬기며 새벽 4시 기차에 무거운 몸을 구겨 넣고 있었다. 혹시
몰라서 가기에는 너무 늦었다. 사실 이건 내 이성의 말을 귀담
아듣지 않은 내가 자초한 화이다.

　최근 몇 주간을 돌이켜 볼 때 가장 가능성 높은 시나리오는
내 종아리가 즉시 재발해서 맥아더 코즈웨이까지도 가지 못하
는 것이다. 수천 명이 나를 지나 달리는데 나만 낙오되면 좀 창
피할 것 같았다. 그러나, 만약 그렇지 않다면 어떨까? 그러니
까 내 종아리에 아무 일이 없다면 말이다. 그러면 질문은 '종아
리가 얼마나 오래 아무 일이 없어야 완전히 나았다고 안심할
수 있는가?'로 바뀐다. 내 상태가 어떨지 정확하게 알 수는 없
지만, 좋지 않을 거라는 생각은 든다. 얼마나 오래 달릴 수 있
을까? 하프 마라톤 표시에서 그냥 멈춰도 된다. 하지만 거기까
지 갈 수는 있을까? 얼마나 아플까?

　그리고 시간의 문제도 있다. 전체 코스는 어떻게 뛴다고 해
도, 총 시간이 얼마나 걸릴까? 이건 자존심의 문제가 아니다.
솔직히 말하면 전혀 관련이 없지는 않겠지만 허영심은 제쳐 두
고라도 마이애미 마라톤에서 절대로, 전혀 하고 싶지 않은 것
은 나의 소중한 시간을 낭비하는 것이다.

　대부분의 도시 마라톤이 그러하듯 도로의 차량 통제를 순차
적으로 해제한다. 누구나 가능하다면 차량 통행이 재개되기
전에 구간을 지나고 싶어 한다. 여섯 시간 후 모든 도로의 차량

통행이 재개되기 때문이다.

오가는 차량 사이를 비집고 달리는 것은 좀 창피한 정도가 아니라 정말로 위험한 일이다. 나는 여러 나라를 다니면서 정말 미친 게 틀림없는 운전자들을 보았다. 그리스와 프랑스가 바로 떠오른다. 그러나 그런 나라는 운전자들이 어떻게 할지 어느 정도 예측이 가능하다. 그 나라를 좀 다녀오고 나면, 어떤 상황에서 누가 튀어나올지 예측할 수 있다. 시간이 더 흐르면 일상다반사처럼 특별할 것도 없어진다.

그러나 마이애미에서는 도로에 관한 한 예측 가능한 게 아무것도 없다. 마이애미에는 대중교통이라고 부를 만한 것이 아예 없다. 그나마 하나 있는 고가 모노레일을 평균적인 마이애미 사람이 신경을 쓸 일은 작가 데이브 배리Dave Barry가 한때 말했던 것처럼 어쩌다 하늘의 별똥별을 볼 정도의 확률이다. 다들 운전을 한다. 그러다 보니 질풍노도의 십대 소년, 술 취한 직장인, 약으로 연명하는 노인네, 그리고 가끔은 약으로 연명하고 술에도 취한 질풍노도의 노인네까지 다 차를 끌고 나온다. 길모퉁이를 돌 때 무슨 일이 벌어질지 아무도 모른다. 그리고 상당수가 총기를 소지하고 있고, 약으로 연명하는 노인네더러 운전을 좀 빨리 하라고 참견이라도 한다면 목숨을 내놓을 각오를 해야 할지 모른다.

어제 유튜브에서 마라톤에 대해 '조사'를 하던 중, 작년 대회

동영상 제목이 '마라톤 주자에게 경적을 울려 댄 마이애미의 무개념 운전자'라고 되어 있는 것을 발견했다. 사실 틀린 말은 아니다.

달리자마자 종아리가 파열되는 수치, 길고 고통스러운 달리기와 교통사고의 위험, 이 세 가지를 더하면 실망, 고통 혹은 죽음이다. 어쩌면 자토페크가 맞았는지 모른다. 예감이 불길하다. 한동안 사라졌던 불편한 느낌이 난다. 이것이 두려움인가? 아마 그 정도는 아닐 것이다. 그냥 좀 긴장했다고 해 두자. 그리고 이 기분이 꼭 나쁜 것만은 아니다.

미국적 사유 방식과 달리기

나는 왜 이러고 있는가? 대답하기 쉽지 않은 이 질문에 나는 기꺼이 진부한 대답 하나를 툭 내던지고 상황을 모면한다. "그냥 좋아서요." 사실 틀린 말은 아닌 것이, 훈련이 지속되는 동안은 이 훈련 과정이 좋았다. 그리고 경주를 몇 분 남기고 드는 긴장감도 좋다. 감당할 수 없는 일을 저질러 놓은 듯한 버거운 느낌 자체도 좋고, 앞으로 무슨 일이 벌어질 줄 모르는 이 불확실성도 좋다. 실제로 내 앞에 펼쳐질 예상 밖의 일조차도 '좋아할'지 모른다. 그래서 이 '그냥 좋아서요'라는 대답에는 약간의 진실도 있다.

그러나 그것이 특별히 대단하거나, 이해를 돕는 진실은 아니다. 그저 다음과 같은 질문을 줄줄이 묻게 만들 뿐이다. '왜 나는 이것들이 좋은가?' '곧 쉰이 되는데 지금 하지 않으면 절대 하지 못할 것이다. 평생 살면서 마라톤 한 번 해 보지 않았다면 얼마나 부끄러운 삶인가?' 이것도 이유 중 하나가 될 수 있다. 그러나 여전히 진부한 대답이고, 처음만큼의 거부 반응을 불러일으킨다. 마라톤을 하지 않고 살면 또 어떤가?

진짜 이유는 설명하기 어려운 정도가 아니라 파악 자체가 어렵다. 그러나 많은 사람이 내가 달리는 이유에 대해 여러 가지 추측을 하려고 한다는 점과, 그런 추측의 내용이 특히 대서양을 중심으로 어느 쪽에 사느냐에 따라 다르다는 점은 재미있는 사회학적 사실이다.

내 생각에는 달리기와 이를 연장해 오늘 내가 하는 일에 관하여 분명한 미국적 사유 방식이 있는 것 같다. 미국인들이 쓴 달리기 관련 책은 거의 언제나 뚜렷한 주제를 가지고 있다. 물론 그들을 비난하려는 의도는 아니다. 딘 카르나제스Dean Karnazes의 감동적인 책 《울트라마라톤 맨》과 크리스토퍼 맥두걸Christopher McDougall의 놀라운 책 《본 투 런》부터 베른트 하인리히(미국 태생은 아니지만 일생 대부분을 미국에서 살았으니 명예 미국인이라고 해 두자)의 흥미진진한 책 《우리는 왜 달리는가》까지, 나는 꽤 많은 책을 읽었다. 그러나 이런 훌륭한 책들조차 주제가

공통되고 명확하기 때문에, 이 책들이 본질적으로 미국적이라
는 말을 하는 것이다.

첫 번째 주제는 개척 정신으로 무장한 꿋꿋한 낙관주의이다.
당신은 위대한 일을 할 수 있다. 모든 사람에게 이러한 능력이
있다. 매일매일 어제보다 나은 내가 될 수 있다. 그리고 마음을
다한다면 못할 것이 없다. 이런 식의 낙관주의는 도처에서 찾
을 수 있는 미국인들의 주문과도 같다. 나도 이러한 믿음을 사
랑하고, 많은 미국인처럼 그 가르침이 감동적이고 진실하다고
생각한다. 사실은 그게 아니라는 것을 내가 아주 확신한다는
게 문제이기는 하지만.

대부분 일들은 사람이 할 수 있는 범위 밖에 있다. 그리고 삶
의 불변하는 진리 중 하나는 우리는 살아가면서 점점 나빠진다
는 것이다. 누구나 한때는 위대한 일들을 할 수 있었다. 그리고
지금도 할 수 있을지 모른다. 어쩌면 어제 말할 것도 없이 고통
스러운 배드워터, 리드빌, MDS(사하라 사막 마라톤) 같은 울트라
마라톤을 끝내고 왔는지도 모른다. 그래도 어쨌든 확실한 것
은 우리는 살아갈수록 나빠질 거란 것이다. 내가 위대한 일을
할 수 있다면, 더 이상 그럴 수 없는 때 역시 다가오고 있다.

두 번째 주제는 믿음에 대한 강조이다. 믿음은 달리면서 피
할 수 없는 어두운 시기를 헤쳐 나갈 수 있게 해 준다. 믿음은
두말할 것 없이 미국인의 삶의 초석이다. 믿음은 우리를 강하

게 만든다. 우리는 믿음을 가질 때 최고가 된다. 그러나 어두운 유럽의 영혼을 가진 나는 출발하는 무리의 중간에 섞여 눈치를 보면서, 오히려 믿음을 잃었을 때 최고가 되는 게 아닌가 하는 의심을 품는다.

사실 논란의 여지는 있겠으나 이는 내 전작《철학자와 늑대》의 주제이기도 했다. 믿음의 상실은 더 강해질 수 있는 정확한 기회이다. 결국, 우리가 삶에 대해 내릴 수 있는 유일하고 가치 있는 정의는 도전이라고 생각한다. 물론 그런다고 해서 끝에 가서 달라지는 것은 없다. 무엇을 하건 결국은 누구나 참담한 끝을 맞이하게 될 것이고, 그렇지 않다고 해도 우리의 도전은 부질없을 것이다.

유럽 등지에서의 높은 판매고와는 달리《철학자와 늑대》의 미국 판매고는 '지지부진했다'. 마치 오늘 대회에서 달리는 내 꼴처럼. 내게 이 마라톤을 끝내거나 오래 달릴 수 있다는 믿음 따위는 아예 없다. 사실 그래서 더 구미가 당기기는 하지만 말이다. 믿음을 통해서든 다른 수단을 통해서든, 이길 것을 확실히 알거나 반대로 강하게 의심한다면 애당초 그 일을 왜 하겠는가? 사실 오늘 내가 여기에 있게 만든 이유인 '이 달리기를 끝낼 희망이 없으리라는 의문을 품은 것'이 정확히 나인지조차도 의심스럽다.

마지막으로 미국의 달리기 관련 책들은 일의 긍정적 가치를 강조한다. 이런 생각은 상반되는 두 분파로 나눌 수 있다. 한 분파는 일이라는 것은 본질적으로 가치가 있다고 생각한다. 또 다른 분파는 일의 가치를 그 일을 통해 실현할 수 있는 꿈에 둔다(첫 번째 '낙관주의' 주제를 참고할 것).

그러나 나의 어두운 유럽 정신은 내게 일은 본질적으로 고귀한 것이 아니라고 말한다. 할 필요가 없는 일을 하는 것은 고귀한 게 아니라 멍청한 거라고. 열심히 일한다고 해서 꼭 꿈이 이루어진다는 증거나 확실한 상관관계는 없다고. 나는 일해서 좋은 것은 없다고 스스로에게 되뇐다. 달리기가 최고이자 가장 가치가 있을 때는 일이 아니라 놀이일 때이다. 이것은 내가 달리기를 통해 실제로 얻은 교훈이다.

나는 낙관주의, 믿음 그리고 일을 원하지 않는다. 열심히 일하는 것의 가치를 부정하는 나는 믿음이 없는 비관론자인 것만은 확실하다. 이런 나에게 미국 정부가 그린카드를 발급해 준 것이 놀라울 따름이다.

내가 이 마라톤에 출전한 이유는 믿음을 잃었기 때문이다. 그렇다면 혹시 이것이 믿음을 향해 떼는 발걸음은 아닐까? 알츠하이머에 걸린 이빨 빠진 악어가 자기 머리 위에 얹혀 있는 모자를 찾아 헤맨다고 상상해 보자. 이 악어는 서로에게 모욕적이고 가능하면 더 잔인한 생일 카드를 보내는 가족 전통을 철저히 지키려 했던 동생이 1993년 아버지의 생신 기념으로 선물한 '금주의 화석' 생일 카드의 그림이었다. 우리 형제는 최고의 카드를 찾는 데 많은 시간과 노력을 들이고 기발한 상상력을 총동원했다. 관건은 아이디어였다.

나의 신의 한 수는 2007년 동생의 마흔 번째 생일에 보낸 카드였다. 야영을 간 보이 스카우트 학생들이 그려진 카드였는데, 무서운 이야기를 할 때 보통 그러듯이 한 소년이 턱 밑에 횃불을 들이대고 있고, 이야기를 듣는 아이들의 표정은 경악과 공포에 휩싸여 있다. 아이들을 공포에 떨게 만든 비밀 이야기는 '늙으면 귀와 콧속에서 털이 자란다!'이고, 그 카드의 메시지는 '어떤 무서운 이야기는 진실이다'라는 것이었다.

나의 마흔여덟 번째 생일 며칠 전인 동시에 이 마라톤이 있기 불과 몇 달 전, 나는 동생으로부터 정말 보기 좋게 한 방 먹었다. 동생은 박쥐 두 마리가 거꾸로 매달린 그림이 크게 그려진 카드를 보냈는데, 그들은 이렇게 말하고 있었다.

"나이가 들면서 내가 제일 두려운 게 뭔지 알아?"

"아니. 뭔데?"

"요실금이야."

종교의 기능은 거짓말을 계속함으로써 사람들을 기분 좋게 하는 것이다. 그러나 철학과 신중하게 고른 생일 카드의 기능은 진실을 말함으로써 사람들을 더 우울하게 만드는 것이다. 그리고 그 진실은 '우리는 살아갈수록 더 나빠진다'는 것이다.

카드가 대서양을 건너 나에게 날아올 때쯤 나는 주치의에게 이렇게 묻고 있었다.

"제가 통풍이라구요?"

일주일 전, 나는 한밤중에 깨어나 왼쪽 엄지발가락이 굳는 느낌을 느꼈다. 다음 날 아침에는 아파서 잠에서 깨었고 통증은 더 심해졌다. 며칠이 지나자 발 전체가 퉁퉁 부어올랐고 염증이 너무 심해 신발을 신을 수조차 없게 되었다. 나는 맨발로 절면서 의사를 찾아갔다. 확실한 질환이면 진단도 거짓말처럼 금방 나오겠지만, 일단 눈으로 보이는 상황은 너무 참담했다.

"확실히 통풍처럼 보입니다. 하지만 혈중 요산 농도를 검사해 보기 전까지는 단언할 수 없습니다."

"그럴 리가요. 통풍은 나이 많고 비만인 사람이 걸리는 병이지 않습니까?"

"네, 환자분 말씀이 맞아요. 비만과 고혈압이 있으면 통풍에 걸릴 확률이 더 높기는 하지만 그 사람들이 다 통풍은 아니죠."

"저는 절대 아닙니다. 그런 건 맨날 거위 다리를 뜯고 말술을 마시던 헨리 8세나 걸리는 병인데, 저는 아시다시피 채식주의자인걸요."

"네, 물론이죠. 퓨린(통풍의 원인이 되는 단백질 분해 산물인 요산을 생성하는 성분 —옮긴이) 함유량이 높은 고기와 생선 같은 음식을 많이 섭취하면 통풍에 걸릴 위험도 커집니다. 선생님이 채

식주의자인 것은 사실 의외인데요. 술은 많이 드시나요?"

"술이요? 글쎄요, 크리스마스에 드라이 셰리 한 잔하는 정도? 아니, 제가 작가인데 술을 어떻게 안 마시겠습니까? 솔직히 처음 자리 잡기 시작할 때는 꽤 마셨죠. 하지만 이젠 안 마셔요. 특히 아이들이 태어난 뒤로는요. 아시다시피 애들은 사정을 안 봐주니까요. 조금이라도 숙취가 있는 아침이면 제가 비실 댄다는 걸 귀신같이 알아채거든요. 하루 종일 힘드니까 제가 싫어서 안 마셔요. 애들 재우고 와인 한두 잔 하는 게 고작입니다. 가끔 석 잔까지 마실 때도 있지만 정말 딱 한 잔이에요."

"일종의 혐오 요법이로군요. 재미있네요. 매일 밤 한 잔씩 마시나요?"

"글쎄요, 사실 거의 매일 밤이라고 봐야겠네요. 외출하면 운전을 해야 하니까 그런 날은 예외죠. 하지만 외출을 거의 하지 않으니까요."

"통풍 발작의 거의 절반은 음주와 관련 있는 것으로 나타납니다."

"그럼 술을 끊어야 하나요?"

"아니요, 그렇게까지는 안 하셔도 됩니다. 하지만 가끔 하루나 이틀 정도는 술을 쉬셔야 합니다. 신장이 좀 휴식을 취할 수 있도록 말이죠."

"뭐, 그 정도야 할 수 있죠. 그런데 정말 통풍일까요?"

"글쎄요, 다른 병일 수도 있어요. 혹시 전에 이 발가락을 다친 적 있으세요? 골절이나 탈골 같은?"

"말씀하시니까 생각이 났는데요, 몇 해 전에 삔 적이 있습니다. 한창 가라테에 빠져있을 때요."

"저런! 관절에 손상을 입었을 경우 퇴행성 관절염이 올 수 있습니다. 아주 골치 아픈 병이죠. 사실 거기 비하면 통풍은 훨씬 더 가벼운 병입니다. 또 다른 가능성은 피로 골절입니다. 달리기를 한다고 하셨죠?"

"네. 하지만 요즘은 안 하고 있어요. 한 번에 약 32킬로미터씩 일주일에 64킬로미터까지 뛸 때도 있었죠. 하지만 옛날이야기이고, 최소한 여기 마이애미에서는 그러지 않습니다. 마이애미는 너무 무덥고 평지인데다가 모기들이 극성이라 도저히 달릴 상황이 못 돼요. 하지만 젊은 개가 있어서 운동은 많이 해야 합니다. 그래서 하루에 몇 킬로미터는 별수 없이 뛰어요. 그렇다고 과격하게 달리지는 않고요. 마라톤 같은 건 안 합니다."

"다행히도 피로 골절일 가능성은 거의 없어 보이네요. 그게 정말 골치 아픈데, 아닌 것 같아요. 보통 이십 대의 환자들이 피로 골절로 많이 찾거든요. 확실히 선생님은 통풍 같습니다. 관절에 코르티손 주사를 놔 드리죠. 증상이 완화될 겁니다."

"아픈가요?"

의사는 씩 웃으며 말했다.

"거의 죽습니다."

정말 죽을 만큼 아팠다. 하지만 마법의 주사 코르티손은 정말 효과도 죽였다.

위키피디아에 나오는 것처럼 통풍은 관절에 요산 결정이 쌓여 생기는 병이다. 요산은 단백질의 대사산물인 요소로 이루어져 있다. 신장이 제 기능을 하지 못하면 혈액 속의 요소가 분해되지 않고 요산 결정을 형성한다. 이 결정들이 관절에 쌓이는데, 보통 엄지발가락에 잘 쌓이며 면역 체계에서는 이를 이물질로 인식한다. 그렇게 해서 벌어지는 면역 체계와 이물질 간의 전쟁이 바로 통풍 발작이다.

하지만 그게 중요한 것이 아니다. 나의 전반적인 쇠락을 다루고 있는 이 책의 이 장에서 정말로 말하고자 하는 것은 여기 적용된 가정의 배경이다. 나는 내 삶에서 최선의 시나리오가 통풍인 시점에 와 있다. 즉, 나는 내 병이 통풍이기를 간절히 바라고 있다. 그리고 통풍이라면 주치의의 진료실에서 괴물과 같은 삶이 다시 한번 나에게 희망의 서광을 비춰 줄 것이다. 마치 내가 그것을 바라기라도 한 듯이. 한때는 32킬로미터를 재미 삼아 달렸는데 이제는 통풍이기를 바라고 있다.

다음날 나는 2011 ING 마이애미 마라톤 대회에 등록하고 지옥 훈련에 돌입했다. 이는 나의 쇠락하는 육체와 정신의 한판 싸움을 붙여 보려는 새로운 정책의 일환이기도 했다. 몇 달 후,

내 종아리가 거부 반응을 확실히 보이기 시작할 때 혈액 검사 결과가 나왔다. 혈중 요산 농도는 정상이었다. 따라서 나의 고통스러운 발가락은 통풍이 아닌 것으로 판명되었다.

혈기 왕성한 휴고를 운동시키느라 함께 뛰었던 게 화근이었던 것이 거의 유력시되었다. 어이없게도 달리기 때문에 생긴 문제를 해결하기 위한 나의 극약 처방은 달리기 강도를 더 높이는 것이었다. 마라톤 세계에 도전장을 내민 나의 결정은 이렇게 모순적인 배경에서 나왔다.

삶은 내리막길이다

사실 발가락의 증상은 더 큰 노화의 측면에서 볼 때 빙산의 일각에 불과하다. 어떤 무서운 이야기들은 사실이다. 늙어 버린 자신의 모습을 보고 혐오스럽지 않을 젊은이가 있겠는가? 시작은 꿈에 부풀고 몇 년간은 활력 넘치고 왕성했던 삶이었다.

그러나 좋은 날은 오래 가지 못한다. 그다음부터는 몸도 마음도 모두 내리막길이다. 삶이 있고 죽음이 있다. 사람들은 보통 죽음은 삶의 끝이지 일부는 아니라고 생각한다. 한때 비트겐슈타인Ludwig Wittgenstein이 말했듯, 죽음은 내 삶에 속한 사건이 아니다. 하지만 내 생각에 진리는 이보다 조금 더 복잡하지 않을까 한다.

먼저, 나는 삶과 죽음을 별개의 것이 아닌 점진적인 소멸 과정의 연장선상에 있는 것으로 본다. 근본적으로 삶은 소멸의 과정이다. 물론 나중에는 본질적으로 그러하지 못한 것으로 판명되겠으나, 어쨌든 희망에 들뜬 첫 20년 정도가 흐른 뒤 나는 서서히 하향 곡선을 그릴 것이다. 소멸의 후반부에 있으며 되돌릴 수 없는 단계인 죽음은 이 과정에서 두말할 나위 없이 매우 중요한 지점이다.

이 과정은 나의 파괴에 만족하지 못하고 내가 끝낼 수도 있었던 모든 단계와 내가 한때 여기 있었다는 모든 흔적이 지워질 때까지 질질 끌고 있다. 그래서 삶과 죽음이라는 조잡한 이분법적 사유 대신, 바로 노화 + 죽음 + 제거 = 소멸이라는 어설픈 삼분법을 채택하고 싶다. 반대로 말하자면 죽음을 미래에 안전하게 분리된 사건으로 보는 것은 오류라는 것이다. 죽음은 마치 조금씩 출연 분량을 늘렸다가 서서히 사라지는 카메오 연기자처럼, 아직 막이 내려오기도 전에 성마르게 조금씩 모습을 드러낸다.

너무나 뛰어나서 거의 잊힌 헝가리 출신의 현상학자 아우렐 콜나이Aurel Kolnai가 지적한 대로 모든 혐오의 기본은 우리 삶의 죽음이다. 노화는 수많은 다른 얼굴로, 수많은 예고를 계속하며, 스멀스멀 목줄을 죄어 오는 죽음이다. 분명히 통풍처럼 보이는 나의 발가락은 부풀어 오르고 악취를 풍기는 시체에 매달린 한 부분이다. 이십 대의 내 단단하던 육체는 시들어 가는 오렌지처럼 서서히 물컹대며 힘없이 내려앉고 있다. 온몸 여기저기서 자라 나오는 생각지도 못하고 반갑지도 않은 털은 썩은 오렌지에 핀 곰팡이 같다. 이렇듯 나의 죽음은 공연이 끝나기 훨씬 전부터 끝을 예고하는 신호들을 보내려고 안달이다.

이런 반짝 카메오 출연은 내게 씁쓸한 미소밖에 자아내지 못할 것이다. 죽음에게도 유머 감각은 분명 있다고 생각할 수 있다. 영국 작가 줄리언 반스Julian Barnes는 상관으로 모시던 줄리어스 시저Julius Caesar에게 자신의 삶을 끝내도록 허락해 달라고 했던 늙은 퇴역 군인의 이야기를 한 적이 있다. 시저의 대답은 "지금 그대가 살아 있다고 생각하는가?"였다. 썩 훌륭한 편은 아니지만, 시저도 유머 감각은 있었다. 시저가 너무 심했고 조금 앞서갔던 것은 분명하다.

지금은 생물학적인 생명이 끝나기 전에 사람이 점진적으로 소멸해 간다는 것을 모르는 사람은 없다. 이것이 나의 반복되는 악몽이다. 나는 수많은 이들이 점점 사라져 가는 과정을 보면서 내재된 공포와 혼란을 알게 되었다. 죽음에 다가가는 과정은 서서히 집을 잃어 가는 과정이다. 양로원에서 임종을 맞이하신 할머니가 "이제 집에 가고 싶어"라고 말씀하시던 것이 기억난다. 앞으로 몇 년 후면 나도 내가 모르는 사람들에게 이제 집에 가고 싶다고 말할지도 모른다. 그러나 그 미래에는 집이 없다. 곧 나는 집이 무언지조차 기억하지 못할 것이다.

어떤 무서운 이야기들은 진실이기 때문에 나는 이 마라톤에 나간다. 이런 유의 설명을 나는 좀 좋아하는 것 같다. 이런 설명에는 편안한 익숙함이 있고, 심지어 향수까지 느낀다. 성인이 되면서 나는 고국인 영국 밖에서 더 많이 살았다. 하지만 여전히 무슨 일이든 헐뜯고 보는, 혹은 좀 좋게 말하면 그 행동을 하는 사람의 동기나 성격에 대해 비판을 하는 오랜 영국 방식을 고수한다. 나는 이를 일종의 문화·예술의 방식으로 존중하며, 심지어 그 동기와 성격을 비판 받는 사람이 내가 될지라도 상관하지 않는다. 이제 나는 내가 이 마라톤에 왜 나가는지 안다. 바로 '중년의 위기' 때문이다!

그리고 이 여가 활동을 선택하는 것은 나뿐만이 아니다. 강박적으로 자신의 한계를 시험하려는 40대 중년은 문화 현상의 하나로서 빠르게 확산 중이며, 나도 그중 한 명이다. 이런 측면에서 볼 때 나의 노력은 참으로 미미하기 짝이 없다. 마라톤 따위는 명함도 못 내민다. 약 80~160킬로미터도 넘는 거리를 달리는 어마어마한 울트라마라톤이 도처에서 벌어지고 있다.

가장 강도 높은 대회가 아마 배드워터일 것이다. 배드워터의 217킬로미터 코스는 해수면 이하 약 86미터까지 내려가는 데스밸리에서 출발하여 휘트니 산의 기점이자 주 내에서 가장 높은 봉우리인 해발 약 2,600미터의 휘트니 포털에서 끝이 나는, 캘리포니아의 주요 부분을 아우르는 대장정이다. 초반에는 기온이 섭씨 54도까지 치솟는다. 이 정도면 상온에서 식빵이 자동으로 토스트가 된다. 포장도로는 너무 뜨거워서 신발 바닥이 녹기 시작할 것이므로 열을 반사해서 좀 더 시원하도록 도로 옆에 그어둔 흰 선을 밟으며 뛰어야 한다.

그리고 6일간 사하라 사막 약 243킬로미터를 횡단하는 사막 마라톤Marathon des Sables이 있다. 주자들은 구간 내에 출몰하는 독사들 때문에 해독제 주사를 상비한 채 달려야 한다. 만약 더위가 질색이라면 콜로라도 록키 산맥의 4.2킬로미터가 넘는 고도에서 약 161킬로미터를 달리는 하드록Hardrock 대회도 있다. 깎아지른 언덕을 기어오르는 느리고 힘든 경주로, 영광의 메달과 함께 고산성 뇌부종이 상품으로 따라오는 지옥의 코스이다. 이들 죽음의 경주를 완주하는 데에는 48시간이 넘게 걸리는데, 이는 새벽 동트기 전부터 시작해 달리는 동안 해가 뜨는 것을 세 번 본다는 뜻이기도 하다. 그리고 미국에서 가장 높은 콜로라도 록키 산맥의 도시 레드빌에서 펼쳐지는 고도 4.2킬로미터, 코스 161킬로미터의 레드빌Leadville 대회도 있다. 그러나 완주율은 하드록보다 더 낮다.

솔직히 나도 매우 관심이 있다. 어쩌면 너무나 지옥 코스라서 내 수준에서는 엄두도 못 낼지 모른다. 그러나 연말쯤 종아

리가 낫고 나면 그나마 해 볼 만한 80킬로미터 코스에 도전하
려고 마음을 먹고 있다. 한계를 시험하는 데 목숨 거는 사람들
은 모두 중년의 위기를 겪고 있는가? 캐리커처에 단골로 등장
하는 딸뻘인 미모의 여인과 스포츠카를 타고 가는 중년의 모습
대신 이제 배드워터나 사막의 마라톤에서 달리는 중년이 대세
인가?

　만약 이런 유의 해석이 옳은 것이라면 중년의 위기라는 개념
을 더 확장하고 여성도 포함해야 한다. 이 위기는 단순히 남성
들에게만 국한된 것이 아니다. 남성들 만큼이나 많은 여성이
자신의 한계를 시험하기에 열광적이다. 그리고 그 결과, 여성
들은 남성들과 거의 동등한 입장에서 경쟁할 수 있다. 물론 우
사인 볼트와 맞장을 뜰 만한 여성은 아무도 없겠지만, 달리는
거리가 길어질수록 남성과 여성 간의 격차는 더욱 줄어든다.

　앤 트라손Ann Trason이라는 여성은 약 160킬로미터의 울트라
마라톤 대회에서 남성을 누르고 우승한 적이 있다. 여성이라
고 해서 중년의 위기가 없겠는가? 그러나 정말로 중요한 문제
는 중년의 위기라는 꼬리표가 어떤 것도 설명하지 못한다는 것
이다.

　꼬리표를 붙이면 이제 막 시작되려고 하는 진지한 사유는 차
단된다. 우리는 더 깊이 파고들 필요가 있다. 중년의 위기란 과
연 무엇인가? 그 본질은 무엇인가? 특히 하드록이나 사막의 마

라톤 형식의 중년의 위기가 젊은 여인과 빠른 차로 풍자되는 종래의 상투적인 중년의 위기와 상관이 있는가? 아마 그 두 가지로 압축되는 위기에는 공통점이 있을 것이다. 그러나 그것이 정확히 무엇인지 파악하기 전까지는 중년의 위기라는 꼬리표는 사실 아무 의미도 없다.

중년의 위기를 성취와 긴밀히 연결해 생각하기도 한다. 중년의 위기는 이제 능력이 다해 무엇을 해도 노력 만큼 성과가 나지 않고 그 간극이 점점 커지는 것을 깨닫는 일이다. 젊은 여인과 빠른 차는 능력에 비해 성과가 큰 젊음의 권위를 회복하고자 하는 노력과 다르지 않다. 그렇다면 이것이 중년의 위기의 전부인가?

물론 이것은 내 주장일 뿐이다. 달리기를 성취와 연결 짓는 '능력 이상의 성취' 가설은 나에게 설득력이 없다. 내가 달리기에서 가장 먼저 배운 것은 성취의 허무함이다. 내 삶의 달리기들은 어쨌든 대부분 성취와는 거리가 멀었다. 최소한 내가 생각하기로는 말이다. 그냥 내가 이러저러한 이유로 했던 것일 뿐. 성취라는 것을 달리는 이유에 추가한 것은 이 대회가 처음이다. 그러나 그 성취는 이상하게도 점차 가치가 떨어지는 것 같다.

이 마라톤을 위해 훈련을 시작했을 때, 약 9.6킬로미터를 달리는 동안 마이애미의 늦여름 더위는 나를 거의 초주검으로 만들었다. 나는 서서히 거리를 늘려 나갔다. 장거리 달리기를 하는 전날은 거의 잠을 이루지 못했다. 얼른 나가서 내가 늘어난 거리를 달릴 수 있는지 보고 싶었다. 그러나 실제로 달리기 시작하면 뿌듯한 마음은 곧 불안감으로 바뀌었다. 약 19킬로미터까지는 해 볼 만했다. 그러나 다음 주는 약 21킬로미터를 달려야 한다.

장거리 달리기의 핵심은 열심히 하면 성취할 수 있는 합리적인 주간 목표를 설정하고 실제로 그것을 성취하는 것이다. 노력과 성취, 이것이 바로 아메리칸드림의 공식이다. 다른 사람들은 어떤지 모르겠지만 최소한 나에게는 매우 특별한 '노력-성취 주기'이다. 이것은 모든 노력-성취 주기의 허무함을 드러내는 노력-성취 주기이다. 장거리 달리기는 목표에 따른 성취가 부질없음을 드러낸다.

주머니에 동전 하나 없이 사탕 가게 앞에서 침을 흘리며 하염없이 바라보는 어린아이가 있다고 생각해 보자. 이때 하나님이 옆에 나타나 이렇게 말한다.

"애야, 언젠가는 이 가게의 사탕을 모두 살 수 있단다."

"정말요, 하나님?"

"그럼, 정말이지. 그런데 그때가 되면 아마 사탕이 먹고 싶지 않을 게다. 그게 바로 인생이란다!"

어떤 가치가 있는 성취도 성취하는 순간 그 의미를 상실하고 만다. 기적이 일어나 내가 정말로 이 마라톤을 완주한다 해도, 사우스 비치에서 모히토 파티나 벌이며 축하의 늦은 브런치를 먹는 게 고작일 것이다. 그러다 저녁 시간쯤 되면 처음 가졌던 자랑스러움은 불안감으로 바뀔 게 분명하다.

얼핏 드는 생각은 이럴 것이다. 뭐, 어쨌든 난 해냈어. 대충 속성으로 했어도 제법 훈련까지 했으니 됐어. 그까짓게 뭐 그리 어려웠겠어? 그러고 나서 5월에 열리는, 키 라르고에서 키 웨스트를 잇는 80킬로미터 혹은 160킬로미터 코스 중 선택할 수 있는 울트라마라톤인 키즈 100(Keys 100)에도 나가 볼까 고민하게 될 것이다. 그다음에는 2011년 말과 2012년에 있을 더 어려운 대회에도 한번 도전해 볼까 생각하리라.

그러나 나의 목표는 무언가를 성취하는 것이 아니다. 성취가 목표라고 생각한다면 완전히 오산이다. 나는 사람들에게 자랑하려고 거실 벽에 걸어 둘 완주증이나 메달 혹은 벨트 버클 따위를 수집하려는 게 아니다. 그렇다면 내가 완주했다는 뿌듯함 때문인가? 그것도 내가 원하는 것은 아니다.

내게 있어서 성취란, 내가 하는 일이 더 이상 의미가 없게 만드는 과정에 불과하다. 나는 무엇인가를 얻는다는 관점에서의 성취를 목표로 뛰는 것이 아니다. 나는 그저 성취의 과정에 의해 변화되기 위해 뛸 뿐이다. 물론 성취하는 과정에 의해 변화

되기 위해서는 먼저 성취를 해야 한다. 그러나 성취는 목적을
위한 수단에 불과하다.

　나는 변화하고 싶어서 달린다. 그러면 "어떻게?"라는 질문이
자연스럽게 떠오른다.

노년을 향해 뛴다

　중년의 위기를 젊음의 자유를 되찾는 노력으로 보는 시각도
있다. 일리는 있지만, 이 또한 최소한 한 가지 결정적인 측면에
서는 틀렸다고 생각한다. 장거리 달리기는 분명 자유에 관한
것이지만, 젊음의 자유와 같은 종류는 아니다. 전통적인 중년
의 위기와 지구력으로 이를 극복하는 마라톤은 각각 다른 방식
으로 자유를 표상한다. 이들이 결정적으로 다른 이유는 전제
가 되는 자유의 개념 자체가 완전히 다르기 때문이다.

　내가 젊었을 때 했던 럭비, 크리켓, 권투, 테니스 등의 고속
스포츠에서는 육체와 정신의 구분이 거의 없다. 상대의 공이
나 신체가 나를 향해 돌격해 오는 순간, 육체와 정신 사이에는
간극이 전혀 없다. 그런 때, 그런 스포츠에서 나는 내 몸뚱이
그 자체였다. 어떤 때는 끝나고 난 후에야 비로소 내가 그 플레
이를 했다는 것을 깨닫기도 했다.

　내가 했던 최고의 크리켓 샷이 기억난다. 나는 브리스톨 랜

스다운 크리켓 클럽의 빠른 볼러(크리켓의 투수—옮긴이)를 맞이했었다. 그가 다리 쪽 아래 방향으로 공을 날렸다고 생각한 나는 두 발을 함께 끌어 파인 레그fine-leg(크리켓 포지션의 일종으로 배트맨의 다리 쪽—옮긴이) 쪽으로 한 번에 가려 했다. 그러나 예상과는 달리 공은 반대편 오프 사이드로 깊숙이 날아왔다. 나는 반사적으로 굽혔던 무릎을 다시 폈다. 그때 앞에 있던 다리를 먼저 당겼는지, 뒤에 있던 다리를 먼저 당겼는지 정확히 기억나지 않지만, 어쨌든 내 배트에 정확하게 맞은 공은 볼러의 우측 외야 바운더리로 총알처럼 날아갔다.

아마도 크리켓에서 가장 하기 어려운 샷인 온 드라이브on-drive(배트맨의 다리 쪽에서 위킷 라인 쪽으로 약 45도 각도로 쳐 내는 샷—옮긴이)를 내가 가장 완벽하게 해낸 것이 바로 이때가 아니었나 싶다. 사실 거의 우연에 가까웠다. 플레이가 끝날 때까지도 나는 내가 어떻게 했는지 몰랐다. 그 순간 나라는 존재와 내가 한 행동 사이에는 경계선이 없었다. 내 의식은 내 행동 속에 체화되어 있었다.

17세기 네덜란드 철학자 바루흐 스피노자Baruch de Spinoza에 따르면, 자유로워지는 것은 필요에 따라 행동하는 것이다. 이와 유사하게 도교에서는 자유를 무위無爲, 즉 인위적 행위가 없는 상태와 동일시한다. 고속 스포츠에서는 '영역'에 들어서면 자동으로 몸이 움직인다. 상황이 필요로 하는 바로 그 행동을 정확히 해내는 것이다. 선수의 행동은 필요와 완벽히 일치한다. 즉, 해야 할 일을 한치의 오차도 없이 하는 것이다. 열 다섯의 내가 쳐 낸 그 샷은 우연이었지만, 내가 크리켓 경기장에서 가장 자유롭다고 느낀 순간이었다. 만약 스피노자의 말이 맞다면, 그 순간 내가 느낀 것은 절대 자유였을 것이다.

전통적인 중년의 위기는 자유에 관한 것이지만 이것은 특별한 종류의 자유이다. 서서히 미세한 먼지가 되어 결국은 소멸하는 인생에서 어른을 짓누르는 책임감을 벗어던지려는 자유임이 틀림없다. 그러나 그 형태는 젊음의 자유를 흉내 내려고 한다. 젊은 여성과 빠른 스포츠카가 젊음의 상징이 아니고 무엇이란 말인가?

이것은 노년에서 벗어나려는 자유이며, 우리를 향해 전속력으로 돌격해 오는 삶의 자유인 빠른 젊음의 자유를 재현하는 것이다. 이것이 바로 필요에 맞게 행동하는 스피노자의 자유이다. 그러나 장거리 달리기에 체화된 자유는 매우 다르다. 이것은 스피노자의 자유, 젊음의 자유가 아니다. 스피노자의 자유는 육체와 정신의 경계를 허문다. 실제로 스피노자는 육체와 정신은 결국 하나라고 생각했다.

그러나 장거리 달리기의 자유에서 육체와 정신의 경계는 흐려지기보다는 더 뚜렷해지는 듯하다. 이는 적어도 나에게는 언제나 똑같이 시작된다. 이번 대회를 앞두고 훈련할 때에도 장거리 달리기 초반은 SW 152번가에서 SW 104번가까지 올드 커틀러 로드를 따라 달리는 것이었다. 120번가에 도착할 때쯤 이면 나는 나 자신과 이런 대화를 나눈다. '104번가 모퉁이까 지만 가서 좀 걷자.'

그러나 이 '나' 또는 '너'라는 것이 도대체 누구이고 무엇인가? 누가 누구에게 허락한다는 말인가? 힘이 드는 것은 육체이지 정신이 아니다. 정신은 가끔 힘내라는 말이나 던지며 용기를 북돋우지만, 근본적으로 104번가까지 달려가야 하는 것은 정 신이 아닌 내 몸뚱이다. 분명 내 육체에게 허락을 하는 주체는 정신인 것 같다. 그리고 내 정신이 육체와 분리되어 있지 않다 면 어떻게 이것이 가능한가?

바로 이것이 17세기 철학자이자 수학자인 르네 데카르트Renê Descartes 를 근대 철학의 아버지로 만들어 준 직관이다. 데카르트 에 따르면, 뇌를 포함한 육체는 다른 물질과 상세 구성이 다를 지언정 하나의 물질이다. 그러나 데카르트가 보통 동일하다고 본 정신, 영혼, 이성 혹은 자아는 매우 다르다. 정신은 물질적 대상이 아니며, 물질과는 다른 실체로 구성되어 있고, 다른 법 칙을 따른다. 그 결과로 나온 데카르트식 이원론은 인간을 물 질적 육체와 비물질적 정신의 전혀 다른 두 가지가 결합한 것 으로 본다.

정신에 대한 데카르트의 견해가 옳다고 보기는 매우 힘들 것 같다. 그럼에도 장거리 달리기의 자유는 스피노자보다는 데카르트의 자유인 것이 분명하다. 약한 것은 육체이다. 장거리 달리기에서 거리를 늘려 나가는 것은 육체를 속이고 설득하는 정신의 능력이다. 104번가에 도달해도 계속 달려야 한다. 나는 내 육체가 여전히 내 정신이 지정한 페이스대로 한 발 한 발 내딛도록 만들어야 한다. 성공적인 달리기의 정신은 가끔은 필요에 의한 거짓말이다. 인내심의 저변에는 자기기만이 있다. 달리기의 자유에는 이보다 훨씬 더 많은 것이 있다. 나는 납득하지 않지만, 어쨌든 사람은 자신의 육체에 거짓말을 하기 때문에 육체와 정신의 분리가 증명된다는 데카르트의 심신 이원론이 바로 자유의 첫 단계, 첫인상이다.

또 다른 훨씬 더 재미있는 측면이 있다. 내가 아주 오래 달릴 수 있다는 전제하에 오늘 또 만나기로 한 나의 오랜 친구이다. 정신과 육체 사이의 관계에 대한 데카르트의 더 일반적인 견해를 지지하지 않을 수는 있다. 그러나 여전히 젊음의 자유가 육체와 정신의 차이를 없애 주는 반면, 장거리 달리기의 자유는 그 차이를 더 강화한다는 사실은 맞는 것 같다. 스피노자의 자유는 젊음의 자유이다. 그렇다면 데카르트의 자유는 무엇인가? 이를 어떻게 정의할 것인가?

고대 로마의 철학자 키케로Cicero는 한때 철학자가 되는 것은 어떻게 죽는지를 배우는 것이라고 했다. 키케로는 데카르트와

거의 비슷한 관점에서 이원론자였다. 정신이나 영혼은 비물질
적 대상이며 육체가 죽어도 살아남는다. 키케로에 따르면, 죽
음도 초월하는 정신을 가지고 어떻게 사는지 아는 철학자는 어
떻게 죽는지도 아는 사람이다.

장거리 달리기 선수는 죽음을 초월하여 혹은 대부분 그렇듯
초월하지 못하더라도 정신과 어떻게 사는지를 아는 사람이다.
장거리 달리기는 노년에서 도망가는 것이 아니라 노년을 향해
뛰는 것이다. 위기가 아니라 삶에서 마땅히 다다를 곳에 왔음
을 인정하는 것이다. 그래서 장거리 달리기의 자유는 나이의
자유이다. 또, 그래서 장거리 달리기는 젊음의 자유를 되찾기
보다는 처음으로 전혀 새로운 종류의 자유를 찾는 것이다.

달리기는 육체가 기억하는 방법이다

나는 아직도 G 그룹에 속해 있다. 지역구 의원인가 뭔가 하
는 사람들이 소리가 뭉개져 잘 들리지도 않는 확성기로 고래고
래 연설을 하고 있다. "몇 달을 훈련하느라 얼마나 고생이 많으
셨습니까? 그간 제대로 드시지도 못하고 사람들도 못 만나면
서……." 정말 그랬으면 차라리 위로나 되지. 나는 그저 중년의
위기의 특성과 왜 내가 이러고 있는지 정당화할 근거를 골똘히
생각하며 사전 준비가 부족해서 찜찜한 마음을 애써 다스릴 뿐

이다.

나는 장거리 달리기에 체화된 종류의 자유가 있다고 생각하지만, 그것이 젊음으로 체화된 자유는 아니며 어쨌든 나의 젊음도 아니다. 그러므로 젊음의 자유를 되찾는 것이 달리기의 본질은 아닐 것이다. 그러나 무언가를 되찾는다는 생각은 여전히 일리가 있고 중요하다. 나는 장거리 달리기가 나의 젊음에서 무엇인가를 되찾으려는 것이 아닌가 의심하였다. 그러나 되찾아지는 것은 자유가 아닌 앎이라고 생각하게 되었다. 바로 이것이 내가 확인하고자 했던 변화이다.

나는 한때 내가 알았던 것을 성장이라는 과정에서 잊어버렸다. 아니, 그냥 잊어버린 정도가 아니라 잊어버려야만 했다. 잊는 것은 위대한 성장 놀이의 일부였다. 나는 가치를 알았다. 물론 나는 내가 안다는 것도 몰랐다. 그럼에도 어쨌든 나는 알았다. 어른이 되는 성장 놀이의 한 과정으로 잊어버려야 했지만, 내가 잃은 것이 무엇인지 그때의 나는 몰랐다. 그러나 나는 서서히 내가 잃은 것을 느끼고 맛보게 되었다. 뼈가 저리고 피가 시린 이 느낌을 말이다. 장거리 달리기는 내가 한때 알았던 것을 깨우쳐 주었다.

사람들은 흔히 철학자들이 대부분 시간을 삶의 의미에 대해 생각하며 보낸다고 생각한다. 그러나 과거 3세기에 걸친 철학의 발전을 규정하는 역사적 모순처럼, 그것은 정확히 철학자들이 이제는 더 이상 생각하지 않는 것이다. 일부는 개인적으로 시간을 내어 생각할 수도 있겠지만 공적인 업무는 아니다. 삶의 의미는 소일거리 정도로 벌써 옛날 옛적에 졸업했다. 이제는 정식 철학 교육을 받지 않은 사람이라면 도저히 이해할 수 없는 것을 논하는 데 집중하고 있다. 달리 말하면 철학은 전문화되었다. 일종의 밥그릇 지키기라고나 할까?

줄리언 반스가 지적했듯 인생에서는 누구나 아마추어이다. 그래서 삶의 의미라는 질문은 철학을 확고한 분야로 정립시키는 과정에서 없애 버리려고 노력해 온 비전문적 냄새를 풍긴다. 나는 이런 생각 중 어떤 것에도 동의하지 않는다. 그저 기록할 뿐이다. 감사하게도 지난 10여 년간, 나는 고집불통의 전문가들조차도 태도가 변하고 그 질문이 더 이상 금기시되지 않는 것을 감지했다. 그러나 이후에 이렇다 할 진전은 없다.

문장에는 의미가 있다. 삶은 문장이 아니다. 그러므로 삶은 의미가 없다. 한때 철학자들은 철학이 지긋지긋해진 나머지, 모든 철학의 문제를 해결하기보다는 없애 버리려고 했다. 이 철학자들은 삶이 문장이 아니라는 주장에 의미가 있다고 생각했다. 그러나 현실에서 "삶의 의미가 무엇인가?"라고 묻는 사람은 그 문장의 글자 그대로를 질문한 게 아닐 것이다. 여기에서의 '삶의 의미'는 바로 삶의 중요성을 묻는 것이므로, 의미론적 내용을 묻는 것이 아니라 중요성 차원의 질문인 것이다.

"삶에서 가치 있는 것은 무엇인가?" "삶을 살 가치가 있게 만드는 것은 무엇인가?" "어떻게 살아야 하는가?" 이것은 내가 사는 방식이 내가 삶에서 중요하다고 생각하는 것을 반영해야 한다는 가정에 따른 또 다른 질문이다.

삶의 '의미들'도 아닌 '의미'를 묻는 일은 그 질문에 대한 하나의 해답, 즉 모든 것을 설명하는 기적 같은 진리가 있을 거라는 가정에 근거한다. 그러나 이 질문을 "삶에서 중요한 것은 무엇인가?"로 바꾸어 보면 그 가정은 사라진다. 허무주의자의 대답을 곧이곧대로 받아들이기는 어렵겠지만, 어쨌든 허무주의자라면 없다고 대답할 것이다. 그보다는 "삶에는 여러 가지 중요한 것들이 있다"가 더 그럴싸한 대답일 것이다. 사람마다 삶에서 중요한 것이 다르므로, 그런 의미에서 대답은 상대적이 된다. 그러나 이것은 또 다른 질문을 낳을 뿐이다. 누군가에게 무엇이 중요하다는 것은 무슨 뜻인가? 이것은 질문의 한 방법일 뿐이다. 가치란 무엇인가? 무엇인가가 가치를 가진다는 것은 무슨 뜻인가?

어려운 것은 질문이다. 질문이 있다는 것을 아는 것이 바로 철학의 어렵고 까다로운 점이다. 대답은 복합적이다. 말할 수 없을 만큼 복잡하거나 극도로 어려운 경우는 드물다. 한때 비트겐슈타인이 말했듯이 오히려 철학적 진리의 문제는 일단 말로 하면 너무 명백해서 아무도 의심할 수 없다. 나는 이 주장이 어느 정도는 옳다고 본다. 그리고 이것이 철학적 질문에 대한 대답의 가장 이상한 점인데, 평범하다고 해서 단순한 것은 아니다.

철학적 대답을 이해하려면 그것을 스스로 도출할 수 있어야 한다. 그러려면 먼저 근원을 알아야 한다. 그 대답으로 인해 해결되는 문제의 강도와 긴급성을 알아야 한다. 이 문제의 다른 대안이 가지는 유혹도 알아야 하며, 어쩌면 어느 시점에서 이런 대안에 이미 굴복했을 수도 있다.

이런 측면에서 볼 때 철학적 대답은 다른 어떤 인간 지식이나 질문의 영역에서 제시하는 대답과도 확연히 다르다. 예를 들어 누군가가 나에게 $E = mc^2$이라고 말하면 나는, "감사합니다, 이제야 육체가 가지고 있는 에너지가 질량과 빛의 속도의 제곱을 곱한 것이라는 걸 알게 되었네요!"라고 말할 것이다. 이 등식을 이해하려고 도출 과정까지 다 알 필요는 없다. 나로서는 전혀 알 길이 없으니 참으로 다행이다. 그러나 철학적 대답은 이와 다르다. 어떻게 도출하는지 그 과정을 모르면 진정으로 이해할 수 없다.

철학적 질문이 삶에 대한 질문, 즉 삶에서 중요하거나 가치 있는 것이 무엇인지를 묻는 것이라면 문제의 강도과 긴급성은 살면서 스스로 느껴야 한다. 문제의 해결책에 대한 매력적인 대안과 그 매력에 굴복하고 마는 것은 근본적으로 살면서 직접 느끼고 실행하는 것이지 머릿속에 있는 것이 아니다. 삶의 의미 혹은 가치라는 문제를 느낄 수 없는 한, 어떤 대답이 주어져도 이해할 수 없을 것이다.

결국, 이 대답은 우리 정신 속에서 찾는 것이 아니다. 그 가치를 이해하는 것은 바로 우리의 피와 뼛속에 있다. 삶이라는 문제의 의미를 느끼는 것은 살아가는 과정을 통해서만 가능하다. 살아가면서 삶이 무엇인지 이해하게 되는 것이다. 머리가 아니라 창자와 혀에서 느껴지는 저린 뼈와 시린 피이다.

삶의 가치를 묻는 질문에 대한 대답은 삶을 구원해 주는 것이 무엇인지를 말해 준다. 이것을 이해하려면 먼저 정확히 삶이 무엇으로부터 구원받아야 하는지부터 알아야 한다. 이것은 우리가 어른이 되어 가는 것을 느끼면서 이해하는 것이고, 피가 묽어지고 차가워지며 체력과 지력이 점차 줄어드는 것을 느낄 때 알게 되는 것이다. 삶에 의미가 있다면 알베르 까뮈Albert Camus가 말한 살 만한 가치가 있게 만드는 그 무엇도 있을 것이다. 그러므로 삶의 의미, 즉 삶의 가치를 묻는 것은 현존하는 가장 중요한 질문이다.

플라톤의 대화편 중《메논》은 제목과 같은 이름의 한 노예 소년에게 플라톤이 유클리드 기하학의 공리 중 일부를 가르치는 내용을 담고 있다. 플라톤은 메논에게 새로운 것을 전혀 가르치지 않고 그저 한때 알았지만 단순히 잊고 있었을 뿐이었던 것을 기억하도록 도와주기만 했다고 주장했다. 플라톤은 우리 모두 이런 종류의 지식을 가지고 태어났지만, 그저 출생의 트라우마로 인해 잊어버린 것뿐이라고 했다. 이처럼 한때 우리가 알았던 것을 기억해 내는 과정을 플라톤은 상기想起, anamnesis라고 명명했다.

플라톤의 상기는 피타고라스의 윤회와도 맥이 닿아 있지만, 개인적으로 나는 믿지 않는다. 그러나 가장 중요한 진리를 체계적으로 망각하는 것은 맞다고 생각한다. 이것은 우리가 태어날 때 일어나는 것이 아니라 성장하면서 발생한다. 그리고 아이들은 자신들이 안다는 것을 모르지만, 삶에서 무엇이 중요한가를 그들만의 방식으로 아는데, 이 방식은 어른들이 매우 이해하기 힘들고 처음부터 다시 배워야 한다.

한때 나는 가치를 알았다. 나는 정신이 아닌 육체로 그것을 알았으며, 그랬기 때문에 내가 안다는 것을 몰랐다. 달리기는 한때 내가 알았지만 잊어버려야 했던 것을 상기시킨다. 달리기는 어른이 되면 쉽게 잃어버리는 가치와 다시 만나게 한다. 달리기는 기억하는 방법이다. 정신이 기억할 수 없는 것을 육체가 기억하는 방식이다.

장거리 달리기를 하면서 경험하는 자유는 정신과 시간을 함께 보내는 자유이다. 장거리 달리기에는 일종의 앎도 있는데, 아직 젊고 경쾌했던 시절에 스며들었던 바로 그 앎이다. 이것은 가치의 앎이며 삶에서 중요하고 중요하지 않은 것을 가리는 앎이다.

장거리 달리기에서 경험하는 자유는 내가 원하는 것이면 무엇이든 할 수 있는 그런 경험이 아니다. 이것은 제약이 없음에서 오는 자유가 아니다. 장거리 달리기가 내게 가르치는 것은 오히려 이런 측면에서 볼 때 자유가 나에게서 얼마나 멀어지는가 하는 것이다. 그리고 또 다른 종류의 자유가 있는데, 바로 나도 모르게 생기는 자유, 의심 없이 찾아오는 자유이다.

첫 발을 내딛는 순간의 마술

이제 연설이 끝났다. 출발의 총성이 울리고 우리는 어디로 가는지도 모르는 채 떠밀려 간다. 내 앞으로 만 명이나 있어서 출발선을 통과하려면 거의 10분이 걸릴 것이다. 그룹에서 내 옆에 서서 나에게 목표가 두 시간이라고 말했던 나보다 나이 많은 유쾌한 신사는(그가 풀이 아니라 하프 마라톤에 출전한다는 것을 깨닫기 전까지 나는 적잖이 놀랐었다.) 웃통을 벗더니 머리 뒤로 휙 하고 던졌다. 어떻게 되었는지 보려고 뒤를 돌아보던 그는 거리를 밝힌 희미한 가로등 불빛 아래 하늘에서 옷이 떨어지자 무슨 일인가 하고 어리둥절해 하는 사람의 모습이 보이자 낄낄대고 웃었다.

이런 방식으로 체온을 보전한다. 내년에 다시 와서 찾을 수도 있겠지만, 일단 내버리고 뛸 옷을 준비해 오는 것이다. 각종 환호성에 심지어 요들송까지 온갖 소리가 다 들린다. 주자들은 앞으로 달리기 시작한다. 천천히 발을 끌며 걷다가 어느 순간 허둥지둥 조깅을 시작한다.

정확히 어디라고 할 수는 없겠지만 여기쯤이면 내 첫 마라톤의 첫 단계로 간주해도 되겠다 싶은 지점이 있다. 왼발을 내딛어 달리기 시작하면서 나는 '바로 이거다'라고 생각한다. 그래, 이제 시작된 거다. 이것이 바로 첫발을 내딛는 순간의 마술이다. 첫발을 내딛기 전까지 나는 겉으로는 평온해 보일지 모르지만, 안으로는 의심에 의심을 거듭하고 있다. 심리적으로 우왕좌왕하는 혼란과 불안의 존재 그 자체인 것이다. 내 종아리가 잘 견뎌 줄까? 먼 거리를 완주할 수 있을까? 얼마나 아플까? 창피해서 어쩌지? 그러나 첫발을 내딛는 바로 그 순간, 모든 의혹은 조용하고 단호한 확신에 밀려 사라진다.

데카르트와 그가 창시한 전통에 따라, 무언가를 안다는 것은 그것을 확신한다는 것이고 그에 대한 한 점 의혹이 없다는 것이다. 우리는 가끔 의심할 수 없는 상태를 이야기하고, 나는 그 표현에 깊은 진리가 담겨 있다고 믿는다. 자유와 앎은 매우 밀접하게 연관되어 있다. 첫발을 내딛는 순간 나를 엄습한 조용하고 단호한 확신은 어떤 앎의 경험적 형태이다. 내가 젊었을 때처럼 스피노자의 영향을 더 많이 받았다면(사실 어느 젊은이가 스피노자의 영향을 안 받을 수 있단 말인가?), 이런 깨달음을 사물의 본질에 대한 앎으로 설명하고자 하는 욕구를 느꼈을 것이다. 그러나 그것은 옳은 일이 아닐 것이다.

첫발을 내딛는 이 순간에도 나는 꼭 일이 이렇게 돌아가도록 운명 지어진 게 아니라는 것을 너무나 잘 알고 있다. 나의 확신은 꼭 그래야 한다기보다는 그래야 마땅하다는 것을 이해하는 데에서 온다. 그러나 '그래야 마땅하다는 가치 판단'은 설명이라기보다는 처방이다. 그래야 마땅하다는 경험은 가치의 경험이다. 무엇이 중요한지, 그리고 그에 따라 그 경험에 내포된 것과 내포되지 않은 것은 무엇인지에 대한 경험이다. 의심과 우유부단의 공포가 차분하고 단호한 확신으로 바뀌는 순간은 가치의 경험에 근거하는 것이다.

첫발을 내딛는 순간 나는 오늘 어떤 일이 벌어지고 얼마나 멀리 달리든 내가 여기에 있어야 마땅하다는 것을 깨닫는다. 나는 마땅히 해야 할 일을 하고 있다. 장거리 달리기를 하며 내가 찾는 자유의 경험은 사실은 내가 한때 알았지만 잊어버렸던 가치의 경험이다. 달리기는 이 체화된 가치를 인지하는 것이다. 첫발은 이미 내딛었다. 장거리 달리기는 이제 시작이다. 그리고 나는 희망을 품어 본다.

2장

1976년의 달리기
미니드 마엔, 영국

삶도 달리기도
자유를 찾아 나서는
일이다

달리기는 인생에 대한 가장 위대한 비유이다.
당신이 달리기에 쏟아붓는 것을
결국 다 돌려받기 때문이다.

오프라 윈프리 Oprah Gail Winfrey

기억은 내용보다는 방식이다

내가 살아오는 동안 집의 인테리어는 계속 바뀌었지만, 최소한 방 하나만은 항상 기념으로 바꾸지 않고 둔다. 묵직한 티크목과 베이지색 패딩의 1970년대 방, 소나무와 매끈한 철제 파이프가 어우러진 1980년대 방, 그리고 이케아 상표가 찍힌 가구로 가득한 1990년대 방까지. 이렇게 개성이 다른 방들이 한 집에 있다는 것이 믿기지 않을 정도이다.

오래도록 방치한 다락방에서 나는 언제 찍었는지 기억도 희미한 사진들을 발견한다. 사진 속 사람과 장소는 모두 대충 알겠는데 그 이상은 기억나지 않는다. 혹은 이 사진들이 내 사진이 맞는지 의아하기도 하다. 사실 내 사진인 것은 확실하다. 이 집에 나 말고 사는 사람도 없는데 달리 누구의 사진이겠는가? 그렇다고 딱히 뒷면에 사진 임자가 누구인지 적혀 있지도 않으니 소유권에 대해서는 합리적으로 유추하는 정도가 나의 최선이다.

내가 정확히 알 수 없는 것은 삶 그 자체의 폭과 깊이이다. 오래 살수록 더 앞뒤가 안 맞다. 문제가 더 많아질수록 이 모든 문제가 각기 다른 방향으로 흩어지는 것 같다. 자연스럽고 명백했던 삶은 점차 이리저리 바뀌어 결국 개연성도 없는 형태로 변화해 간다.

그토록 열정적으로 나를 향해 자신을 던지는 이 기억은 분명 나의 것이다. 이에 대해서는 의심의 여지가 없다. 이는 나의 정신이며 여기 있는 것은 오직 나뿐이다. 내가 아니라면 이게 도대체 누구의 기억일 수 있단 말인가? 나는 이런 기억들이 외계인이 나에게 이식한 것이라고 믿는 것도 아니다. 그렇다고 기억에 마크 롤랜즈의 소유라고 뚜렷하게 표시해 놓은 것도 아니다. 분명한 것은 이것들이 나의 기억이라는 게 아니라, 다른 누구의 기억도 될 수 없다는 것이다. 가끔은 이게 내가 할 수 있는 최선이다.

젊은 날에는 기억하는 것이 어렵지 않다. 새로운 기억이 들어갈 자리는 무궁무진하고 어떤 형식이나 구성도 필요하지 않다. 그러나 기억의 집이 흔들리기 시작하면, 더 많은 기억이 의지의 문제가 되고 완전한 만족감을 느끼며 실행하기는 더 어려워진다. 점점 더 많은 삶의 일관성 혹은 감각이 단순히 주어지는 것이 아니라 특수 작전을 통해 애써 성취해야 할 것이 된다.

기억이 사라지는 이유는 더 이상 만들 수 없어서도 아니고, 더 이상 저장할 공간이 없어서는 더더욱 아니다. 그저 너무나 앞뒤가 안 맞고 개연성이 없게 되었을 뿐이다. 결국 나 자신의 비현실성만이 내게 남을 것이다. 여기에 내가 머무르는 것이 더 이상 현실적이지 않은, 즉 더 이상 믿을 수 없는 가설이 되는 것이다.

　그래서 점점 더 기억하려는 나의 노력은 이상한 놀라움이 될 것이다. 이런 기억들이 한 사람의 삶이라는 것은 다소 초현실 적인 발견이다. 이 기억들이 시공을 통해 하나의 구불구불한 길을 따라 엮여 있다는 것이 너무나 있을 수 없는 일이라서 횡 재처럼 느껴진다. 이 모든 것을 보고 또 행한 것이 정말 나였던 말인가?

　더 심한 것은 사진 속의 모델이 심각한 오류가 있다는 것을 알 만큼 기억에 대해 충분히 알고 있다는 것이다. 기억은 과거 사건의 복제가 아니다. 기억은 복제와 위조가 섞인 연출이다. 기억은 내가 엮은 책략이다. 나는 단순히 사진가가 아니라 편 집가이자 가끔은 컴퓨터 그래픽 아티스트이기도 하다.

　잘 알려진 철학 이론에 따르면 나는 나의 기억이다. 나를 다 른 누구와도 다른 오늘날의 나이게 하는 것은 나의 기억이다. 그러나 내 기억 속에는 내가 없다. 그러한 기억의 내용 속에는 이미 내가 없다. 나는 책략과 조합과 오로지 내가 만드는 이미 지 속에 존재할 뿐이다.

　그렇다면 현재의 내 기억에 대해 나는 뭐라고 말해야 할까? 독일 시인 라이너 마리아 릴케Rainer Maria Rilke는 '가장 중요한 기 억은 너의 피가 된 기억'이라고 쓴 적이 있다. 기억의 피는 기 억하는 내용이 아니라 기억의 방식이며, 내가 나를 찾는 곳은 기억의 내용보다는 방식이다.

기억 속 첫 달리기에는 이유가 없었다

돌石산이라는 뜻의 미니드 마엔Mynydd Maen은 그웬트 골짜기를 동서로 나누는 야산이다. 사실 457미터 정도만 오르면 끝인지라 산이라고 부르기도 민망하다. 그러나 날씨가 좋으면 멀리 잉글랜드까지 보이는 탁 트인 전망이 근사하다. 남쪽으로는 멀리 영국 해협 방향으로 브리스톨이 손에 닿을 듯 보이고, 북쪽으로는 블랙 산맥, 슈거로프 산과 블로렌지 언덕이 보인다. 그리고 쾌청한 날은 그 너머의 비콘스 국립공원까지 보인다.

사실 연중 대부분은 초록색이고 히더가 지는 가을에는 갈색으로 변하는 이곳을 블랙 산맥이라고 부르기에는 어폐가 있다. 진짜 검은색은 예전 모습이었다. 내가 어렸을 때 산업 혁명 당시의 흔적이 모든 것에 붙어 있었다. 언덕은 거의 전체가 석탄 먼지를 가득 뒤집어써 검은색이었다. 심지어 어떤 언덕은 흙이 아니라 석탄으로 된, 석탄 슬래그 산맥이었다. 이 산맥의 깊숙한 곳은 자주 불이 났고, 한번 불이 나면 몇 년 동안 꺼지지 않았다. 산맥 전체가 땔감이니 진화할 도리가 없었다.

어느 일요일, 우리 가족은 석탄의 시내라는 뜻의 난티글로에 사는 가족을 방문하기 위해 차로 언덕을 달리고 있었다. 블래나본을 지나 석탄재를 뒤집어쓴 작은 마을 간여루를 통과해 약 300미터 언덕을 올라가는 동안, 나는 동생과 뒷좌석에 앉아 있었다. 양쪽으로는 검게 번들대는 석탄 언덕이 펼쳐져 있었고, 짙은 석탄 연기가 서서히 피어올랐다.

웨일스의 시인 이드리스 데이비스Idris Davies는 한때 이런 유의 산에 대해 '사라진 아름다움과 아직 오지 않은 아름다움을 꿈꿀' 수 있다고 썼다. 그러나 나는 예술가가 지옥을 묘사할 때 그런 미화법을 쓸 수 있다는 것이 하나도 이상하지 않았다. 지구의 종말이 오면 이런 모습일 거라는 생각도 전혀 들지 않았다.

미니드 마엔은 동쪽 계곡이 해안의 넓은 평지와 만나는 지점이다. 여기는 석탄이 거의 나지 않아 암울했던 산업 혁명의 발톱이 할퀴지도 않았다. 나는 사방이 푸르른 풀로 뒤덮인 산으로 둘러싸인 곳에 서 있다. 남동쪽은 내가 태어난 뉴포트이다. 동쪽은 새로 생겨 아직 기반이 안 잡힌 마을인 까마귀의 계곡이라는 뜻의 쿰브란으로, 내가 자란 곳이다. 오늘은 내가 서 있는 곳에서 서쪽이 보이지 않는다. 산등성이는 넓은 평지이다. 이 산에서 꽤 많은 시간을 보냈기에 북쪽, 남쪽, 동쪽 지리는 손바닥 보듯 환히 알았지만, 서쪽은 아직도 미스터리로 남아 있다.

젊음의 아침에만 느낄 수 있는 설렘으로 살아 꿈틀대는 아침이었다. 미래의 가능성, 선택, 위험과 기회가 모두 뒤섞인 미세한 먼지가 흩날렸다. 아마 늦봄 아니면 초여름이었을 것이다. 그날을 기억에서 최대한 끄집어내 보면 그랬던 것 같다. 토요

일이었던 것은 확실하고 학기 중이었던 것도 기억난다. 그래서 최대한 5월이나 6월 초일 거로 추측한다. 만약 4월의 아침 이 시간이었다면 산에는 아직도 하얗게 서리가 내려 있었을 것이다.

어린 시절 나의 토요일은 보통 운동하는 날이었다. 가끔은 학교에서 하는 정식 팀 경기가 있었는데, 주로 럭비와 크리켓이었다. 그리고 간혹 공식 경기 일정이 없는 토요일은 친구들과 즉석에서 비공식 경기를 벌이곤 했다. 이런 비공식 경기마저 없는 토요일은 사실 거의 없지만, 혹시라도 생기면 나는 나 혼자라도 운동을 했다.

정확하게 말하자면 나 혼자는 아니었다. 어릴 적 우리 집에서 기르던 거대한 몸집의 거의 흰빛에 가까운 래브라도 리트리버인 부츠와 함께였다. 부츠는 나와 같이 아침을 먹기가 무섭게 집 밖으로 뛰쳐나왔다. 채플 레인을 따라 블루벨 숲을 지나는 동안 부츠는 내 옆에서 껑충대며 따라왔다. 나는 달리기로 마음먹고 가볍게 뛰기 시작했다.

나는 뚱뚱한 편은 아니었지만, 또 날씬한 것과도 거리가 멀었다. 사실 살집이 좀 있었다는 게 더 맞으리라. 그러나 이 마지막 1, 2년은 키가 부쩍 컸고 살도 확 빠져서 위로 길쭉하게 자랐다. 그때가 내 성장판이 열려 있던 마지막 시기인 걸 알았더라면 조금 더 분발할 것을 하고 후회한다. 사는 게 그런 거다.

지금은 우리 둘의 그림자만 기억난다. 힘이 넘치는 근육 덩어리 부츠는 바닥에 가까이 달리고, 전혀 다른 사람이 된 것처럼 훌쩍 키가 커 버린 나는 삐죽 솟아오른 식물들이 늘어서고 돌이 많은 강둑을 따라 뛰는 것이다. 그게 우리들의 그림자였다. 어머니의 강압에 따라 13년간 늘 스포츠머리만을 했다가 최근 해방을 맞이해 길게 자란 머리카락은 내가 몸을 움직일 때마다 햇빛 속에서 경쾌하게 흩날렸다.

나도 뛰고 부츠도 뛰었다. 아무 이유도 없었다. 아이나 개는 꼭 이유가 있어야 뛰는 게 아니다. 그때는 달리기가 한 곳에서 다른 곳으로 이동할 수 있는 최선의 방법이었다. 걷는 데 굳이 이유가 필요 없듯이 달리기도 굳이 이유가 필요 없다. 실제로 나는 가끔 진심으로 달리지 않으면 불편하다. 삶은 사건과 사고와 의무의 연속이고, 달리기는 그 모든 것을 엮는 실과 같았다.

나는 약 2.4킬로미터 떨어진 학교까지 아침저녁으로 뛰어서 등하교하곤 했다. 가끔은 점심시간에 집으로 뛰어와서 점심을 먹고 다시 학교로 뛰어가기도 했다. 그러면 벌써 약 9.6킬로미터가 되지만 운동이라는 생각은 들지 않았다. 방과 후에는 일주일에 세 번 럭비 훈련이 있었는데, 보통 두 시간은 달리기를 했다. 훈련이 끝나면 집으로 달려와서 저녁을 먹고, 숙제를 한 다음 정서 순화를 위해 꼭 필요하다는 어머니의 철학에 따라 강제로 피아노 연습을 한 시간 했다. 럭비 훈련이 없는 월요일 저녁에는 권투 도장으로 달려가 연습을 하곤 했다. 도장에 도착하면 먼저 8킬로미터 달리기부터 시작했다.

겨울철 토요일 아침은 거의 언제나 학교 럭비 경기가 있었다. 그리고 오후에는 지역 럭비 클럽이 운영하는 유소년 팀과 경기를 하곤 했다. 여름이 오면 조금 달랐다. 학교 럭비 대신 지역 크리켓 클럽에서 경기를 했다. 그러면 좀 적게 달렸다. 그러나 만능 타자였던 나는 달릴 일이 많았고, 클럽 크리켓 경기는 토요일 하루에 끝나는 게 아니라 일요일까지 이어졌다.

지금은 상황이 다르고 세상도 바뀌었다. 아이들은 쫓기듯 학교에 갔다가 집에 오면 게임을 한다. 내가 지금 세대에 태어났다면 아마 견디지 못하고 문제아가 되었을 것이다. 여자아이들은 잘 모르겠지만 남자아이들은 그런 종류의 아이들이 있다. 그리고 여자아이라고 해서 꼭 다를 것도 없다. 그런 아이가 달리지 못하면 삶은 고통과 혼란으로 얼룩질 것이다. 내가 바로 그런 아이였다.

높은 송신탑이 있는 미니드 마엔의 정상에 오르려면 약 5킬로미터의 매우 가파른 언덕을 거의 기다시피 해서 올라야 했다. 나는 부츠와 정상에 도착해서 시계를 보고 30분 남짓밖에 지나지 않은 것에 적잖이 놀라곤 했다. 지금도 혹시 시계가 잘못되었던 것은 아닌가 의심스러울 정도이다. 조금 더 일찍 나

왔는데 잘못 알고 있었던 건 아닐까? 진실이야 어쨌든 도중에
멈추어야 할 이유가 없었던 우리는 정상에 다다를 때까지 쉬지
않고 달렸다.

정상은 우리가 상상했던 모습 그대로 위험했다. 간혹 깎아지
른 낭떠러지가 있고 주변에는 습지가 몇 군데 있었다. 그래서
발밑을 조심해야 했다. 그러나 산의 지형은 우리 집 앞마당 보
듯 훤했다. 물을 가져오지 않았지만 사실 필요도 없었다. 시냇
물을 함부로 마셨다가는 큰일이 난다. 산양의 치사율은 매우
높은데, 상류에 죽은 산양 시체가 있을 확률이 높아 시냇물은
오염되어 있는 경우가 많다. 대신 맑고 차가운 지하수가 솟아
나는 곳을 알고 있었다. 부츠가 지하수를 침으로 범벅시키기
전에 내가 먼저 얼른 마시고, 그다음에 부츠가 마시게 했다. 그
리고 우리 둘은 또다시 달렸다.

개한테는 좀 힘든 게 아닌가 생각할지 모른다. 부츠도 나이
를 먹었는데 말이다. 부츠는 당시 여덟 살 정도였고 덩치가 큰
래브라도 리트리버에게는 힘들 수 있었다. 그러나 예전에도
아이들은 늘 달렸고, 개들도 마찬가지였다. 그래서 부츠가 힘
들 거라는 걱정은 전혀 하지 않았다.

럭비와 권투가 휴식기에 들어가는 여름이면 주중에 매일 저
녁 두어 시간 동안 크리켓을 했다. 손에 배트를 쥐고, 단단하고
탄성이 좋은 공을 차고의 벽에 던졌다. 공이 내 배트에 맞고 튕

겨 나가기 무섭게 부츠가 다시 물어다 주고는 했다. 발밑의 잔디는 닳아서 흙먼지 날리는 땅으로 변했다. 부츠가 흘린 침으로 목욕을 한 공에 그 흙먼지가 묻으면 한때 희게 빛났던 공도 시커멓게 변했다. 여름이면 매일 저녁 공을 쫓아 달리는 이 놀이를 하다가 너무 어두워져 공이 안 보이면 할 수 없이 집으로 들어가곤 했다.

부츠는 하루 종일 달릴 기세였다. 그리고 그건 나도 마찬가지였다. 우리는 산속의 뻣뻣한 풀과 탄력 있는 히더를 헤치며 달리고 또 달렸다. 두어 시간이 더 지나 우리는 오늘날의 뉴포트가 내려다보이는 언덕 위에 굳건히 서 있던 철기 시대 요새 유적지인 툼바룸에 도착했다. 지금은 정상의 산등성이에 옅은 잔디가 덮인 흙더미만이 남아 이곳이 요새터였음을 알리고 있다. 이후 자라서는 부모님을 뵙기 위해 기차를 타고 와 뉴포트 기차역에 내릴 때나, 혹은 차를 산 뒤에는 M4 도로를 타고 운전할 때마다 내가 고향에 왔다는 것을 느끼기 위해 현지에서 작은 언덕이라고 부르는 툼바룸을 꼭 찾았다.

정상에 도달한 다음에는 또다시 멈추어야 할 이유가 없으므로 되돌아 달리기 시작했다. 석양이 지기 시작할 무렵이면 우리는 산에서의 하루를 끝내고 저녁을 먹으러 집으로 돌아왔다. "오늘 어디 다녀왔니?"라고 어머니가 물으면 나는 "그냥 산에요."라고 답하곤 했다. 거의 마라톤 수준으로 달렸다고 굳이

말하지는 않았다. 부츠는 곧 더 어둡기 전에 서둘러 저녁 크리
켓 놀이를 하자고 졸라 댈 것이다.

달리기 젬병이 달리기에 열중했던 이유

어떻게 보면 나는 그때 이미 향후 내 삶의 달리기를 좌우할
중요한 주제를 예견했던 것 같다. 그러나 또 다르게 생각해 보
면 정말로 특이했다. 이렇게 말하면 내가 마치 이스턴 밸리의
하일레 게브르셀라시에 Haile Gebrselassie (마라톤 최초로 2시간 4분대의
벽을 허문 에티오피아의 장거리 육상 선수—옮긴이)라도 되는 것 같
다. 그러나 나는 또래들과 비교해도 그렇게 달리기를 잘하는
편은 아니었다. 내가 어린 시절 달리기를 많이 했을 수는 있지
만, 그건 내 친구들도 마찬가지였다. 사실 나보다는 친구들이
훨씬 더 잘 달렸다.

내가 처음으로 시도했던 크로스컨트리 대회에서 자격 미달
판정을 받은 불명예를 기억한다. 학교 연례행사였던 당시 대
회에 내가 처음으로 참가했던 때는 미니드 마엔을 따라 달리기
시작했을 때보다 불과 한두 해 전이었다. 요즘 말로 하면 허당
이라고나 할까? 사실 당시에는 그런 말을 쓰지 않았기 때문에
지금 돌이켜보면 그렇다는 것이다. 뭐라고 부르든 아무튼 그
것이 내 모습이었다.

럭비 팀의 핵심 선수에, 크리켓 팀의 주장인 나는 이 대회에
서 잘할 것이라고 기대했다. 얼마나 길었는지도 기억나지 않
지만 약 8킬로미터의 코스였던 것 같다. 출전자 중에는 내 친
구들도 있었지만 거의 모르는 아이들이 많았는데, 내 럭비화
의 끈을 맬 힘조차 없어 보이는 작고 마른 아이들이었다. 그러
나 그들은 마치 내가 가만히 서 있기라도 한듯 옆을 휙휙 지나
갔다. 나는 그룹의 중간 정도에서 경주를 마쳤다. 물론 중간을
넓게 보았을 때의 말이다. 그 결과, 나는 달리기와 어떤 애증의
관계를 형성하게 되었다.

물론 달리는 것은 내 생활의 일부였다. 매일 학교까지 달려
갔고 집에 와서도 부츠와 산으로 달려가곤 했지만, 그것을 달
리기라고 생각하지 않았다. 그저 내 생활의 일부였다. 그러나
연례행사 이후에는 최대한 공식적인 대회에서 빠지려고 무척
애썼다. 최소한 일정 거리 이상의 달리기 만큼은 필사적으로
거부했다. 솔직히 말하자면 나는 단거리는 어느 정도 잘했고,
고교 육상부 소속이었기 때문에 사실 그다지 신경 쓰지 않았
다. 아니, 이것도 옳은 말은 아니다. 육상부 역시 내가 미국으
로 건너와서야 내 머릿속에 개념을 잡은 것 중 하나이다.

1970년대 남동부 웨일스에는 육상부라는 것이 없었다. 주말
에 학교에서 체육 대회가 열리기라도 하면 체육 선생님이 이렇
게 말하는 거다. "마크, 네가 발이 빠르니 토요일 대회에 가서

100미터를 뛰거라." 혹시라도 토요일에 스타디움에 와서 내 순
서를 기다리다가 "선생님, 파크스는요? 저보다 더 빠른데요?"라
고 해 봤자 선생님은 "걔는 이번 주말에 어디 가고 없어. 네가
그냥 해."라고 묵살할 것이 뻔하니 빠져나갈 꿈도 꿀 수 없다.

쿰브란에는 지역의 일반적인 수준보다 훨씬 훌륭한 시설의
스타디움이 있었다. 그래서 웨일스의 스포츠 행사들은 대부분
그 스타디움에서 열렸다. 그래서 연중 주말 한두 번은 별수 없
이 그 스타디움으로 끌려가야 했다. 한때는 웨일스 15세 이하
100미터 결승전에서 3위를 한 적도 있었다. 물론 수많은 파크스
들이 어디를 가고 없는 그런 토요일 중 하나였겠지만 말이다.

100미터는 어찌 보면 내가 억지로 받아들인 주 종목이었다.
사실은 100미터 미만 단거리 대회가 없기 때문이기도 했다. 마
지못해 200미터까지는 할 수 있었지만, 400미터는 절대 불가
능했다. 내게 400미터는 가장 지독한 피학주의자들이나 참가
하는 대회 같았다. 400미터를 최대한 빨리 달린다는 게 가당
하기나 한 말인가? 어떻게 그걸 즐길 수 있는지 도저히 이해가
가지 않았다. 내게는 100미터도 너무 멀었다.

나는 초단거리 전문이다. 첫 5미터 정도에서 가장 빠르고 그
다음부터는 점점 느려진다. 올림픽 종목 중에 초단거리가 있
다면 아마 내가 (일반적으로 그런 대회에서 두각을 드러낸다고 인정되

는 수준까지) 두각을 드러냈을 것이다.

생물학과 마라톤에서 모두 세계적 권위를 가지고 있는 극소수의 인물 중 하나인 베른트 하인리히는 그의 저서 《우리는 왜 달리는가》에서 장거리 달리기에 적합한 일반 해부학적 특성을 설명했다. '훌륭한 장거리 주자들은 모두 말랐다는 공통점이 있다. 그리고 장거리 주자는 거의 땅에서 떠 있다시피 하는데 그것도 몇 시간여를 그래야 한다. 마치 새처럼 뼈는 가볍고 얇으며, 다리는 얇게 근육이 붙어 있어야 좋다.'

만약 이것이 장거리 주자의 신체 특성이라면 나는 장거리 주자와는 거리가 멀다. 나는 떠 있기는커녕 털썩거린다. 달릴 때 매우 강한 충격을 가하는 이런 버릇 때문에 후에는 자주 부상당하게 된다. 새처럼 달리는 것은 나와는 영 거리가 멀다. 다리는 짧고 통뼈에 몸집도 크다. 나는 내 체형이 내배엽형(살찐 체형)의 성향이 있는 중배엽형(근골 체형)이라고 생각하고 싶다. 그러나 사실은 중배엽형 성향이 있는 내배엽형인 것 같다. 이 두 가지가 서로 다르다면 말이다. 훈련을 열심히 해서 몸을 잘 가꾸면 몸집이 큰 근육질의 단거리 선수처럼 될 것이고, 반대로 방치하면 뚱보가 될 것이다.

근섬유는 기본적으로 지근섬유slow-twitch(오랜 시간 반복해서 힘을 발휘하는 근섬유—옮긴이)와 속근섬유fast-twitch(신경 자극에 빨리 반응하고 수축력이 뛰어난 근섬유—옮긴이)의 두 가지로 나뉜다. 우수한 장거리 주자의 다리 근육은 79~95%의 지근섬유로 되어 있다. 일반인의 근육은 지근과 속근섬유가 반반으로 되어 있다. 엘리트 단거리 선수들은 지근섬유가 25%인 반면, 속근섬유는 75%나 된다.

지근섬유는 지방을 연소시키며 산소가 지속적으로 공급되어야 작동할 수 있다. 즉, 유산소 에너지 대사를 하는 것이다. 반면에 속근섬유는 포도당을 연소하고 산소 없이 작동하는 무산소 에너지 대사를 한다. 단거리 달리기를 하면 다리의 속근섬유가 무산소 운동을 하면서 피로 물질인 젖산이 쌓인다.

평소에 운동하는 방법도 지근과 속근섬유의 비율에 약간의 영향을 미치는 것으로 나타났다. 골니크Gollnick와 그의 동료들은 총 다섯 달 동안 피험자들이 일주일에 나흘간 하루에 한 시간씩 러닝머신에서 뛰게 하여 (그들이 운동도 하고 돈도 벌게 하면서) 최대 유산소 역량의 85~90%를 쓰게 하였다. 이 고전적인 1972년 연구에서, 강도 높은 유산소 운동을 해 봤자 속근섬유의 겨우 4%만이 지근섬유로 바뀌었을 뿐이라고 주장했다. 후속 연구에서도 거의 이 정도의 수치밖에 되지 못하는 것으로 나왔다.

더 최근에는 속근섬유도 FTa와 FTb의 두 가지로 나눌 수 있다는 것이 밝혀졌다. FTa 섬유는 지근섬유의 일부 특성을 가지고 있다. 속근섬유인 FTa 섬유는 포도당을 연소하는 무산소 대사를 하지만 동시에 지근섬유처럼 유산소 대사를 하기도 한다. 일반인의 속근섬유는 FTa와 FTb가 반반씩 섞여있다. 강도 높은 운동을 지속적으로 하면 속근섬유를 지근섬유로 바꾸기보다는 FTb를 FTa로 바꾸는 효과가 있다. 엘리트 마라토너들은 FTb 섬유가 거의 없다. 나는 이런 경지는 흉내도 낼 수 없다. 그리고 그다지 그리고 싶지도 않다.

그러니 장거리 주자로서의 나에게 가장 중요하고 분명한 사실은 별로 소질이 없다는 것이다. 일단 적성부터 없고, 적성이 없다는 것은 어떤 면에서는 내 몸 구조 자체가 안 맞는다는 뜻이다. 그런데 미니드 마엔에서는 어떻게 달렸는지 모르겠다. 왜 과거에는 낮이고 밤이고 하루 종일 달릴 수 있었던 내 다리가 지금은 그러지 못하는지 이유를 모르겠다. 하지만 아무리 달리고 싶어도, 또 아무리 장거리 달리기를 연습해도 어려서 돌산에 올랐을 때 느꼈던 그 자유와 힘을 다시는 느낄 수 없다.

청년이나 노인이나 모두 불가피성이라는 강력한 공통점을 가지고 있다. 젊고 즐거웠을 때 우리는 우리 내부에서 노래하는 힘을 거의 지켜 내지 못한다. 그 힘을 묶어 두는 사슬은 너무나 약하다. 당시 나는 왜 멈추어야 하는지도 생각할 수 없었고, 그래서 멈출 필요도 없는 젊음의 자유 속에서 뛰었다.

젊음의 자유는 흘러넘치는 삶의 자유이자 몸이라는 제한된 공간 속에 담아 두기 어려운 힘의 자유이다. 나이가 들면서 이 느낌은 점점 줄어든다. 살아가면서 멈추어야 할 수많은 이유를 너무나 잘 알게 된다. 큰 소리로 나를 덮치는 수많은 이유 말이다. 지칠수록 그런 이유들은 더 힘을 얻는다. 그러나 운이 좋다면, 정말로 운이 좋다면, 언젠가 그 이유들이 아무리 거칠게 으르렁대도 나를 강제할 수 없음을 알게 될 것이다. 바로 그것이 노년의 자유이다.

프랑스의 실존주의 철학자들이 육체의 사실성 facticity (인간은 종이, 돌멩이 등의 사물적 존재에 비해서는 자유로운 존재이나, 구체적인 여건이나 처지에 제한받는 비자의적으로 내던져진 존재—옮긴이)이라고 말하기도 한, 타고난 체질에 호소하는 설명은 그저 핑계일까? 어쨌든 내가 근육 생검을 받아본 적도 없으니 알 길이 없다. 만약 받아 본다고 해도 근육 구성이 세계적 장거리 주자들처럼 FTb는 거의 없고 80%의 지근섬유로 이루어져 있다고 나오면 충격을 받을 것이다. 물론 그런 일은 없을 것이다.

내가 생물학적으로 적성이 없기도 했지만, 이후 내 삶의 달리기에서 내내 반복적으로 등장하는 주제가 된 그때의 달리기의 또 다른 측면은 바로 전혀 계획 없이 한다는 점이다. 아침에 눈을 뜨면 부츠와 함께 어딘가 갈 생각뿐이었다. 산을 뛰어서 오를 거라고 계획한 적은 없었다. 내가 산으로 가고 있는지조차도 몰랐으니까. 그냥 정신을 차려 보면 이미 산에서 달리고 있었다.

가끔 나는 달리기를 좋아하지 않는다고 말하기도 한다. 어떨 때는 정말 그런 것 같다. 그러나 정확히 그런지는 모르겠다. 너무나 오랫동안 달려왔기 때문에 최소한 어느 정도는 좋아하는 게 틀림없다. 그러나 달린다는 생각 자체를 싫어한 것만은 분명하다. 적어도 아주 최근까지는 그랬고, 이제는 상황이 바뀌어서 싫어할 만한 이유까지 생겼다. 달리기를 하려면 달리기를 하러 간다는 생각 자체를 하지 않고 은근슬쩍 시작해야 했다.

달리기 전문 잡지들을 보면 정말 달리기를 하기 싫을 때 동기 부여를 하는 방법에 대해 조언하고 있다. 예를 들어 직장인에게는 회의 일정을 짜듯 규칙적인 달리기 일정을 정한 다음, 끝내고 나면 마치 업무를 끝낸 것처럼 성취감을 느끼라고 조언한다. 내 경우는 아주 오랫동안 딱 한 가지 방법만이 통했다. 바로 나 자신에게 달리기를 하러 가는 것이 아니라고 말하는 것이었다.

존 윈덤John Wyndham의 소설 《미드위치 마을의 뻐꾸기The Midwich Cuckoos》를 원작으로 하는 1960년대 영국 영화 〈저주받은 도시〉가 있다. 외계인들이 어린아이의 몸을 빌려 태어나는 내용으로, SF의 단골 소재인 사악한 텔레파시와 지구를 정복하려는 외계인들이 나온다. 대단원에 가서는 폭탄을 설치한 영웅을 외계인 아이들이 텔레파시로 찾아내는데, 그 영웅이 뭔가 수상

찍기는 한데 정확히 뭘 하려는지 모른다. 외계인에게 들키지 않으려면 모든 대가를 감수하고서라도 폭탄에 대해 생각해서는 안 된다.

바로 이것이 내가 달리기에 동원한 방법이다. '아냐, 오늘은 안 달릴 거야. 어림도 없지. 그냥 집에 틀어박혀 글을 쓸 거야.' 그렇게 생각하다가 갑자기 벌떡 일어나 방을 가로질러 반바지를 입고 운동화를 꿰어 신고는 문을 박차고 나간다. 한두 마리의 개들이 따라온다. 지금 내 몸에 무슨 일이 벌어지고 있는지 알아차리고 거부감이나 장애물을 끌어모으기 전에 그냥 저질러 버리는 것이다. 다시 말해 내가 구사한 전략은 하지 않을 거라는 생각을 계속하는 것이다.

달리기 자체보다 달린다는 생각 자체를 싫어한 것은 20대부터 시작해 40대까지도 쭉 이어졌다. 하지만 지금은 전혀 다르다. 이제는 얼른 길로 나서고 싶어 안달일 지경이다. 아마 내게 어린 두 아들이 생겨서이리라. 겪어 본 사람은 알겠지만, 아이들과 몇 시간을 놀아 주다 보면 나가서 달리는 시간이 정말 기다려진다. 물론 아이들과 노는 것을 좋아하지만, 어쨌든 그에 비하면 32킬로미터를 달리는 것쯤은 달콤한 휴식이다.

혹은 모든 크고 작은 부상과 거의 반세기를 함께한 경미한 통증에도 불구하고 이제야 내 달리기의 삶이 반드시 무한한 미래로 이어지는 것은 아니라는 사실을 깨달았기 때문인지도 모르겠다. 나는 위험천만한 무릎, 무례한 아킬레스건, 의심스러운 허리와 상습적으로 재발하는 종아리 근육에 유통기한 도장이 찍힌 물건 같다. 그리고 이 모든 것을 고려할 때 달리기는 단순히 내가 하는 일이 아니며, 내가 권리를 주장할 대상은 더더욱 아니다. 내게 달리기는 특권이다.

모든 달리기에는 고유의 심장박동이 있다

나는 사람이 아니라 개와 함께 달린다. 이것은 내 삶의 달리기의 또 하나의 지속적인 특징이었다. 사람들은 말벗도 하고 격려도 주고받으면서 바람을 함께 느끼고 그냥 함께 있으려고 함께 달린다. 이는 전적으로 이해할 만하며 훌륭한 이유이다. 그러나 나의 이유는 아니다.

사람들은 가끔 달린 시간과 거리로 달리기의 가치를 평가한다. 혹은 일정 거리를 강도 높게 달리는 사이사이에 짧은 휴식을 넣는 저강도 달리기인 유산소 인터벌 AI_{aerobic interval}의 횟수, 시간과 강도나 오르막을 달려 올라간 총 시간인 TUT_{total uphill time} 등을 사용해 더 정교하게 평가하기도 한다. 그러나 내게는 시간, 거리, AI, TUT와 같은 것들은 그저 우연일 뿐이다.

모든 달리기에는 고유의 심장박동이 있다. 나는 어렸을 때 이것을 알게 되었다. 심장박동은 달리기의 핵심이며 달리기의 본질이다. 이른 아침 여름의 돌산을 달리던 심장박동은 푹신한 풀밭과 히더 위를 가볍게 달리는 부드러운 느낌이었다. 산 위로 부는 산들바람이 바람에 비틀어지고 구부러진 나뭇가지를 스칠 때마다 휘파람 같은 서걱거림이 들렸다. 그리고 이 산들바람 속을 춤추듯 나르는 사뿐한 종다리들이 있었다. 그리고 무엇보다 내 옆에는 부츠가 있었다. 가볍게 숨을 헐떡이는 부츠와 녀석의 목줄에 매달린 이름표가 짤랑대는 소리가 있었다.

더 나이가 들고 나면 사람들은 내게 달릴 때 기분이 어떠냐고 물어볼 것이다. 특히 내가 어쩌다 가지게 된 직업을 보면 이런 질문을 하는 것도 당연하겠지만, 옳은 질문은 아니다. 확실하지도 않은 달리기의 효용을 더욱 애매하게 만들 뿐이다. 내가 어떤 대답을 하더라도 매우 진부할 것이다.

요즘은 "정말 아프다"는 말을 입에 달고 산다. 더 일반적인 대답은 "내 생각은 달리기를 시작하기 전의 내 삶을 반영한다"는 것이다. 행복하다면 행복한 생각을 할 것이고, 슬프다면 슬픈 생각을 할 것이다. 생각은 그 속에 너무나 많은 나를, 내 삶의 모든 악취와 고뇌와 강박을 담고 있다.

달릴 때 생각을 한다면 이 달리기는 틀려먹었다. 혹은 최소한 아직 제대로 달리고 있지 않은 것이다. 아직 궤도에 오르지 못한 달리기이고, 아직 심장박동을 느끼지 못한 달리기이며, 아직 리듬이 거는 최면에 걸리지 않은 달리기이다. 장거리 달리기가 궤도에 오를 때마다 생각이 멈추고 사유가 시작되는 시점이 온다. 가끔은 이런 것이 가치가 없지만, 또 가끔은 그렇지 않다.

달리기는 사유가 들어오는 열린 공간이다. 나는 생각을 하려고 달리지는 않는다. 그러나 달릴 때 사유가 들어온다. 사유는 추가적인 보너스나 대가처럼 달리기의 외부에 있는 것이 아니다. 사유는 달리기, 그것도 진정한 달리기의 일부이다. 내 육체가 달릴 때 나의 사유도 내 장비나 선택과는 거의 무관한 방식으로 함께 달린다.

달리기가 뇌(최소한 쥐의 뇌)에 미치는 영향에 관한 수많은 연구가 있는데, 그 영향은 매우 놀랍다. 성인의 뇌세포가 자랄 수 있다는 것을 알게 된 것은 그리 오래되지 않은 일이다. 그러나 실제로 가능한 일이고, 달리기는 이를 촉진하는 한 가지 방법이다. 최소한 쥐에서는 그렇다. 실험 쥐들은 러닝머신을 공짜로 쓸 수 있게만 해 주면 뇌에서 기억을 담당하는 부분인 해마에 수십만 개의 새로운 세포를 생성했다. 그리고 뇌유래 향신경성 인자BDNF라는 것이 있다. 새로운 뇌세포 생성을 촉진하고 기존의 세포를 보호하는 역할도 하는 단백질인 BDNF는 달리기를 하면 다량 생성된다.

달리기가 나의 뇌에 미치는 이런 영향에 대해 매우 흡족해하는 날들이 올지도 모르겠지만, 현재로서는 큰 관심이 없다. 나는 달리고 난 후보다 내가 달리는 동안 무슨 일이 벌어지는지가 더 궁금하다. 그러나 기능적자기공명영상장치 fMRI 기술이 현재보다 상당 수준 휴대성이 높아지기 전까지는 직접 확인할 수 없을 것이다. 그럼에도 뇌 기능의 다른 측면에서 이루어진 연구, 특히 리듬과 정보 처리에 관한 연구 결과를 통해 합리적으로 유추해 볼 수는 있다.

생각이 사유로 변하는 순간

먼저, 달릴 때 드는 느낌이라는 현상부터 설명해 보자. 나는 느낌을 생각이 사유로 변화하는 것이며 이 변화의 기저에는 리듬의 최면 효과가 있다고 주장했다. 만약 이것이 나만 느끼는 현상이라면 나 외에는 아무도 흥미를 느끼지 못해야 한다. 그러나 다른 사람들도 상당히 유사한 경험을 하는 것으로 묘사된 바 있다.

예를 들어 미국의 작가 조이스 캐럴 오츠 Joyce Carol Oates는 '달리기! 이보다 더 행복하고 짜릿하며 상상력을 자극하는 활동이 도대체 있을까? 달리는 동안 정신은 육체와 함께 달아나고, 뇌 속과 다리의 리듬과 팔의 흔들림 속에서 신비로운 언어의 꽃이 만개해 고동치는 것 같다'고 했다. 그리고 초점은 약간 다르지만 비슷한 맥락으로 일본 작가 무라카미 하루키村上春樹도 이렇게 썼다. '내가 달릴 때, 나의 정신은 텅 빈다. 달리는 동안 드는 모든 생각은 그 과정에 종속되어 있다. 달리는 동안 나를 덮치는 사유는 갑자기 나타났다가 아무것도 바꾸지 않은 채 홀연 사라지고 마는 가벼운 돌풍과 같다.'

오츠와 무라카미는 모두 달리는 경험의 중요하지만 다른 측면을 말하고 있다. 오츠가 팔과 다리의 움직임에 따라 달아나고 고동치는 사유를 말하며 리듬을 강조한 반면, 무라카미는 정신의 공백화를 강조하며 사유를 이 공백 사이로 부는 돌풍이라고 묘사하고 있다.

이런 측면에서 나는 무라카미와는 다르다. 그는 이러한 사유들이 아무것도 변화시키지 않는다고 주장한다. 가끔은 내게도 그렇다. 그러나 가끔은, 그것도 아주 가끔은, 사유가 모든 것을 변화시킬 수 있다. 그런 사유들은 내 뺨을 가볍게 어루만지는 깃털 같은 숨결이 아니라 호되게 따귀를 후려치는 것과 같다.

사유는 준비가 되었을 때만 온다. 강제하거나 재촉할 수도 없다. 협상으로 유인할 수는 더더욱 없다. 그들의 시간이 무르익어야 하지, 내가 준비되었다고 오는 게 아니다. 미니드 마엔 시절 이후로 여러 해가 흐르면서 나는 그토록 오랜 세월 풀려고 노력했던 딱딱하고 추상적이며 개념적인 문제가 달리는 동안 눈앞에서 저절로 해결되거나, 혹은 그냥 사라져 버린 것이 몇 번인지 그 횟수를 잊어버렸다. 어떻게 그렇게 되었는지 설명하다 보면 필히 리듬을 거론하지 않을 수 없다.

　사람들이 반복적인 리듬에 박자를 맞출 때, 뇌에서 활성화되는 부분은 좌측 전두엽, 좌측 두정엽과 우측 소뇌이다. 뇌의 활성화 부위 만큼이나 중요한 것이 바로 주파수이다. 달리기의 주파수는 25~100헤르츠Hz의 감마γ파이지만, 보통 40헤르츠이다. 감마파는 집중이나 의식적 경험과 같은 고도의 정보 처리에 가장 중요한 파장이라고 많은 이들이 생각한다. 어떤 이들은 정보를 통합하는 감마파의 역할 때문에 그렇다고 한다.

　프랜시스 크릭Francis Crick(DNA 구조가 이중나선형임을 규명한 공로로 노벨 생리학 및 의학상을 수상한 영국의 분자생물학자─옮긴이)과 크리스토프 코흐Christof Koch(의식의 신경 분석으로 유명한 미국의 신경과학자─옮긴이)는 시각 자극 정보를 통합하는 역할을 하는 것이 약 40헤르츠의 감마파이기 때문에 감마파는 시각적 경험에 결정적이라는 주장을 펼친 것으로 유명하다. 논란의 여지가 있기는 하지만, 인지 작용의 효율성에 감마파가 중요하다는 이 생각이 현재는 널리 받아들여지고 있다.

　칼 다이서로스Karl Deisseroth 박사가 스탠포드 대학교 연구팀과 함께 개발한 광光유전학 기술Optogenetics은 이를 거의 확실하게 보여 준다. 광유전학은 뇌의 감마파를 관장하는 단백질인 파르브알부민을 생성하는 신경 세포에 특정 파장의 빛을 쏘아 뇌의 리듬을 유도하는 기술이다. 다이서로스 박사는 이 기술을 이용해 감마 주파수를 조절하면 전두엽 세포 간의 정보 흐름을 개선할 수 있다는 것을 증명했다. 전두엽은 사유와 같은 고차원적 인지 기능에 관여하는 뇌 부위이다.

최적의 감마 주파수인 40헤르츠가 손가락으로 박자를 맞추기만 해도 쉽게 도달할 수 있다는 점은 주목할 만하다. 따라서 적절한 리듬에 맞추어 전신을 움직이면 같은 효과를 낼 수 있다는 것이 지나친 유추는 아니다. 손가락으로 박자를 맞추는 것이 최적의 감마파를 유도한다면, 전신을 움직이는 것은 이를 더 강하게 유도하는 것이라고 생각할 수 있다. 따라서 달리기에 관여하는 육체의 리듬과 고차원적 인지 기능에 관여하는 뇌의 리듬 간에 상관관계가 있다고 봐도 무리가 없다. 물론 리듬도 좋지만, 40헤르츠의 주파수를 얻으려고 손가락으로 박자 맞추기를 몇 시간 하고 나면 손가락이 꽤 아플 거다.

노벨상을 수상한 MIT의 물리학 교수 볼프강 케테를레Wolfgang Ketterle도 달리기가 문제 해결 능력에 미치는 바람직한 영향에 주목했다. 그는 "어떤 해결책은 명백하지만, 그 해결책을 찾을 수 있을 만큼 여유로울 때만 명백하다"라며 이 영향을 여유로움으로 설명했다. 그러나 전적으로 동의하지는 않는다. 최소한 내게는 그렇지 않다.

우선 명백한 것을 말하려면, 여유로움에도 여러 가지가 있다. 특히 나는 TV, 편안한 소파, 적당한 수준의 와인의 삼박자

를 갖추면 진정한 여유가 무엇인지 몸소 보여 줄 수 있는 사람
이다. 불행하게도 개념적 문제의 해결책은 이런 유의 여유를
부리고 있을 때는 모습을 드러내지 않는 것 같다. 그 해결책은
달릴 때 더 잘 나타나는 듯해서, 나는 여유로움보다는 체력 소
모가 최소한의 역할은 한다는 것으로 결론 내렸다. 그리고 사
유 자체가 불가능할 정도로 체력이 고갈되기 전까지는 달리기
를 오래 하고 내가 더 지칠수록 해결책도 더 잘 보이는 것 같
다. 그러나 이것도 리듬이 먼저 잡혀야만 성립된다.

　달리기를 6개월이나 하지 않고 있다가 갑자기 시작해서 약 3
킬로미터를 달린 후라고 생각해 보자. 초죽음이 된 이 지경에
몇 달간 고민하던 문제들에 대한 해답으로 모든 가치 있는 사
유들이 갑자기 하늘에서 떨어지지는 않는다. 그렇게만 되면
얼마나 좋을까마는, 그런 일은 없다. 그런 식으로 달릴 때는 생
각 이상의 것을 하지 못한다. 도도한 사유는 나와 전혀 엮이고
싶어 하지 않는다. 생각건대, 그 이유는 내 정신이 아직 완전히
비워지지 않아서일 것이다. 우선 리듬이 필요하고, 그 리듬을
얻기 위해 내 몸부터 만들어야 한다.

　최소한 내게 두 가지 중요한 요소는 있다. 바로 리듬과 체력
소모이다. 둘은 실과 바늘처럼 함께 간다. 근거할 만한 실험 연
구가 적다 보니 체력 소모가 고차원적 인지 기능에 미치는 영
향에 대해 조금 더 사변적思辨的인 접근을 할 수밖에 없겠다.

뇌의 작용에 관한 보다 타당한 원칙이 있다. 뇌는 습관의 피조물이다. 늘 같은 길을 가고, 늘 같은 막다른 골목에서 막혀 헤매느라 사유로 통하는 지름길을 찾지 못한다. 그 이유는 본질적으로 뇌가 연관의 장치이기 때문이다. 뇌의 활동은 연관 관계를 통해 확장된다. 과거 뇌의 한 부분이 활성화될 때 다른 특정 부위가 활성화되었다면 이 둘 사이에는 연관 관계가 성립된다. 미래에 첫 번째 활동과 동일한 종류의 활동이 일어나면 이와 연관된 두 번째 활동도 일어날 확률이 높다.

인간의 이러한 경향은 개인적으로 혹은 집단적으로 같은 생각의 실수를 되풀이하게 만든다. 사유의 역사만 슬쩍 둘러 보아도 비록 형태는 다를지라도 본질이 같고, 보통 성공하지 못하는 생각들을 하고 또 한다. 이것을 볼 때 뇌가 연관의 장치라는 특성이 확연하게 드러난다.

그러나 가끔은 뇌도 잠시 풀어 줄 필요가 있고, 지쳤을 때는 더 쉽게 이 기능을 놓고 싶은 유혹에 빠진다. 치매나 알츠하이머 환자와 이야기를 해 보면, 그들이 많은 기억을 잃었다는 것보다는 아직 남은 기억이 얼마나 강렬하고 생생한지에 놀라게 된다. 거의 평생에 걸친 아주 오래전의 기억이 어제처럼 생생하게 되살아난다. 그들의 뇌가 풀려나면서 연관이 점점 약해지고, 그 과정에서 숨겨져 있던 것들이 드러난 것이다. 이는 지친 육체가 달리기의 리듬 속으로 파고들 때 나타나는 일종의 현상과도 같은 것이 아닐까?

공허함은 뇌가 풀려난다는 신호인데, 일반적으로 말하는 모든 긴장을 다 푸는 것이 아니라 일상적인 일에 대한 긴장을 놓아 주는 것을 말한다. 일상적인 활동 간의 연관이 조금은 느슨해진다. 그러면 생각은 익숙하지만 헛된 길과 막다른 골목을 뒤로 하게 되고, 새롭게 펼쳐지는 정신의 너른 사막에서 빛나고 청정한 사유를 발견할 수 있게 된다.

이 주제에 관한 경험적 연구가 딱 하나 있다. 티베트의 불교 승려들을 연구한 신경과학자 숀 오놀런Sean O'Nuallain 은 명상과 약 40헤르츠의 감마파 사이의 상관관계를 증명했다. 또한 그는 이 승려들의 공통점이 특히 명상의 경지가 높을수록 뇌의 소모 정도를 평상시보다 낮게, 심지어는 거의 0에 가깝게 할 수 있는 능력이라고 주장했다. 그의 '뇌 소모 0 가설'에 따르면 뇌 소모가 낮은 상태는 자신을 잊는 상태에 해당하며 높은 상태는 자아를 경험하는 상태에 해당한다. 감마파는 뇌 소모가 낮은 편에 속한다.

이 연구는 체력 소모가 생각에 미치는 영향에 대해, 더 정확하게는 사유를 할 수 있는 상황을 마련해 주는 역할에 대해 시사하는 바가 크다. 강도 높은 육체 활동은 뇌를 저소모 상태로 만든다. 이는 거나하게 식사를 한 후 식곤증이 밀려오는 것과 같은 이치이다. 혈액이 소화기로 몰려 뇌로 가는 혈액이 부족해지다 보니 뇌로 가는 산소도 덩달아 부족해지는 것이다.

장거리 달리기에서 체력이 고갈되는 지점에 도달하면 모든 에너지가 한 발 한 발 내딛는 데 집중된다. 보통 신체의 총 에너지 공급량의 20% 이상을 소모하던 뇌는 이를 보완하기 위해 오놀런이 말하는 저소모 모드로 바뀐다. 그 결과 나타나는 것이 나를 잊는 초월의 상태이다.

보통 생각하면서 경험한다. 그러나 장거리 달리기를 할 때는 나 자신을 인식하는 힘 자체가 약해지기 때문에 생각하는 경험을 하지 않는다. 생각의 자리에 사유가 들어온다. 그것은 전혀 내 것 같지 않고 외부에서 뜬금없이 나타났다가 홀연히 사라지는 것 같다. 사유는 그들이 준비되었을 때 나타나며, 그때가 왔다는 것은 전체적인 뇌 소모가 줄어들고 감마 활동이 증가한 상태를 말하는 것이다.

육체가 피로해짐과 동시에 일상의 틀에 박힌 연관들이 충분히 느슨해지면 좌뇌 전두엽, 좌측 두정엽과 우측 소뇌에서 고도로 통합된 활동이 일어난다. 그 결과로 사유가 들어올 수 있는 정신의 빈터, 즉 일종의 공백이 생긴다. 바로 이런 식이 아닐까? 아니면 말고.

어쨌든 내게는 왜 이런 일이 생기는지 그 이유가 중요한 게 아니라 발생한다는 사실 자체가 중요하다.

나는 사람이 아니라 개와 달린다

말은 사유의 안티테제 antithesis (기존 명제에 반대하는 명제—옮긴이)이다. 그래서 나는 말하지 않는 개와 달린다. 개들이 하는 역할은 많다. 리듬을 증폭시키고, 본질을 향상시켜 달리기를 더 풍부하게 한다. 나의 심장박동은 함께 달리는 개의 심장박동으로 인해 더 증폭되고, 나의 폐활량도 개의 폐활량으로 인해 더 증대된다. 쿵쿵대는 내 보폭은 개들의 타닥타닥 경쾌한 발걸음과 찰랑찰랑 방울 소리로 인해 더 넓어지고 빨라진다.

이것이 달리기의 심장박동이며, 이것은 내 속이 아닌 밖에서 뛰는 심장이다. 달리기가 제대로 될 때 나는 이 뛰는 심장 속에서 사라진다. 생각이 멈추고 사유가 시작되는 이 지점에 도달하기 전까지는 진정으로 달리는 것이 아니다. 그저 움직이고 있을 뿐이다. 이 움직임이 달리기로 전환되는 순간, 그때가 바로 사유가 시작되는 순간이다.

미니드 마엔에서의 날들은 아마 내 속이 아닌 밖에서 고동치는 달리기의 심장박동을 처음 경험한 순간이었을 것이다. 당시는 물론 이후 몇 년 동안에도 나는 이 경험이 내 삶을 결정지을 중요한 사건이라는 점을 몰랐다. 달리기의 심장박동을 경험하는 것은 플라톤의 선善, The Good을 가장 강력하게 경험하는 것이리라.

달리기의 심장박동이 아이들이 가장 잘 아는 종류의 가치를 나에게 다시 알리기까지는 여러 해가 가고 올 것이다. 어른은 이 가치를 잃어버렸기에 현저히 부족한 존재로 전락했고, 삶은 그러한 가치를 필요로 하는 종류의 것이다. 이런 생각은 멀리 남쪽 해안의 맑고 푸른 물결 위로 보석처럼 부서지던 햇살을 굽어보며 부츠와 함께 돌산을 뛰어다니던 시절, 그러니까 내 정신이 있던 자리에서 달리기의 뛰는 심장이 춤추던 그 어린 시절에는 미처 깨닫지 못했던 것이었다.

3장

1999년의 달리기
래스모어 반도, 아일랜드

삶도 달리기도

작은 변화가 쌓여

큰 변화가 된다

대회는 빠른 주자만을 위한 것이 아니다.
그것은 달리기를 지속하는 사람을 위한 것이다.

나이키 Nike

늑대 브레닌과의 첫 달리기

나는 달리기마다 고유한 심장박동이 있다는 것을 살아가면서 알게 되었다. 이 심장박동은 달리기의 정수이자 본질이다. 그리고 이 심장은 내 속이 아닌 밖에서 뛴다. 그러나 모든 달리기에 공통된 것은 강렬한 비트이다. 세차게 물결치는 바람의 굉음이 귓가에 울린다. 나는 아일랜드 남부 해안의 정중앙에 위치한 킨세일의 래스모어 반도에 서 있고, 내딛는 발걸음마다 바람이 귓가를 울린다. 바람은 밀물과 썰물이 들고 나듯 잠시도 가만히 있지 않고 휙 불었다 잠잠해지기를 반복한다. 그리고 나의 무리가 있다.

나는 늑대 브레닌과 브레닌의 친구인 개 니나 그리고 브레닌이 개와 교미해 낳은 딸 테스와 함께 달리고 있다. 열두 개의 발들이 내는 타닥타닥 소리, 마흔여덟 개 발톱이 부딪치는 소리, 갈라지고 바래고 여기저기 패인 포장도로를 달린 거리와 시간을 기록하는 에나멜 메트로놈의 똑딱똑딱 소리, 세 마리의 헐떡대는 숨소리와 세 개의 체인이 쨜랑대는 소리. 이 모든 소리가 휙휙 부는 바람과 고요 사이로 조화를 이룬다.

좁고 꼬불꼬불한 시골길은 차가 거의 없어서 무리가 마음껏 달릴 수 있다. 나보다 조금씩 뒤처져 따라올 수는 있지만 절대로 앞서 달릴 수는 없다. 이것은 규칙이다. 내가 이들 위에 군

림하려는 것이 아니라 안전을 위해서이다. 어쨌든 무리는 나의 리듬을 따르고, 내 옆에서 아주 편안하게 유령처럼 허공을 떠서 달린다. 끊임없이 흐르듯 움직이면서 말이다.

특히 여름이면 도로를 따라 늘어선 산울타리는 꽃을 피우고 하늘을 찌를 듯 높이 자라 서로 얽히고 펄떡이는 생명을 한껏 뽐낸다. 토끼와 온갖 종류의 쥐들이 부산하게 움직이는 소리가 무리의 주의를 끈다. 먼저 브레닌이 앞발을 들이대고, 그 뒤를 따라 희망의 화신이 되어 흥분한 개들이 미나리아재비와 야생 처빌 풀숲 아래로 꼬리까지 몸을 들이민다. 그러나 아무것도 잡지 못한 채로 무리의 리듬 속으로 다시 돌아온다. 달리는 내내 이렇게 무리를 이탈했다가 돌아오기를 반복하는데, 이 또한 심장박동의 일부이다.

이제 토끼굴 근처에 거의 다 왔다. 모퉁이 근처에서 산울타리가 벌판으로 이어지는 데까지는 성큼성큼 걸어서 400보 정도 떨어져 있다. 이곳의 터줏대감인 두 개의 거대한 썩은 건초 더미가 입구에서 보초라도 서듯 자리를 잡고 있다. 두 건초 더미 사이에 토끼 사육장이 있고, 언제나처럼 지금도 토끼들은 아일랜드의 나른한 여름 태양 아래 졸고 있을 것이다. 나른하다는 게 이곳에 내리쪼이는 햇빛을 묘사하기에는 제격이다.

모퉁이를 돌자마자 나는 무리의 흥분이 고조되는 것을 느낄 수 있다. 아직도 300보는 족히 더 가야 하지만, 흥분한 무리는

더 빨리 뛰어가자는 압박을 서서히 높여 나를 재촉한다. 브레
닌이 내 앞으로 코를 내밀어 먼저 간을 본다. 나는 무뚝뚝하게
엄지손가락으로 신호하며 "물러서!"라고 으르렁대듯 말하지만,
속으로는 미소 짓고 있다. 몇 초 후 니나가 똑같은 시도를 한
다. 그게 전략이다. 한 마리씩 차례로 나를 간 보는 것이다. 또
한 번 내가 "기다려!" 하고 저지한다. 그렇게 고통의 몇 분이 흐
른 뒤 나는 긴장을 늦추어 준다. "가!"라는 내 말이 떨어지기 무
섭게 무리는 남은 거리를 전력 질주한다. 이렇게 속력을 내는
것은 필요하기도 하고 또 매우 즐겁다.

　내가 한참 뒤처졌다 건초 더미에 다다를 때쯤이면 무리는 이
미 내 눈앞에서 사라지고 없다. 세 녀석이 모두 다른 방향으로
흩어져 뒤쫓고 물고 미끄러지고 난리가 난다. 결국은 허탕이
지만. 이 달리기로 해를 입는 토끼는 없다. 아마 멀리 길을 따
라 요란하게 달려오는 소리를 이미 들었을 테니, 우리가 도착
해서 발견하는 거라고는 차분하게 인내심을 가지고 약간은 재
미 있다는 듯 기다리고 있는 빈 굴뿐인 게 당연하다.

　나는 등을 구부린 채 숨을 헐떡이고 가끔은 메스꺼움도 느끼
지만, 기분은 좋다. 녀석들은 다같이 혀를 길게 내밀고 눈을 흥
분으로 빛내며 나에게 껑충껑충 달려든다. 즐거운 시간을 보
냈고, 어쩌면 내일은 운 좋게 한 마리 잡을지도 모른다. 몇 분
후 우리는 다시 길을 따라 달리고 부드러운 무리의 리듬도 다

시 자리를 잡는다.

스물일곱일 때 나는 정말 바보짓을 하나 했다. 사실 그해의 바보짓은 그 외에도 많았지만 이것은 이후 내 삶을 결정적으로 변화시키는 엄청난 사안으로, 유일하게 기억에 남을 정도로 독보적이다.

처음 브레닌을 만나 입양했을 때 나는 앨라배마 대학교의 젊은 철학과 조교수였고, 브레닌은 생후 6주밖에 되지 않은 새끼 늑대였다. 당시 주인은 브레닌을 늑대라고 하고 내게 팔았지만, 늑대와 개의 잡종이었을 확률이 매우 높다. 출생이야 어쨌든 브레닌은 쑥쑥 자랐다.

다음 페이지에 나온 사진은 브레닌과 내가 앨라배마를 떠난 지 몇 년이 흘러 찍은 것이다. 이곳은 오늘의 달리기가 시작된 곳이기도 한데, 킨세일 외곽으로 약 3킬로미터 떨어진 섬머 코브라는 작은 마을에 있는 찰스 포트이다. 정처 없이 방랑하는 철학자와 동거하게 된 연유로 브레닌은 앨라배마에서 아일랜드로, 다시 영국으로, 마침내 프랑스에 정착하기까지 세계를 누비며 전례 없는 다문화 늑대로 자랐다. 이 사진을 찍던 날은 나의 서른다섯 번째 생일이었고, 브레닌은 일곱 살쯤 되었다.

브레닌과의 첫 달리기는 짧지만 강렬했다. 나는 브레닌과 거실에서 침실로, 서재로, 작은 방으로, 어떤 용도로 써야 할지

브레닌

몰라서 내버려 둔 옆방으로, 주방으로, 골방으로, 그다음 정원
까지 달리다 못해 마침내 집 밑까지 기어들어가야 했다. 사실
브레닌과 함께 달렸다기보다는 녀석을 뒤쫓았다고 보는 게 정
확하다. 녀석을 사 온 그날, 집은 호된 신고식을 치렀다. 집을
본 브레닌의 첫인사는 모든 방의 커튼을 몽땅 잡아당겨서 바닥
에 내동댕이친 거였다.

　그다음 뒷문이 열린 것을 발견하고는 뒷마당으로 쏜살같이
달려나갔다. 또 다른 열린 문을 통해 이번에는 집 밑으로 용케
기어들어가는 데 성공했다. 거기에는 차가운 공기를 환기구로

보내는 에어컨의 말랑말랑한 파이프가 늘어져 있었는데 그 파이프를 몽땅 물어뜯었다. 겨우 한 시간 전에 500달러를 주고 브레닌을 사 왔는데, 2분 만에 수리비로 또 500달러가 날아갔다. 당시 그 비용이면 내 연봉의 거의 1/20에 맞먹는 금액이었다.

새끼라서 그렇다고 생각할지 모르겠다. 그러나 자라면서 품위를 갖추기는커녕 녀석은 더 심해졌다. 브레닌은 개성이 아주 강했다. 몇 분이라도 내버려 두면 입이 닿는 곳은 모두 초토화하는 개성 말이다. 녀석의 어깨까지의 키가 약 89센티미터에 달하고 집안의 물건은 대부분 천장에 고정시키지 않는다는 것을 감안하면 사태의 심각성이 파악될 것이다. 브레닌이 쉽게 지루함을 느끼는 성격인지, 혹은 분리불안이나 폐소 공포증이 있거나, 아니면 이 모든 것이 복합적인 원인인지는 나도 잘 모르겠다.

어쨌든 결론적으로는 사고 예방 차원에서 내가 가는 곳이 어디든 브레닌을 데리고 다녀야 했다. 수업하는 강의실도 예외는 아니었다. 대개는 강의실 한 켠에 누워 잠을 자는데 가끔 잠에서 깨면 재미난 상황이 연출되곤 했다. 나의 사교 활동 장소인 바와 파티도 함께 다녔다. 내가 데이트라도 하는 날이면 녀석은 연인 사이에 눈치 없이 낀 외로운 늑대가 되었다. 이렇게 브레닌과 나는 10년이 넘게 서로의 삶에 깊은 영향을 주며 동거를 계속했다.

녀석의 파괴 본능에 더한 또 하나의 개성은 넘치는 에너지였다. 새끼였던 브레닌은 어느덧 젊은 늑대가 되었고, 녀석은 놀이를 즐겼다. 우선 내가 앉아 있던 소파나 안락의자 쿠션을 물고 번개같이 정원으로 도망간다. 그러면 내가 그 뒤를 부리나케 뒤쫓는 놀이였다. 일종의 추격전인 이 놀이를 녀석은 매우 좋아했다. 그러나 몸집이 커지자 놀이의 강도를 한 차원 높이고자 했다.

어느 날 서재에 앉아 있는데 뒤뜰로 이어지는 문에서 쿵쿵대는 크고 둔탁한 소리가 사색을 방해했다. 무슨 일인가 나가 보니 이제 쿠션으로는 성에 안 찼던 브레닌이 안락의자를 통째로 정원으로 들고 나가려는 중이었다. 쿵쿵대는 소리는 브레닌이 입에 꽉 물고 있는 안락의자가 문틀에 계속 부딪히며 나는 소리였다. 모든 것을 감안할 때 브레닌을 계속 지치게 만드는 게 가장 좋겠다고 판단한 것이 아마 이맘때였던 것 같다. 그래서 우리가 매일 함께하던 산책이 조깅으로 바뀌게 되었다.

이것이 바로 최소한 어른이 된 후의 내 삶에서 달리기가 시작된 계기와 시기이다. 이후 대서양도 함께 건넜다. 우리 무리는 두 배로 불어났다. 그러나 우리의 달리기는 앨라배마의 터스컬루사에서 문틀에 부딪히던 안락의자의 쿵쿵 소리와 함께 시작되었다.

아리스토텔레스Aristotle는 물체, 사람, 사건, 상태 또는 과정과 같은 존재하는 모든 것은 네 가지 원인을 가지고 있다고 주장했다. 아리스토텔레스의 '원인'은 우리가 보통 말하는 '설명'이라고 볼 수 있다. 존재하는 모든 것은 네 가지의 다른 방법으로 설명할 수 있다는 것이며, 달리기도 예외가 아니다. 어떤 대상을 이해하려면 이 네 가지 방법을 모두 알아야 한다.

브레닌은 나의 달리기에서 아리스토텔레스가 말하는 작용인作用因, efficient cause이다. 사물의 작용인은 직접적인 힘이다. 철학자들이 보통 많이 드는 예로 설명해 보겠다. 당구공 하나로 다른 당구공을 쳐서 두 번째 당구공이 움직인다면, 첫 번째 공의 운동이 두 번째 공의 운동의 작용인이다. 지칠 줄 모르는 에너지와 파괴 본능의 화신이자, 그 한계가 어디까지인지 절대 시험해 보고 싶지 않은 브레닌이 바로 내가 달리기를 시작하고 비가 오나 눈이 오나 매일 계속하게 만든 작용인이었다.

브레닌이 네 살쯤 되었을 때 우리는 앨라배마에서 아일랜드의 코크로 이사를 왔고, 그때 브레닌은 다른 작용인들과 만나게 된다. 브레닌이 6개월간 격리 센터에 머물러야 했던 것이다. 당시는 반려동물 여권이 아직 도입되기 전이었고, 영국과 아일랜드 정부는 1885년 루이 파스퇴르Louis Pasteur와 에밀 루Emile Roux가 발견한 광견병 백신과 같은 최신 의학 추세를 도입할 경황도 없었다.

마침내 격리 센터를 나왔을 때 녀석의 남은 반생을 가장 행복하게 해 주기로 맹세한 나는 나보다 다리가 많고 코가 차가운 친구를 구해 주기로 결심했다.

무리 지어 달리기

그 결과 합류하게 된 것이 독일 세퍼드와 말라뮤트의 잡종인 니나였다. 외풍도 세고 다 쓰러져가는 조그마한 집인 노크더프 로지에서 찍은 사진에 니나가 보인다. 코끝이 벌써 회색이 되어 버리긴 했지만 아직 어린 개이고, 이 사진에서 니나는 "빨리 산책 안 나가면 주인이고 뭐고 가만 안 놔둘 거예요."라고 항의 중이다.

니나

니나가 합류하고 2년이 지나 무리를 확장하기로 단독 결정한 브레닌은 몇 킬로미터 떨어진 곳에 사는 흰색 독일 셰퍼드와 금지된 사랑을 나누었다. 63일 후 사랑의 결실들이 태어났고 약 5주가 지나 결국 딸 테스가 우리 무리에 합류하기에 이르렀다.

테스는 자라면서 여러 면에서 아버지인 브레닌을 쏙 빼닮았다. 털빛은 아버지와는 달리 갈색보다는 회색이 더 강했지만, 한눈에 누가 아버지인지 알 수 있었다. 나는 테스를 더 부드럽고 온화한 형태의 브레닌처럼 기억한다. 늑대 인형처럼 아름답지만, 늑대치고는 너무 동글동글하고 털도 복슬복슬하다. 아버지처럼 각 잡힌 몸매라든지 거친 털은 찾아볼 수 없었다. 진짜 늑대라고 하기에는 지나치게 예쁜 테스는 늘 우아하고 편안하게 쉬는 것을 즐겼다.

테스에게는 공격적인 성향도 없었다. 한번은 잭 러셀(영국산 테리어 견종─옮긴이)의 무참한 공격으로부터 테스를 구출한 적도 있었다. 여기에는 니나의 공헌이 컸다. 나이가 더 많은 니나는 알파 암컷이었고, 그 지위를 유지하고 싶어 했다. 테스가 약간이라도 선을 넘는 행동을 하려 들면 니나는 사정없이 제압했다. 테스가 그 작은 몸집의 테리어에게 반격을 했다면 니나는 아마 테스의 편이 아닌 테리어의 편에서 가담했을 것이다.

그래도 다음 페이지의 사진에서 보는 것처럼 둘은 단짝이다.

테스와 니나

여기서 테스는 약 6개월 되었고, 성견이 되려면 아직 멀었다. 성견이 된 테스는 몸집이 니나보다 약간 더 컸다. 그런데 사람들은 이구동성으로 테스가 훨씬 더 작다고 말했다.

니나와 테스는 둘 다 브레닌을 숭배하는 것 같았다. 최소한 브레닌이 하는 일은 뭐든지 따라 했는데, 이걸 그저 좋게만 보기에는 어려움이 있었다. 브레닌을 혼자 두고 나가면 집과 내 물건을 몽땅 먹어치울 기세였다. 그러니 한 마리도 아니고 세 마리나 되는 녀석들이 함께 있을 때 어떨지는 말하여 무엇하랴. 그렇게 집의 안녕을 위한 절박함으로 우리의 일상적인 달리기가 시작되었다.

브레닌, 니나 그리고 테스는 내가 매일 달리기를 시작하고, 또 비가 오나 눈이 오나, 내가 아프거나 말거나 계속하게 만든 작용인들이다. 달리지 않으면 더한 일이 닥칠 테니까 말이다.

중병에 걸리거나 팔다리 중 하나를 잃었다 해도 하루 정도 우아하게 쉴 수 있으려나. 그다음 날부터 바로 전동 휠체어를 타고 도로를 덜컹대며 함께 달리게 만들 녀석들이었다. 이 동물들은 달려야만 했고 어떤 변명도 통하지 않았다. 그러나 아리스토텔레스에 따르면, 작용인만으로는 충분하지 않다. 그는 이렇게 쓰고 있다.

원인의 첫째 측면(1)은 사물이 무엇으로 만들어져 있느냐인데, 예를 들어 조각상은 청동, 컵은 은이다. 둘째는 형상 혹은 패턴의 측면(2)인데, 사물의 본질적인 형태이자 그것이 속한 종류를 말한다. 셋째 측면(3)은 최초의 변화나 정지가 시작된 근원으로, 계획을 세우는 사람이 원인이고, 아버지는 아이의 원인인 것과 같다. 일반적으로 생산하는 주체는 생산된 결과물의 원인이며 변화하는 주체는 변화된 결과물의 원인이다. 마지막은 목적과 같은 측면(4)인데, 최종 원인 즉 걷기의 목적은 건강인 것과 같다.

여기서 (3)이 작용인에 해당한다. 아버지가 자식의 원인이 되는 것처럼 브레닌, 니나 그리고 테스는 나의 달리기의 작용인이었다. 아리스토텔레스가 자주 예로 드는 조각상에 있어서 작용인은 대리석 덩어리를 끌로 깎아 내는 조각가이다. 브레닌, 그리고 이어 합류한 니나와 테스는 이런 측면에서 소파에 들러붙어 빈둥거리던 나를 깎고 다듬어 그 속에 숨은 러너를 탄생시킨, 나의 달리기라는 작품의 조각가들이다.

그러나 작용인 하나만으로는 조각상이라는 대상을 충분히 이해할 수 없다. 우리는 아리스토텔레스가 말한 조각상의 질료인質料因, material cause과 형상인形象因, formal cause도 알아야 한다. 조각상의 질료인은 조각상의 재료이다. 조각가의 선택에 따라 대리석도 될 수 있고 다른 무엇이든 상관없다. 조각상의 형상인은 늑대, 개 또는 사람 등 그 조각상이 취하고 있는 형태나 모양이다. 조각상과 같은 대상을 이해하기 위해서는 누가 혹은 무엇이 그것을 만드느냐(작용인)뿐 아니라 어떤 재료로 그것을 만드느냐(질료인)와 만들어진 형태가 무엇인가(형상인)도 알아야 한다.

물론 이론적인 달리기라는 건 없다. 그저 달리는 사람의 물질적인 육체가 A에서 B라는 특정한 방식으로 움직이며 위치를 바꾸는 구체적인 달리기라는 현상만이 있을 뿐이다. 나의 달리기에서 질료인과 형상인은 모두 '나'이다. 질료인은 나 마크 롤랜즈라는 고깃덩어리이다. 나의 달리기의 형상인은 이 고깃덩어리가 구성된 방식이다. 그렇다면 정확히 어떤 방식으로 구성되었는가?

아리스토텔레스는 인간을 이성적 동물로 정의했다. 그의 뒤를 이어 약간의 반증에도 불구하고 오늘날 인간들은 우리 자신을 호모 사피엔스라고 부른다. 물론 매우 크고 대단한 기능을 하도록 진화한 인류의 대뇌피질은 자랑할 만하다. 그러나 크고 기능이 훌륭한 인간의 엉덩이에 대해서도 이와 유사한 정당화를 할 수 있을 것이다.

큰 엉덩이 영장류의 달려야 할 운명

내가 브레닌과 달리기를 처음 시작했을 때, 나는 슬프게도 다른 종에게 질투를 느꼈다. 브레닌은 내가 결코 따라 할 수 없는 우아함과 효율적인 움직임으로 미끄러지듯 달렸다. 멀리서 보면 마치 2~5센티미터 정도 공중에 떠서 활주하는 듯이 보였다. 반면에 날개 없고 서투른 두발짐승인 나라는 영장류는 숨을 헐떡이고 털썩대며 무거운 발걸음으로 옆에서 부산하게 움직였다. 이러한 영장류의 불행에 대한 맹비난은 나의 전작《철학자와 늑대》에서 자세히 이야기하고 있다.

물론 이는 모두 상대적이다. 늑대 옆에 있으면 별로일지 모르지만 다른 영장류와 있으면 나도 그렇게 엉망은 아니다. 여기서 다른 영장류란 인간 이외의 영장류를 말한다. 대부분의 다른 인간들처럼 나도 영장류 사촌들보다는 달리기를 훨씬 잘한다. 인간에게 부가된 능력 중 적지 않은 영향을 끼치는 것이 대둔근(엉덩이를 둘러싸고 있는 큰 근육─옮긴이)이다. 고릴라, 침팬지, 오랑우탄은 인간처럼 그렇게 둔근이 잘 발달하지 않았다. 영장류 형제들과 인간이 확연히 다른 점은 바로 엉덩이의 크기이다.

충분히 이해할 만한 이유로 우리 인간은 대뇌피질에 더 집중하거나, 꼭 필요하다면 유별나게 유연한 엄지손가락에도 관심을 둔다. 그러나 나는 인간의 엉덩이야말로 다른 모든 가능성을 열어 준 결정적인 표현형phenotype(겉으로 드러나는 형질로, 유전자형과 환경이 함께 작용하여 나타나는 결과—옮긴이)의 변화이므로, 인간 신체 발달의 최고봉이 아닐까 한다. 인간은 발달한 엉덩이 덕분에 다른 영장류처럼 손가락 관절을 땅에 짚고 법석을 피우는 대신 직립 보행을 하고 달릴 수 있다. 일단 나무에서 내려온 것도 칭찬할 만한데, 사실 엉덩이가 없다면 내려와서 별로 할 일도 없었을 것이다.

나는 이미 달리지 않으면 엉덩이가 사라질 나이가 되었다. 운동하지 않으면 배는 점점 튀어나오고 엉덩이는 납작해질 것이다. 솔직히 말하면 이미 경험한 적도 있다. 그러면 떡 벌어진 어깨에 털만 복슬복슬 남아서 고릴라처럼 보인다. 달리기를 끊으면 나는 최소한 신체적으로는 퇴보하여, 큰 엉덩이가 있다면 결코 그렇게 진화하지는 않았을 영장류의 모습으로 회귀할 것이다. 이런 의미에서 달리기는 내 속의 분명한 인간적 특성인 큰 엉덩이적 인간성을 유지하는 방법이다.

어느 방향으로 몸을 틀어도 늘 따라다니는 내 엉덩이는 현대의 삶을 살기에 얼마나 형편없게 설계되었는지 깨닫게 한다. 최소한 큰 엉덩이를 보고 추정할 수 있는 인류의 선조는 2백만 년 전 화석에 그 흔적이 남아 있다. 농업이 시작된 것이 약 1만 년 전이므로 아직 농경 문화가 도입되기 전이다.

농업이 시작되기 전까지의 199만 년 동안 인간은 수렵과 채집을 했다. 현재의 인간이라는 종족의 진화를 24시간에 빗대어 말해 본다면, 대부분의 낮 시간 동안 앉아서 다른 사람이 농장에서 기르고 수확한 채소로 만든 음식을 먹는 현대의 앉아 있는 나(채식을 하기 전에는 사육되고 도축된 것까지 먹은 나)는 자정이 되기 몇 초 전에 태어난 존재에 불과하다.

로렌 코데인Loren Cordain 과 그의 동료들에 따르면 수렵과 채집을 하던 남성들은 보통 육체적 활동을 통해 매일 체중 1kg당 약 20~25kcal를 소비했다. 현대의 앉아 있는 사무 근로자들은 하루에 보통 1kg당 5kcal 이하를 소비한다. 사무 근로자가 3킬로미터씩 매일 걷는다고 해도 매일 소모되는 열량은 1kg당 9kcal 미만이다. 현대인은 시속 12킬로미터의 속도로 60분을 달리는 정도의 더 격렬한 운동을 해야만 석기 시대 선조들 수준의 에너지 소모를 재현할 수 있는 것이다.

우리가 진화의 산물인 것은 두말할 나위도 없다. 현재의 우리는 진화의 오랜 역사를 거친 결과물이다. 진화가 아무리 빨

라졌다 해도, 진화의 측면에서 1만 년은 눈 깜빡하는 정도의
시간이다. 과거 1만 년 동안 우리 신체에 고착된 생물학적 변
화는 상대적으로 미미하다. 그래서 불가피한 결론은 아마도
현대의 앉아있는 생활은 진화의 의도는 아닌 것 같으며, 최소
한 생물학적으로 인간에게 맞는 자세도 아니라는 것이다.

많은 사람이 잘못 알고 있으면서도 집착하는 오해는 엉덩이
가 앉아 있으라고 진화된 것이라는 생각이다. 오히려 엉덩이
는 달리라고 있는 것 같다. 우리는 정해진 역사대로 살 때 가장
행복하고 건강하며 진정한 우리가 된다.

내 옆에는 이 진리를 온몸으로 보여주는 생명체가 달리고 있
다. 우리는 왼쪽으로 굽어 찰스 포트까지 이어지는 가파른 길
을 따라 뛰어 내려간다. 이곳은 17세기에 축조된 별 모양의 요
새로, 아일랜드의 다른 많은 곳들처럼 역사가 훨씬 더 오래된
링커런 성터에 있다.

이 요새는 우리가 주로 달리던 경로이며, 롤러코스터 달리기
코스 중 가장 낮은 지점이다. 굽이를 돌면 성벽의 남쪽과 서쪽
인 칵핏 배스천과 데블스가 멀리 보이고, 숨이 넘어갈 정도로
가파른 동쪽 언덕과 노크더프의 집으로 돌아가는 먼 길만 없다
면 정말 쏜살같이 달려 내려갈 수 있는 코스이다.

이 내리막길은 조심해야 한다. 웨일스 속담에 '노년은 혼자

오는 게 아니다'라는 말이 있다. 최근 들어서는 종아리 쪽이 문제를 일으키며 노화가 시작되고 있다. 이 정도로 가파른 언덕을 달려 내려가면 다리에 가해지는 하중은 체중의 7~12배 정도 된다. 그리고 내 왼쪽 종아리는 이미 과거 6개월간 두 번 파열된 적까지 있다(회복 중에는 할 수 없이 산악자전거를 사서 이 녀석들을 운동시켜야 했다).

새 운동화까지 사고 각오를 다지며 나선 만큼, 과거 같으면 미친 듯 달려 내려왔을 언덕길을 조심스럽게 걸어 내려왔다. 언덕 아래 데블스 배스천의 그늘에서 잠시 휴식을 취하며 집으로 가는 길에 남은 언덕을 오를 준비를 했다.

니나는 양치기 개의 무늬를 가지고 있지만, 썰매 개와 같은 거대한 근육질의 어깨와 넓은 가슴도 가지고 있다. 니나는 현재 추정으로 1만5천~3만 년 전에 있었던(현재의 추정이란 게 이렇게 정확하다) 늑대 국가에서 떨어져 나온 위대한 분파의 결과이다. 이 분파는 무작위 돌연변이와 적자생존에 따른 결과이다. 왜 이런 일이 생겼는지 아무도 모르지만, 가장 그럴싸한 이야기는 다음과 같다.

단순한 유전적 변이의 결과로 일부 늑대에서 더 낮은 도주 임계 거리가 발달하였다. 즉, 이들은 보통 늑대들보다 새롭고 괴상하며 큰 엉덩이를 가진 영장류가 더 가까이 다가오는 것을 허용했다. 그 결과 명백한 위험도 공존했지만, 더 조심스러운 자신들의 동료들에게는 없었던 기회를 가질 수 있게 되었다.

이 늑대들은 영장류가 버린 것을 전문적으로 활용하기 시작했다. 이들은 사냥하는 포식동물에서 썩은 고기를 먹는 청소동물로 바뀌었다. 어떤 늑대들은 큰 엉덩이를 가진 영장류를 이길 수 없을 것 같다면(그리고 사실 이길 수 없다) 합류해야 한다는 것을 일찌감치 알았던 것이다.

그 이후는 역사에 나타난 대로이며, 잠시만 생각해 봐도 이 진화 전략이 얼마나 탁월했는지 금세 알 수 있다. 현재 전 세계 개들의 개체 수가 4억 마리인데 반해 야생 늑대의 개체 수는 40만 마리에 불과하니까 말이다. 새로운 틈새를 공략한 덕분에 개들은 특정한, 그리고 상대적으로 적은 표현형의 변화를 겪었다. 개의 머리는 전체 몸에 비해 다소 작아졌다. 청소동물들은 보통 육식동물보다 뇌의 크기가 더 작다.

그러나 근본적으로 개와 늑대는 같은 동물이다. 1만5천~3만 년이라는 시간은 진화에서는 아직 모닝커피도 다 마시기 전이며, 결정적인 생물학적 변화가 발생할 만큼의 시간도 절대 아니다. 그렇기 때문에 1993년 이래 늑대와 개는 같은 종으로 분류되고 있다.

청소동물이 우리처럼 무리 지어 달릴 필요가 있는가? 인간은 예측이 불가능할 수 있다. 인간이 버린 쓰레기를 뒤져서 먹고 사는 청소동물을 보면 순간적인 스피드가 왜 필요한지는 이해할 수 있을 것이다. 그러나 그런 동물에게 몇 킬로미터씩이나 일정하게 달리는 게 왜 필요한 것일까? 필요하지 않은 일이라면 왜 니나는 이것을 그토록 좋아하는 걸까? 이제 집을 나서 달린다는 것을 아는 순간 왜 그토록 흥분을 못 이기고 기뻐하는 것일까?

견종의 특성이라고 생각할 수도 있다. 독일 세퍼드는 양치기 개로, 또 말라뮤트는 썰매 개로 유명하다. 두 가지 일은 모두 상당한 달리기를 요한다. 맞는 말이기는 하지만, 그래도 석연치는 않다. 이 무한한 달리기 사랑은 견종의 특성과는 별개의 이야기이다. 사실 없잖아 있는 일이기는 한데, 주인의 게으름 때문에 버릇을 망친 게 아니라면 개는 달리기를 좋아한다. 그레이하운드건 푸들이건 상관없이 개는 본능적으로 달리기를 잘하고 좋아한다.

진정한 대답은 니나를 비롯한 모든 개의 본질이 훨씬 더 오래되었다는 데 있다. 지난 1만5천~3만 년의 역사가 만든 니나의 일부도 있지만, 그 이전의 몇백만 년 역사가 만든 것이 훨씬 더 본질적인 니나인 것이다. 니나는 내가 밥을 줄 때 행복해하고, 우리가 사는 허름한 오두막의 난롯가에 마련된 잠자리를 좋아한다. 그러나 니나가 가장 행복한 순간은 바로 토끼를 쫓아 달릴 때이다. 니나는 여전히 본질적으로 늑대이다. 그래서 니나는 늑대답게 행동할 때 최고이자 가장 행복하다.

　니나와 나의 본질은 둘 다 훨씬 더 오래되었다. 나는 이성적인 동물일 수는 있지만, 그럼에도 동물이다. 그리고 나라는 동물은 지난 1만 년 동안에 형성된 것이 아니라, 그전 1백만 년 동안 형성된 것이다. 늑대과의 무리와 함께 달릴 때면 나의 존재와 마땅히 그래야 하는 본성이 완벽하게 일치한다. 그러므로 달리기는 나의 인간성을 표현하는 가장 가능하고도 명확한 방법이다. 구불구불하고 들쭉날쭉한 시골길을 늑대와 개들과 함께 달리면서, 나는 달리도록 만들어진 큰 엉덩이를 가진 영장류라는 형상인이자 질료인으로 되돌아간다.

　달리기를 할 때 나를 찾아오는 또 한 친구는 사유인데, 이 친구가 언제나 진지한 것은 아니다. 그러나 그게 꼭 나쁜 것도 아니다. 가끔 패러디의 색을 띠고 있는 사유는 드러나는 내용 때문이 아니라 내포된 의미 때문에 가장 좋은 친구이다. 이는 의심의 여지 없이 큰 엉덩이를 가진 영장류 가설에 적용된다.

　작용인과 형상인, 질료인은 모든 역사를 설명해 준다. 초점이 작용인에 있다면, 그 역사는 매우 최근의 것이다. 브레닌, 니나 그리고 테스의 파괴 본능의 결실은 최근의 나의 역사를 온통 헤집어 놓았다. 초점이 형상인과 질료인으로 바뀐다면, 역사는 조금 더 이전으로 거슬러 가서 먼 거리를 달릴 수 있는 고깃덩어리를 형성한 생물학적이고 문화적인 힘에 있다. 역사가 가깝건 멀건 상관없이 초점은 과거의 어떤 것이 현재까지

이어진다는 것이다. 큰 엉덩이 영장류 가설이 패러디의 색채를 띠는 것은 이런 종류의 설명이 얼마나 문제가 될 수 있는지 보여 주는 중요한 단서이다.

큰 엉덩이 영장류 가설은 내 사유가 가끔 즐기는 놀이인 '훨씬 더 오래된 본질' 놀이에서 나타났다. 그러나 이 놀이는 일단 시작되면 왜 그리고 언제 멈출지가 애매하다. 예를 들어 우리가 나무에서 내려왔을 때는 포식동물이라기보다는 청소동물이었다. 그렇다면 왜 큰 엉덩이를 가진 영장류가 소심하고 야비하게 숨어 다니면서 진짜 달릴 운명을 가지고 태어난 동물들이 남긴 쓰레기나 주워 먹는 청소동물이 아니라 달릴 운명으로 태어났다고 보는 것일가?

그 전에, 즉 땅으로 내려오기 전에 우리는 나뭇가지를 탔다. 그렇다면 내가 왜 인간을 나뭇가지를 타는 영장류가 아니라 달리는 영장류라고 생각해야 하는가? 시간적으로는 청소동물이나 나뭇가지를 타는 영장류보다 달리는 영장류가 더 최근의 일이므로, 이것은 일시적인 근접성인가? 만약 일시적인 근접성이 핵심이라면, 왜 나는 앉으라고 발달한 큰 엉덩이를 가지고 소파에서 뒹구는 영장류나, 다른 사람들을 이용해 먹이를 찾는 예리하고 영민한 지능을 발달시킨 영장류가 아닌가? 언젠가는 '훨씬 더 오래된 본질' 놀이를 논리적인 정점으로 끌어올려 결론이 어떻게 나는지 보아야 할 것이다.

우리는 달리도록 진화했다

이 문제를 피해 가는 방법이 있거나 나라는 실체 속에 있는 사냥하는 영장류에게 특권을 주는 합법적인 이유가 있다고 할지라도, 더 일반적인 또 다른 문제가 남아 있다. '훨씬 더 오래된 본질' 놀이는 나의 존재를 묻는 질문에 생물학적 역사가 명확한 대답을 한다고 전제한다. 그러나 만약 그런 대답이 나오지 않는다면? 오히려 생물학적 역사가 '나는 여러 다른 것들이 혼란스럽게 뒤범벅된 것이며 그에 따른 결과물은 생존 가능성과 일관성이 거의 없다'는 결론을 내린다면?

가끔 사람들은 엉덩이, 다리, 발 등 진화의 결과물이 있다면 그것이 무엇이든 현재 수행하는 기능에 완벽하게 맞을 거로 생각한다. 이런 생각은 진화가 삶의 설계자라기보다는 숙련공에 가깝다는 점을 간과한다. 능력도 석연치 않고, 실수도 잦을 뿐 아니라, 한 푼에도 벌벌 떠는 구두쇠 고객을 상대해야 하는 숙련공 말이다. 여기저기 페인트로 땜질할 수는 있겠지만 전체 구조를 변경할 권한은 절대 없다. 바로 그것이 진화라는 숙련공의 위상이다.

구두쇠 고객은 생존이라는 이름을 가지고 있다. 현존하는 창조물인 기존 구조에 너무 많이 손대면 생존과 공존할 수 없다. 삶이라는 허리케인은 주요한 구조 변경이 진행되는 동안 임시

가설물을 뚝딱 만들어 낼 것이다. 변화는 언제나 미미하게 일어나야 하며, 작은 변화들이 점진적으로 쌓이는 것이 바로 핵심이다.

진화는 물고기에게도 일어났다. 어떤 물고기들은 바다에서 행복하게 헤엄치다가 주변 환경이 급격히 변화하자 모래 속에서 오랜 시간을 위장한 채 숨어 있는 것이 더 좋은 정책이라는 것을 깨닫게 된다. 그래서 바닥에 옆으로 누워서 숨다 보니 점점 더 위장하기 쉽도록 몸 자체가 납작하게 진화했다.

그렇다면 뻘 속에 온종일 파묻혀 있을 한쪽 눈은 어떻게 해야 할까? 그 자리에 있어 봤자 보는 데는 도움이 안 된다. 물론 모든 생물은 절대 똑같지 않지만 진화의 대원칙 앞에서는 그렇다고 본다면, 포식자와 먹이를 보려면 눈이 하나인 것보다는 두 개 있는 것이 더 유리하다.

이때 진화에는 두 가지의 선택이 있다. 첫째, 눈을 하나 더 발달시킨다. 그러나 그 전략에는 비용이 따른다. 수많은 신체와 신경의 자원이 동원되기 때문이다. 둘째, 이미 가지고 있는 눈 중에서 사용하지 않는 것을 활용한다. 후자는 비용이 훨씬 적게 드는 방법이다. 그래서 진화가 이 전략을 채택한 것이다.

기묘하게 뒤틀어져 비대칭인 넙치의 얼굴은 진화의 역사와 그 속에 체화된 인색한 해결책을 증언하고 있다. 생존을 위해 몸을 세워 유영하던 당시에는 눈이 양옆에 붙어 있었지만, 모래 속에 몸을 숨기고 지내는 지금은 등 한 쪽에 두 눈이 삐딱하게 몰린 모습이 되었다. 진화란 이런 것이다. 진화에서 백지 상태란 없다. 이미 주어진 조건에서 끊임없이 조금씩 변화하는 것이다.

인간은 나무에 사는 생물이 환경적 요인이나 긴급성 때문에 위험하지만 잠재적으로 이익이 되는 땅으로 내려와 점점 더 많은 시간을 지내게 된 것으로 가정해야 한다. 진짜 이유는 아무도 모른다. 일부는 나무에서 얻는 잎사귀와 과일 정도로는 먹이가 부족했기 때문이라고 주장한다. 또 다른 이들은 몸집이 너무 커져서 더 이상 나무 위에 숨어 포식자를 피할 수 없게 되었기 때문이라고도 한다. 사람이 올라갈 수 있을 정도로 굵은 가지만 그 몸집을 지탱할 수 있으니까.

이유야 어쨌든, 기꺼이 지상으로 내려오려던 영장류에게 기회가 되는 틈새가 열렸다. 처음에는 물가의 숲 언저리에 살던 인류의 선조들은 점차 영역을 넓혀 갔다. 이처럼 영역을 넓히는 과정에서 더 크고 강한(그리고 지탱하고 동력을 제공하는 큰 엉덩이가 없다면 소용없을) 다리를 가진 선조들이 다리가 약하고 엉덩이가 작은 선조들보다 생존율이 더 높았다. 그래서 큰 엉덩이의 유전자가 확산되었고 오늘날 현대인까지 내려온 것이다.

그러나 여기에 장애물이 있다. 큰 엉덩이는 여전히 본질적인 영장류의 두 다리를 연결하는 고리이며, 두 다리 아래에는 본질적인 영장류의 두 발이 붙어 있다. 진화는 숙련공이지 설계자가 아니다. 그저 주어진 대로 일할 뿐이다. 물론 다리와 발도 진화해 왔다. 현대인의 다리와 발은 선조들이 영장류 사촌과 공유했던 특성들과는 매우 다르다.

그럼에도 진화는 주어진 것에서 조금씩 변화시켜 나가는 것이며, 그 변화도 꼭 발전인 것은 아니다. 실수도 예상해야 한다. 영장류의 다리와 발이 이 새로운 초강력 엉덩이가 시킬 일을 해낼 수 있으리라는 보장은 전혀 없다. 물론 그것을 감당하는 사람도 있겠지만, 모든 사람 혹은 대부분 사람이 그것을 감당하리라는 보장은 없는 것이다.

결국 '큰 엉덩이를 가진 달릴 운명의 영장류' 가설은 일종의 믿음에 따른 것이다. 즉, 깐깐한 고객이 제시한 비용-편익 문제에 대한 완벽한 해결책을 진화가 내놓으리라는 믿음이다. 이것은 특히나 맹목적인 생물학적 과정에게는 너무 지나친 요구이다. 시간이 가면서 진화는 어느 정도 제 방향을 잡아가는 것 같다. 그러나 이 '큰 엉덩이로 받친 다리와 발로 달리는 영장류'는 상대적으로 생긴 지 정말 얼마 안 되는 이야기이며, 심장, 폐, 혈액과는 차원이 다르다. 이 장기들은 진화가 충분히 오랜 시간 공을 들였다.

진화가 정착하려면 시간이 걸리고, 진화가 인간을 만드는 전략에 관한 문제를 포괄적으로 해결하는 데 충분한 시간이 있었다면 오히려 놀라울 것이다. 생물학적으로 보면 우리는 아마 골절이 되었을지 모른다. 우리가 달릴 운명인가? 적당히 먼 과거 진화의 관점에서 볼 때 우리는 아마 모든 일은 아닐지라도 많은 일을 할 운명으로 태어났다고 하면 크게 틀리지 않을 것이다. 인간은 어쩌면 모든 생명체의 혼혈종일지 모른다.

굳이 숨차도록 달려야 하는 이유

아리스토텔레스적 관점에서 본다면 가장 중요한 설명인 네 번째 이유는 바로 목적인, 즉 '왜'이다. 형상인은 사물의 본질이다. 질료인은 재료이다. 작용인은 사물의 움직임이 시작되는 처음이다. 네 가지 원인의 나머지 하나로 아리스토텔레스가 목적인이라고 부른 것은 어떤 사물이 왜 생겨났는지의 궁극적 목적이다. 목적인은 활동의 목적이며 그 활동이 이루어지는 이유이다.

달리기의 목적인은 이미 설명한 것 같다. 내가 달리는 궁극적 목적은 나의 집과 재산을 한 마리에서 시작해 두 마리로, 결국 세 마리까지 불어난 개과 동물들의 무자비한 턱으로부터 보호하기 위해서이다. 이는 확실히 내 달리기의 목적처럼 보인다. 나의 무리의 파괴 본능은 나의 달리기를 촉발시켰다. 이들은 작용인이다. 그런 다음 내가 달리는 목적은 이들을 지치게

만들어서 아직도 잘 보존되어 있는 몇 안 되는 내 소유물을 다
먹어치우지 않게 만드는 것이었다.

내 달리기의 목적인은 기본적으로 나의 남은 소유물을 지키
고자 하는 욕구에 기반한다. 예를 들어 내가 이런 소유물에 신
경 쓰지 않는다면, 즉 브레닌이 소파에 구멍을 내거나(실제 사
건), 테스가 거의 새거나 다름없는 TV의 전선을 물어뜯거나(실
제 사건, 다행히 그때 TV 전선을 뽑아 두었기에 망정이지), 혹은 니나
가 가벽에 구멍을 뚫고 지나가거나(실제 사건, 비록 니나의 단독 범
행인지 공모자가 있는지는 확실치 않지만, 당시 현행범이 니나였으므로
추측일 뿐) 말거나 개의치 않는다면 무리의 그런 성향은 전혀 내
가 달릴 이유가 되지 못했을 것이다.

그러나 이것은 나의 달리기의 목적인일 뿐이지, 달리기 자체
의 목적인은 아니다. 만약 이것이 나의 달리기의 목적인이라
면, 다른 사람들은 또 나와는 다른 달리기의 목적인이 있을 것
이다. 사실 늑대와 개의 무리가 소유물을 파괴하지 않도록 달
래려고 달리는 사람이 얼마나 될까? 어떤 이는 건강을 유지하
기 위해 달리고, 또 어떤 이는 업무나 가족 관계의 스트레스를
풀기 위해 달린다. 사람들과 함께 달리는 것이 좋은 사람도 있
을 것이고, 경쟁해서 메달을 따 모으는 것이 좋은 사람도 있을
것이다.

초점을 나로 국한한다고 해도, 내가 인용한 특정한 목적인은

내 삶의 특정한 시기에만 해당한다. 이들 중 어떤 이유도 달리기의 목적인은 아니며, 굳이 말하자면 특정한 시기에 국한된 나의 달리기의 목적인이자 특정한 시기의 누군가의 달리기의 목적인일 뿐이다.

찰스 포트를 지나면서 왼쪽으로 돌아 가파른 언덕길을 따라 올라간다. 이 길에는 약 180미터 정도의 힘든 등산로가 있다. 나는 데블스 배스천의 그늘 속 오르막길을 이를 악물고 달린다. 그러나 아직 본 경기는 시작도 하기 전이다. 오른쪽으로 돌면 농가 한 채와 오두막집 몇 채가 있는 내리막길이 나오는데 여기는 스트레칭으로 근육을 풀면서 가는 길이다. 언덕을 따라 계속 올라갈 수도 있지만, 그쪽으로 가면 곧 평지가 나와서 집으로 가는 1.5킬로미터 정도의 길이 상대적으로 너무 쉬워지기 때문이었다. 나중에 몸이 아프면 어쩔 수 없이 그 길로 갈 수는 있겠다.

나는 내리막 코스를 계속 달려 언덕 아래에서 왼쪽으로 꺾었다가 다시 오른쪽으로 꺾는다. 그러면 험하지만 내가 제일 좋아하는 코스가 나타난다. 찰스 포트에서부터 여기를 기다려 왔다. 아드레날린이 다시 솟구치기 시작한다. 우리는 멀리까지 뻗어 있는 언덕 기슭에 서 있고, 여기는 아찔할 정도로 가파른 언덕이다. 이 기슭에서 보면 언덕이 아니라 거의 벽에 가깝다. 목표는 이 언덕을 최대한 빨리 달려 올라가는 것이다. 멈춰도 안 되고 비틀대서도 안 된다. 속도를 늦추는 것도 안 된다. 만약 그런다면 달리기는 실패가 되는 것이다. 불가능한 목표이지만 가끔은 그게 최선이다.

나는 내 발을 내려다보며 달린다. 고개를 들면 아마 뒤로 나자빠질 것이다. 가파르게 시작된 언덕은 오를수록 경사가 더욱 심해진다. 얼마나 남았는지, 그리고 이 고통이 얼마나 더 계속될지 고개를 들어서 본다면 중도 포기하리라는 것도 안다. 움직이고 동력을 공급하는 내 다리에는 불이 난다. 폐는 젖산연소를 저지하기 위해 필요한 산소를 필사적으로 얻으려고 밖으로 튀어나올 듯 타들어 간다. 그래도 멈추지 않는다. 다음 웅덩이, 또 그다음 웅덩이를 지난다. 마지막으로 가장 힘든 곳이다. 이제 곧 정상에 도착하게 되고, 경사는 서서히 완만해지기 시작한다. 이제 끝났다!

아니, 아직 기뻐하기에는 이르다. 지금부터 달리기를 멈추지 않는 것이 가장 힘들다. 젖산이 연소되면서 밖으로 퍼져 나올 때 다리를 계속 움직여 결국 다리 전체에 감각이 없어지는 시점까지 가야 한다. 폐가 다시 작동하기 시작하면서 다리를 계속 움직인다. 이때 구역질이 나기 시작하며, 가장 힘들다. 자주 그런 것은 아니지만 너무 뜸하지도 않게 구토가 난다. 그래도 달린다. 나를 지배하던 구역질이 결국 따뜻한 승리감으로 바

뛴다. 나는 포효하고, 무리는 내 주변을 껑충껑충 뛴다. 그리고 서서히 달리기의 부드러운 리듬이 다시 한번 나를 지배한다.

이런 종류의 노력이 실제로 의미가 있던 시절은 오래전에 지나갔다. 나는 이제 더 이상 그런 고문 수준의 격렬한 운동을 하지 않는다. 가파른 언덕을 달리는 것의 핵심은 굳이 그럴 필요까지는 없다는 것이다. 그 언덕을 조깅으로 올라가도 되었고, 그냥 걸어가도 되었다. 그런다고 무리가 뭐라고 할 것도 아니었다. 그러나 나는 언덕을 전속력으로 달렸다. 당시에는 물론 이해하지 못했지만, 여기에 달리기의 목적인에 대한 단서가 있는 것이다. 나의 달리기나 특정한 누구의 달리기의 목적이 아니라 달리기 그 자체의 목적인 말이다.

언덕을 달려 올라가는 것과 나머지 달리기 방식이 종류가 다른 것은 아니다. 단지 언덕을 전력 질주하는 것에서 달리기의 목적인이 특히 시각적으로 드러난다는 것이다. 나는 하나로 시작해 둘을 거쳐 셋으로 늘어난 작용인들에 떠밀려 달리기 시작했다. 그러나 내가 떠밀려 시작한 달리기에는 그 자체의 궁극적 목표인 목적인이 있다.

숨이 차오르고 젖산이 연소되는 고통 속에 죽을 것만 같던 그 가파른 언덕 위, 바로 그 시점에 나는 세상의 다른 어떤 일도 하지 않을 것이다. 내가 그 언덕을 달려 올라간 이유는 오직 하나, 달리기 위해서이다. 그리고 바로 그것이 달리기의 목적

인에 대한 단서이다. 달리는 이유는 십인십색일 수 있지만, 달
리기의 목적인만은 모두 같다. 가장 순수하고 최고인 달리기
의 목적인은 그저 달리는 것이다. 달리기는 그 자체에 목적을
수반하는 인간 활동의 범주 중 하나이다. 달리기의 목적은 달
리기에 내재하고 있다. 그러므로 나는 언젠가 그것이 중요하
다는 것을 깨달을 것이다.

4장

2007년의 달리기
마이애미, 미국

삶도 달리기도
놀이가 될 때
가장 가치 있다

이제 달리기는 그 자체가 목적이 되었다.
육체와 노동, 노력과 내적인 평온,
나는 이런 매일의 체험을 절대 놓치고 싶지 않았고,
앞으로도 그럴 것이다.

요슈카 피셔 Joschka Fischer

가 버린 시간의 달리기

한쪽의 도로에는 차들이 휙휙 지나가고, 다른 한쪽 정원에서는 잔디 스프링클러가 열심히 물을 뿌리며 돌아가고 있다. 모든 달리기에는 심장박동이 있다. 이른 아침 나는 니나, 테스와 함께 마이애미 교외의 거리를 달리고 있다.

나는 12년 전 브레닌과 함께 앨라배마를 떠났었다. 그 후 우리는 남부 아일랜드의 푸른 초원과 경사 지대, 윔블던 커먼의 숲속 진흙길, 펨브룩셔 고지대의 바위처럼 황량한 언덕길, 그리고 언제나 석양 속에 황금빛으로 빛나는 해변과 보라색 라벤더가 핀 초원으로 기억되는 랑그도크를 달렸다. 내 오랜 친구인 브레닌은 이제 세상에 없다. 브레닌의 뼈는 오브 강 삼각주에 있는 작은 숲의 모래흙에 묻혔고 그 위는 돌무덤이 지키고 있다. 오랜 시간을 돌고 돌아 적어도 나에게는 일종의 귀향이다.

며칠 전, 우리 모두는 마이애미로 이사를 왔다. 니나와 테스는 이제 너무 나이가 들어서 가엾게도 예전처럼 달릴 수 없다. 나는 이 사실을 부정해 왔지만, 결국 올 것이 왔다. 오늘은 이 녀석들과 달리는 마지막 날이다. 이제부터는 가볍게 걷기만 할 것이다. 이때로부터 1년 정도 지나, 둘은 모두 하늘나라로 떠났다. 테스가 먼저 아버지 브레닌과 같은 암으로 떠났고, 니나는 그 3주 후에—나는 아직도 그렇게 믿고 있는데— 상심으로 세상을 떠났다.

어쨌든 이것은 나의 두 번째 미국 생활의 첫 번째 달리기이다. 내 첫 미국 생활의 마지막 달리기를 떠올려 본다. 그것은 슬픔의 달리기였다. 가 버린 시간의 달리기이며, 다시는 오지 않을 시간의 달리기였다. 두려움의 달리기였고, 아직 알 수 없는 시간의 달리기였다. 그때 나는 며칠 후면 브레닌을 아일랜드행 비행기에 싣고 격리 수용해야 할 운명이었지만, 어쨌든 당시 브레닌은 이른 아침 내 옆에서 터스컬루사의 거리를 유유히 활주하고 있었다.

미국에 왔을 당시 나는 스물넷이었고 옥스포드를 갓 졸업해 사회에 첫발을 내디딘 상태였다. 처음에는 학교에 출근할 때 옥스포드 스타일로 플란넬 셔츠를 입고 재킷을 걸쳤다. 하지만 결국은 티셔츠에 반바지를 입고 플립플롭을 질질 끌며 머리를 하나로 질끈 묶은 그런지룩으로 끝이 났다. 내 야심 찬 첫 직장이 7년간의 파티로 얼룩질 줄은 전혀 예상치 못했지만, 세상일이란 것은 가끔 전혀 생각지도 못했던 반전으로 우리를 놀라게 하는 것임을. 사실 그래서 삶이란 게 또 재미있지 않은가?

7년간 100회가 넘는 럭비 경기에 출전하고, 수천 잔의 테킬라 슈터를 마시고 셀 수도 없을 만큼 많은 싸구려 병맥주를 마신 후, 마침내 앨라배마를 떠날 준비가 되었다. 처음 앨라배마에 왔을 때는 내가 가르치던 학생들보다도 나이가 어렸다. 그러니 대학의 학생 럭비 팀에 들어가서 그들의 다소 초현실적인 하위 문화를 함께할 수 있었던 것이 그다지 놀라운 일은 아니었다.

서른한 살이 되자, 비로소 나는 너무 나이가 들어 이제 파티는 안녕이라는 것을 깨달았다. 학생들의 파티, 심지어 학생 럭비 팀의 파티조차 처음에는 좀 서글프고 그다음에는 오글거려서 더 이상 갈 수 없게 되었다. 사실 슬픈 경계선은 이미 넘은 지 오래되었고 이제는 오글거리는 느낌이 들기 전에 당장 뛰쳐나오고 싶었다. 오글거리면 다 끝난 거다.

브레닌은 앨라배마에서 보낸 첫 4년간 내가 가는 바와 파티, 여행마다 함께했다. 브레닌은 술과 여자를 찾아 헤매는 내 모습을 묵묵히 아무 판단도 하지 않고 지켜보았다. 자연의 순리에 따라 방탕한 생활에 종지부를 찍고자 했던 나는 브레닌과 함께 조용히 글을 쓸 수 있는 아일랜드로 이사했다. 그러나 브레닌을 격리 센터에 먼저 수용해야 했기에 친구이자 형제인 녀석을 6개월씩이나 볼 수 없는 운명을 피할 수 없었다.

때는 이른 일요일 아침이었다. 나는 전날 시합이 끝나고 이어진 뒤풀이에서 빠져나오는 길이었다. 기억 속에 있는 거리의 모습은 창백한 느낌이다. 사실 실제로 거리가 하얀색이기 때문에 정확하지 않은 기억은 아니다. 한때는 고상한 남부 상류 계급이 살던 눈이 부시도록 새하얀 포치와 기둥이 있는 집들이었으나, 앨라배마 대학 학생들에게 점령당한 이후로는 그 속에서 밝게 타는 젊음으로 인해 색이 바래고 금이 가고 칠이 벗겨져 버렸다.

그러나 내 기억은 또 다른 이유로 바래고 벗겨졌다. 나의 기억은 내가 필요로 하지 않을 때 만들어졌다. 나이는 기억의 파괴자가 아니다. 기억은 젊음의 소유물이다. 나이는 기억의 보존자이며 숭배자이다. 내 기억은 나이가 들면서 더 강력해진다. 내가 젊었을 때 만든 기억은 병약한 어린아이다.

나는 거리에 띄엄띄엄 늘어선 집 안에 누워 꿈을 꾸던 젊은이들을 알았다. 그 젊은이 중에는 내 학생들도 있었고, 럭비를 함께한 팀원들도 있었으며, 또 함께 파티를 다닌 젊은이들은 그보다 더 많았다. 나는 그들과, 최소한 그들이 기꺼이 말해 주었던 꿈을 알았다. 그 꿈은 대부분 위임받은 꿈이었다. 그들의 부모가 가졌던 꿈이고, 아직 태어나지 않은 그들의 아이에게 물려주기 위해 그들 속에서 무럭무럭 자라던 꿈이었다. 의사, 변호사가 되고 큰돈을 벌어 큰집과 값비싼 차를 사고 근사한 배우자를 얻는 꿈이었다.

이곳은 충분히 열심히 일할 준비가 되어 있다면 무엇이든 될수 있는 미국이다. 그것은 위대한 꿈이었다. 그리고 위대한 거짓말이었다. 빛바랜 집 안에서 잠자던 친구들은 대부분 이런 꿈들을 이루지 못할 것이다. 내가 미국으로 돌아갈 때쯤 그들은 더 새롭고 작은 꿈들을 발견했으리라.

스프링클러와 아메리칸드림

두 번째 미국 생활의 첫 번째 달리기는 진짜 마이애미에서 한 것은 아니었다. 내 말뜻은 마이애미 하면 생각하는 그런 종류의 마이애미가 아니라는 것이다. 보통 외지인들은 마이애미 하면, 지금 〈CSI: 뉴욕〉이 아니라 〈CSI: 마이애미〉를 보고 있다는 것을 확실히 알려 주기 위해 드라마에서 보여 주는 고층 건물과 아르데코 스타일의 해안 풍경이 특징적인 사우스 비치나 다운타운을 떠올린다. 그러나 실제 거리는 온통 야자나무와 반얀나무가 가득하다.

마이애미에 실제로 중심지라는 게 있다면 우리는 거기에서 남쪽으로 약 16킬로미터 지점에 있는 확실한 중산층 교외 지역인 팔메토 베이에 산다. 호레이쇼 케인(〈CSI: 마이애미〉에 등장하는 반장—옮긴이)이 팔메토 베이에서 시체로 발견되지는 않을 것이다. 사실 여기에서는 아무 일도 일어나지 않는다. 이 장소에 우리가 나타난 것은 이곳에 변화가 일어날 것을 상징한다.

니나와 테스는 사라질지 모르지만 곧 새로운 생명이 등장한다. 아내 엠마는 현재 임신 4개월째이고 우리는 안전하고 안정되며 존경받는 중산층 부부의 안전하고 안정되며 존경받는 삶을 살고 있다. 우리 부부는 이제 어느 학군이 더 좋은지 고민하고 있다. 솔직히 말하자면 학군은 나보다는 아내의 관심사이다. 그리고 팔메토 베이 최고의 공립 학교들이 모여있는 곳은 마이애미-데이드이다.

딱 20분 만에 나는 마이애미에서 달리는 것에 정이 떨어졌다. 덥거나 끈적대서가 아니었다. 때는 1월이고 밝고 기분 좋은 이른 아침이었기에 기온은 15도 정도였을 것이다. 오후가 되면 최고 기온이 20도를 넘기는 하지만, 앞으로 몇 달간은 습도가 불쾌할 만큼 높지는 않을 것이다. 습도가 올라갈 때쯤이면 이 겨울의 달리기를 즐거운 기분으로 회상할 것이다. 내가 싫어한 것은 평평한 지형이었다. 이 교외의 끝도 없이 펼쳐지는 지루하기 짝이 없는 평지가 너무 싫었다. 도대체 달리기의 리듬을 끊을 만한 것이 없다. 마음을 단단히 먹고 대비할 내리막도 없고, 숨이 차도록 올라 기쁨에 환호할 정상도 없다.

웨일스 출신으로 마이애미에 산다면 산이 그리울 것이다. 다른 것은 딱히 부족한 것이 없는데, 산과 언덕과 무엇이라도 좋으니 좀 비탈진 곳이 있었으면 하고 간절히 바라게 된다. 마이애미의 지역 중에는 이름 자체에 고원을 뜻하는 '하이츠'가 붙은 곳이 있다. 리치몬드 하이츠, 올림피아 하이츠 등. 농담이 좀 지나친 것 같다.

이곳은 해발 2.4미터밖에 되지 않지만, 이 지역에서는 고산

지대에 속한다. 가끔은 마이애미-데이드 카운티에서 가장 큰 비탈인 리켄벡커 코즈웨이에서 흐뭇하게 아래를 내려다보기도 한다. 주말에 코즈웨이를 타고 케이 비스케인까지 운전을 하다 보면, 많은 사람이 자전거를 타고 오르내리는 것을 볼 수 있다. 코즈웨이는 아치 모양이며 자전거를 연습할 수 있는 가장 큰, 소위 언덕이다.

아마 자전거를 타는 사람들도 내가 달릴 때 느끼는 것처럼 이곳에서는 좀 짜증이 날 것이다. 그러나 내 경우는 정말 심각하다. 최소한 그 사람들은 나름대로 갈 만한 곳이 있겠지만, 나는 앞으로 태어날 개와 함께 향후 몇 년간 달리게 될 올드 커틀러 로드 옆에 길게 펼쳐진 뱀의 땅을 아직 발견하지 못한 상태였기에 무척 괴로웠다. 현재로서는 이곳은 그저 교외 지역이고 제대로 달릴 만한 데가 없다. 미국은 땅덩이가 하도 넓고 도시들은 너무 커서 차 없이는 나다닐 수가 없다. 잠시 유럽에서 살다 오는 동안 그 점을 망각했다.

먼저 146번가에 있는 집에서 출발해 북쪽으로 77번가를 따라 달려 136번가까지 간다. 거기에서 동쪽으로 꺾으면 올드 커틀러 로드가 가까워진다. 올드 커틀러를 따라 남쪽으로 내려가 서쪽 77번가 방향으로 간 다음 다시 집으로 돌아오는 이 코스는 약 8킬로미터이다. 그리고 현재 니나와 테스가 감당할 수 있는 거리는 이 정도이다. 파인크레스트 주변에서 잠시 시간을 보내기도 하지만, 여전히 팔메토 베이에서 맴돌 뿐이다. 그리고 우리가 달리는 내내 함께하는 것은 휙휙 대며 지나는 차들의 소리와 잘 가꾸어진 잔디에서 물을 뿌려 대는 스프링클러가 돌아가는 소리 뿐이다.

시각은 아침 6시 30분, 출근 정체가 이미 시작되었다. 모든 사람이 하루 중 이 시간대에는 77번가를 이용하는데, 그 이유는 US 1(혹은 이곳 사람들이 상습 정체 구간으로 부르는)이 정체될 것이기 때문이다. 마이애미 사람들은 그 시간 동안 할 수만 있다면 차 안에서 샤워라도 할 기세다. 그게 안 되면 스타벅스에 가서 커피와 머핀을 사 와서 차 안에서 먹고, 머리도 빗고, 문자 메시지도 보내고 경적을 울려 대며 부산하게 일터로 출근한다.

마이애미의 상수원인 오키초비 호의 수위가 최저에 달한 가운데, 잔디 스프링클러는 최대한 멀리 가느다란 물줄기를 쏘아 대느라 여념이 없다. 내 주변 사람들은 모두 일하러 가느라 바쁜 탓에 정원사를 고용해 스프링클러가 열심히 물을 줘서 잘 키워 놓은 잔디를 깎게 한다. 선진국 중에서 미국은 휴일의 수가 가장 적은 나라이다. 연방 정부에서 법으로 정해 놓은 유급 휴가 일수 같은 것은 아예 없다. 열흘의 법정 공휴일이 있기는 하지만, 미국인들은 상관없이 일을 한다.

대조적으로 내가 직전까지 살다 온 프랑스는 살아가는 기술에 있어서는 좀 더 요령이 있다. 프랑스인들은 매년 기본적인

열흘의 법정 공휴일 이외에도 30일의 유급 휴가를 보장받는
다. 브라질에서도 법정 공휴일 11일에 추가로 30일의 유급 휴
가가 보장된다. 리투아니아, 핀란드와 러시아에서도 법정 공휴
일 이외에 매년 40일 이상의 유급 휴가를 보장받는다.

　미국인들은 일한다. 사실 그들의 걱정은 이유가 있다. 일하
지 않으면 직장에서 쫓겨나고, 그러면 의료 보험도 없어지고,
그러다가 중병(굳이 중병이 아니라도 어떤 병)이라도 걸리면 파산
할까 봐 걱정이다. 그러나 그보다 더 널리 퍼져 있는 걱정이 있
다. 미국은 소비의 기반 위에 지어진 나라이다. 많은 이들의 기
본적 욕구는 쉽게 충족되며, 그래서 소비는 빨리 불필요한 물
건을 사는 것으로 변질된다. 그리고 물건은 빨리 망가지는데,
의도적으로 그렇게 만든 게 아닌가 싶다. 필요하지 않은 물건
을 사게 하는 것은 어렵지 않다. 사지 않으면 발생할 결과에 대
해 겁을 주면 된다. 두려움은 소비의 단짝 친구다.

　일상이 걱정인 미국인들이 밤에 잠도 못 자고 하는 걱정은
집 앞의 잔디가 누렇게 죽어서 이웃들이 피할까, 잔디 사이에
서 거대한 잡초가 자라나거나 혹은 누렇게 죽어 가면서 잡초도
함께 자라서 이웃들이 두 배로 피할까, 흰개미가 창궐해 몇 초
내에 집을 폭삭 무너뜨릴까, 거의 아프리카 벌 같은 이 지역 벌
이 공격하지 않을까, 퀸팜병이 들어 주변에 번질까, 누가 봐도
막대한 피해를 야기하는 허리케인이 닥칠까, 그러면 코코넛이

공포의 무기가 되어 날릴까 등등 끝도 없다. 실제로 코코넛은 사우스 플로리다에서 교통사고를 제외하고 풀장과 번개에 이어 세 번째로 많은 생명을 앗아 가는 사고의 원인이기도 하다. 그리고 이 걱정거리 목록은 이사온 지 며칠도 되지 않아 우리 집 우편함에 가득 쌓인 명함만으로 추정한 것이다.

귀 기울여 들으면 휘휘 돌아가는 스프링클러가 물을 뿌려 대는 소리 속에 아메리칸드림이 있다.

일을 숭상하고 놀이를 거부하는 나라

모리츠 슐리크Moritz Schlick는 1920년대와 1930년대에 활동한 유명한 독일 철학자로, 후일 논리 실증주의자들로 알려진 과학 철학자들의 집단인 비엔나 서클의 창시자 중 한 명이다. 그는 1936년 비엔나 대학 캠퍼스에서 정신착란에 걸린 학생의 총에 맞아 사망한다.

삶의 의미에 관한 수업을 준비 중이던 나는 최근 슐리크의 논문 하나를 발견했다. 유명한 논리 실증주의자가 되기 전 아직 젊었을 때 쓴 《삶의 의미에 관하여On the Meaning of Life》라는 제목 논문이다. 원석과 같은 이 논문은 매우 비논리 실증적이고, 보통 '슐리크' 하면 떠오르는 것과는 전혀 다른 내용을 담고 있다. '목적의 부담이 현대보다 더 무겁게 인류를 내리누른 적이

이전에 있었던가 생각한다. 현대 사회는 일을 우상화한다.'

슐리크는 이 논문을 1927년에 썼다. 그리고 내가 알기로는 그는 미국을 본 적도 없다. 이제 남쪽 방향으로 꺾어 올드 커틀러 로드를 따라 달린다. 휙, 철썩, 윙, 휙, 철썩, 윙. 주변은 온통 아메리칸드림의 소리로 고동친다. 모리츠 슐리크는 이것이 우상화라는 것을 벌써 간파한 것이다.

내가 살면서 하는 일은 대부분 뭔가 다른 목적을 위해 하는 수단이다. 나의 활동의 목표는 활동 그 자체에서는 거의 찾을 수 없고 그 활동을 통해 내가 얻을 수 있는 다른 무엇에만 존재한다. 즉, 어떤 활동의 가치는 활동 자체에서는 찾을 수 없고 그 활동이 가능하게 하는 다른 것에만 존재한다는 뜻이다. 만약 단순히 건강을 위해 달리거나 달리는 것이 생명을 유지하는 데 도움이 되니까 달린다면, 달리기의 가치는 그를 통해 증진되는 건강과 그로 인해 연장되는 수명에 있다.

물론 건강과 장수는 가치 있으며, 이처럼 명백한 가치를 부인하려는 것은 아니다. 요점은 달리기의 가치와 이러한 일들의 가치 사이의 관계이다. 건강이나 장수와 같은 것만을 위해 달린다면, 달리기의 가치는 그로 인해 얻어지는 것에서만 찾을 수 있다. 달리기 그 자체는 가치가 없다. 만약 어떤 활동의 목적이 그 활동 자체에 없다면, 그 활동의 가치도 그 자체에 없는 것이다.

프롤로그에서 언급한 것처럼 다른 무엇인가를 위해 내가 하는 일은 철학자들이 '도구적' 가치라고 부르는 것으로, 이는 다른 무엇을 얻기 위한 수단으로서의 가치이다. 대조적으로 어떤 활동이 그 활동을 통해 얻게 되는 부산물과는 독립적으로, 그 활동 자체에 가치가 있다면 본질적 가치가 있는 것이다. 내가 하는 활동 중에서 그 활동 자체가 가치 있는 것이 무엇인지 바로 떠오르지는 않는다. 그러나 분명히 있을 것이라고 바라는 편이 나을 것이다. 만약 그런 것이 없다면 아리스토텔레스가 말했듯, 내 삶에서 가치 있는 것은 아무것도 없기 때문이다.

A가 오직 B 때문에 가치 있고, B는 오직 C 때문에 가치 있는 방식이라고 가정해 보자. 기본적으로 두 가지의 가능성이 있다. 먼저, 이 순환을 계속하면 결국 무언가 본질적 가치를 가진 것을 만나게 될 것이고, 이것을 Z라고 부르기로 하자. 이것은 그 자체가 가치 있고, 다른 무엇인가를 위한 수단이 되는 가치가 아니다. 결국 Z로 귀결되는 모든 것의 가치는 결국 Z의 본질적 가치에서 유래한다. 이 가치는 다른 모든 것의 도구적 가치의 기반이 된다.

또 다른 가능성은 Z라는 것이 없는 것이다. 본질적 가치를 가진 것을 절대 찾을 수 없다면, 다른 모든 것의 도구적 가치의 기반이 되는 것도 없을 것이다. 삶에서 모든 것의 가치는 항상 미뤄지고 언제나 손에 잡히지 않는다. 삶은 신들을 능멸한 죄로 과일이 주렁주렁 열린 나무 그늘 아래의 못 속에 서 있는 형벌에 처한 탄탈로스와 같다. 탄탈로스가 과일을 따 먹으려 손을 뻗으면 나뭇가지는 손이 닿을 수 없게 위로 올라가 버린다. 또 물을 마시려고 몸을 숙이면 못의 물은 바닥으로 빠져 버린다. 그 자체에 본질적 가치가 없는 삶은 이처럼 '사람을 애태우는(영어로 탄탈로스의 발음을 딴 탄탈라이징tantalizing)' 것이다.

내가 하는 모든 활동이 다른 활동을 위한 수단일 뿐이라면, 내가 하는 것은 슐리크에 따르면 일종의 일이다. 이것은 일반적인 의미의 일보다는 더 넓은 뜻으로, 보통 일이라고 하지 않는 것까지 포함한다. 그러나 일반적으로 말하는 일은 이 넓은 의미의 일의 전통적인 예이다. 우리는 돈을 벌기 위해 일한다. 월급은 외부적인 목적, 바로 '무언가를 위해'의 '무언가'에 해당하며, 우리가 일을 하는 이유이다.

이와 유사하게, 건강을 유지하기 위해서 혹은 오래 살기 위해서만 달린다면 나의 달리기는 그 활동에 목적과 가치를 부여하는 외부적인 어떤 것이 이유가 되므로 '일'이 된다. 만약 내가 니나와 테스가 원하거나 좋아해서 달린다면 내가 아닌 다른 대상에게 이로움을 주는 것이기는 하지만 어쨌든 그것도 일이다.

도구적으로 가치 있는 활동은 일이다. 따라서 본질적으로 가치 있는 활동은 슐리크가 결론 내렸듯이 일종의 놀이이다. 일의 가치는 항상 일이 아닌 다른 것에 있으므로, 일은 그 자체로 가치가 있지는 않다. 도구적 가치라는 표현은 이런 면에서는 불행하고 오해의 소지가 있다. 이 표현은 일에도 가치가 있다는 것을 암시하지만 어디까지나 도구적 가치라는 것에 국한된다.

무엇인가에 도구적 가치가 있다는 말은 그 가치가 항상 외부에 있다는 말이다. 즉, 진정한 가치가 있는 곳은 외부라는 뜻이다. 그러므로 무언가가 순전히 도구적 가치만 있다는 말은 가치가 아예 없다는 이야기이다.

반면에 놀이는 전혀 다르다. 놀이는 본질적 가치가 있다. 놀이는 그 자체를 위해 하는 행위이므로 정의에 따라 그 자체의 가치가 있다. 놀이는 가치가 있지만 일은 그렇지 않다. 그렇다면 분명 놀이는 일보다 더 가치 있어야 한다. 슐리크가 "산업화 시대의 위대한 가스펠은 우상 숭배로 드러났다. 우리의 존재는 다른 이들의 명령에 따라 목표를 좇는 일로 가득하기에 그 자체의 가치는 없지만, 놀이라는 축제의 시간을 가질 때에만 그 가치를 되찾는다. 일은 그저 놀이를 위한 수단이자 전제조건일 뿐이다."라고 말했듯, 일로 가득한 삶은 놀이로만 구원된다. 놀이를 할 때 우리는 가치를 좇지 않는다. 놀이의 가치는 외부가 아닌 내부에 있고, 우리는 그 속에 몰입하기 때문이다.

나는 아마 오늘의 달리기를 즐기지 않을지 모른다. 오늘은 놀이가 아니라 일인 것이 확실하기 때문이다. 그러나 나는 이 결론의 모순을 즐긴다. 나는 놀이를 거부하는 것을 근간으로 세워진 땅으로 이제 막 돌아왔다. 공산주의를 거부하고 자본주의를 옹호하는 것은 하나의 증상일 뿐, 그 기저에는 더 심오한 것이 있다.

미국은 일을 숭상하고 놀이를 거부하는 나라이다. 혹은 최소한 그것이 일부 시민들이 공표하고 싶어 하는 공통된 건국 신화이다. 우리는 근면 성실하게 일하기 위해 이 땅에 태어났다. 일은 내재적으로 고결하고 놀이는 천박하다. 유럽인인 나는 공산주의자들이 자본주의를 비판하는 방식과는 다르게, 즐거이 이를 비틀어 볼 수 있다.

달리기의 본질은 놀이이다

비탈이 너무 없다 보니 킨세일에서 달리던 언덕이 사무치게 그립다. 거기에서는 거의 수직에 가까운 절벽을 전속력으로 달리곤 했다. 이유가 무엇이든 최초 나의 사유가 있었던 곳이 그런 곳이었고 처음으로 언덕에서 내가 무엇을, 또 왜 했는지 정확히 알게 되었다. 언덕에서 내가 한 것은 바로 놀이였다.

20세기 오스트리아의 철학자 루트비히 비트겐슈타인은 놀이라는 단어는 정의할 수 없다고 했다. 정의를 하려면 모든 놀이에 공통된, 그리고 놀이에만 국한된 특성이 있어야 하는데 그렇지 않다는 것이다. 놀이들은 서로 공통된 특성을 가질 필요가 없다. 다만 가족처럼 비슷하게 생기기만 하면 된다. 아들이 아버지의 코를 닮을 수 있지만, 눈까지 닮으란 법은 없다. 눈은 어머니를 닮아도 코는 모양이 다를 수 있다. 턱은 부모님을 닮지 않고 삼촌이나 형제자매와 비슷할 수 있다. 가족은 닮을 수 있지만, 이것이 모든 구성원이 공유하는 특성에 근거한 것은 아니다.

비트겐슈타인은 놀이가 이와 같다고 주장했다. 공통된 특성이 있다기보다는 일련의 유사성이 있다고 했다. 이러한 유사성을 띤 활동이 놀이로 정의되는 것이다. 비트겐슈타인에 따르면 이러한 모델은 놀이를 넘어 일반적인 개념까지 확장해서 적용해 볼 수 있다.

비트겐슈타인은 모두가 인정하는 20세기 철학의 거장이다. 아마 이런 이유에서 대부분 철학자들은 놀이와 개념 일반에 관한 그의 말이 옳다고 생각하는 것 같다. 그다지 많지 않은 유쾌한 철학자들 외에는 몇 년 전 세상을 떠난 캐나다 철학자 버나드 슈츠Bernard Suits를 아는 사람은 별로 없을 것이다. 그러나, 슈츠는 비트겐슈타인이 할 수 없다고 한 것을 해냈다. 바로 놀이라는 단어를 완벽하게 정의한 것이다.

그는 모든 놀이에 공통된 특성을 파악해 내었는데, 이 특성이야말로 모든 놀이를 놀이이게 만드는 자질이다. 슈츠에 따르면, 놀이는 목표를 달성하기 위해 자발적으로 덜 효율적인 방법을 선택하는 활동이며, 이는 그저 그 활동에 참여하기 위해서이다.

슈츠의 정의대로라면 언덕에 대한 나의 그리움은 이렇게 분석할 수 있다. 먼저 이것을 미리 정해진pre-lusory 목표라고 부른다. 이 목표는 놀이와는 별도로 지정할 수 있다. 미리 정해진 나의 목표는 언덕 아래에서 정상까지 가는 것이다. 이 목표는 본질적으로 달리기와는 상관이 없다. 언덕 아래에서 정상까지 가는 방법은 여러 가지가 있다. 편하게 차로 가도 된다. 가볍게 산책하는 것도 전력 질주보다는 쉬운 방법이다.

내가 이 미리 정해진 목표에 사용한 것은 슈츠가 말하는 '정해진 규칙을 지키면서 참여하려는 태도lusory attitude(놀이라는 뜻의 라틴어 ludus에서 기원)'이다. 나는 미리 정해진 목표를 달성하려 애쓰지만 아무 방법이나 쓰지는 않는다. 특이하게도, 어려운 전력 질주라는 방법으로 이 목표를 달성하고자 한다. 정해진 규칙을 지키면서 참여하려는 태도야말로 미리 정해진 목표를 놀이로 만드는 특성이다. 놀이할 때 우리는 쉬운 길을 놔두고 일부러 힘든 방법을 택하며, 그래야만 놀이가 된다. 따라서 나는 언덕을 이용해 놀이한 것이다(상대와 함께 경기하는 것이 아니라, 라켓을 이용해 테니스를 치는 것처럼).

가파른 언덕을 달리는 것뿐 아니라 일반적인 달리기도 마찬가지이다. 달리기의 목표는 A 지점에서 B 지점까지 이동하는 것이거나, 집에서 출발해서 집으로 돌아오는 코스라면 특정 시간에 A 지점에 있다가 이후 다른 시간에 A 지점으로 돌아오는 것이다. 그리고 이 미리 정해진 목표를 달성하는 방법은 운전, 걷기, 자전거 타기 등 여러 가지가 있을 수 있다. 사실, 목표가 A 지점에서 A 지점까지 가는 것이라면 그냥 그 자리에 가만히 있으면 된다. 달리기는 상대적으로 어려운 방식을 자발적으로 선택해 이 미리 정해진 목표를 달성하는 것이다.

이것은 비단 달리기 놀이뿐 아니라 다른 놀이에도 적용된다. 놀이는 목표를 달성하기 위해 원칙적으로 덜 어려운 방법도 있지만, 굳이 (상대적으로) 어려운 방법을 채택한다. 이렇게 하는 이유는 이런 방식으로 해야 목표를 달성하는 활동에 참여할 수 있기 때문이다. 즉, 놀이를 하기 위해 이렇게 하는 것이다. 모든 달리기는 놀이가 될 수 있고, 놀이가 되는 것은 왜 그것을 하느냐에 달려 있다.

좀 더 깊이 들어가 보자. 달리기의 본질은 놀이이다. 놀이는 본질적으로 달리기이다. 우리가 남을 위해 혹은 특정한 이유로 달린다고 할지라도, 놀이는 달리기의 심장에서 지속적으로 자신을 드러낸다. 달리기는 힘들 수 있지만, 제대로 한다면 힘들지 않다. 놀이도 어떤 일 만큼이나 힘들 수 있다.

나는 항상 세 마리의 거대하고 파괴적인 개과의 동물들이 가하는 압력 때문에 달리는 거라고 남과 나 자신에게 말해 왔다.

그렇게 믿었고, 정말로 그랬던 때도 있었을 것이다. 그러나 이제 그게 전부가 아니라는 것을 깨닫기 시작한다. 녀석들을 가능한 한 지치게 만들어야 하는 것은 사실이다. 그러나 더 쉬운 방법도 분명히 있었다. 길을 달리기보다는 풀밭을 걸어도 되었다. 개들은 분명 풀밭을 이리저리 뛰어다니며 필요한 운동량을 채웠을 것이고, 거기에 토끼들만 가득 있으면 더 많이 뛰어다녔을 것이다. 꼭 다쳤을 때만이 아니라도, 산악자전거를 정기적으로 활용할 수도 있었다.

녀석들과 달리기로 선택하고 또 매일 그것을 계속했을 때, 나는 놀이를 선택한 것이었다. 그리고 지금은 모리츠 슐리크와 버나드 슈츠 덕분에 내가 왜 굳이 달리기를 선택했는지 이해되기 시작한다. 굳이 달리기가 아니라도 놀이를 하는 것은 최대한 직접적으로 본질적인 삶의 가치와 접촉하는 것이다.

달리기는 분화되지 않은 활동, 즉 이상하게도 하위 단계로 나누어지지 않은 놀이라고 부를 수 있다. 이 때문에 특히 본질적 가치와 접촉하는 순수한 예가 될 수 있다. 달리기는 체계가 없거나, 있더라도 대부분의 다른 놀이의 형태들에 비해 현저히 약하다. 정반대로 크리켓, 테니스와 같이 단계가 잘 나누어진 고도로 분화된 스포츠들이 있다. 크리켓 경기는 이닝inning으로 나뉘고, 이닝은 다시 오버over로 나뉘며, 오버는 개별 딜리버리delivery로 나뉜다. 이와 유사하게 테니스도 세트set로 나뉘고,

세트는 다시 게임game으로 나뉘며, 플레이는 다시 개별 포인트point로 나뉜다.

이런 스포츠에서는 볼이나 포인트마다 플레이를 해야 하는데, 이때를 놓쳤을 때 초킹choking(긴장한 나머지 생각이나 행동이 얼어붙는 현상—옮긴이) 또는 입스yips(실패에 대한 두려움으로 몸이 떨리고 긴장하는 현상—옮긴이)라고 불리는 현상이 발생한다.

지금 플레이하고 있는 개별 포인트나 지금 직면한 딜리버리에 집중하지 않고 보다 더 넓은 범위의 경기 상황에 대해 걱정하기 시작할 때, 혹은 이전 포인트나 이전 경기를 어떻게 했었나 생각하면 초킹 현상이 온다. 최근 런에서 많은 점수를 얻지 못해 크리켓 팀 내에서 압박을 받고 있다면 입스가 올 것이다. 지금 하고 있는 테니스 경기에서 이 포인트를 실패하면 세트도 실패할 것이므로, 이 포인트가 결정적이라고 생각한다면 초킹 현상이 올 것이다. 초킹이나 입스를 예방하는 방법은 늘 똑같다. 이 순간에만, 이 포인트에만, 이 딜리버리에만 집중하는 것이다. 잡념을 버려야 한다.

본질적 가치와 도구적 가치라는 관점에서 이 현상을 이해할 수 있다. 개별 포인트 외에 아무것도 집중하지 않으면 선수는 그 포인트를 그 자체로서 가치 있는 것으로 볼 수 있게 된다. 집중력을 잃는 순간 개별 포인트는 도구적 가치를 가진 것으로 전락한다. 그 포인트의 가치는 더 넓은 범위의 경기에서 포인트가 차지하는 위치나 역할에 제한된다. 포인트가 중요한 이유는 그 의미와 상징 때문이지, 그 자체 때문이 아니다. 일단 이렇게 되어 버리면 경기는 실패다. 초킹이 온다. 각 포인트와 딜리버리마다 집중하여 최선을 다하면 그게 바로 놀이이다. 그러나 각 포인트나 딜리버리의 가치가 도구적인 것이 되면, 그때는 일이 된다.

달리기는 이처럼 분화 또는 체계화되어 있지 않다. 이렇다 할 구분이 없다. 다리를 내딛고 팔을 흔드는 동작들이 있기는 하지만, 이들은 하나하나가 다음으로 부드럽게 이어진다. 그래서 사실 달리기는 고도로 구조화된 경기에서 하나의 덩어리 상태를 계속 유지한다. 최고의 상태에서 달리기는 그 자체가 목적이므로, 일이 아닌 놀이이다. 그러나 다른 이유를 위해 할 때조차 그 본질적 놀이 특성은 그 자체를 드러내는 방법이 있다.

언덕을 전력 질주하는 즐거움

우리는 엄격한 의미에서 도구적인 시대에 살고 있고, 그 자체를 위한 활동이란 생각은 받아들이기가 매우 어렵다. 무엇도 그 자체를 위해 할 수는 없고, 모든 것은 다른 무엇인가의 수단일 뿐이다. 놀이조차도 분명 도구적 목적이 있을 거라고 가정한다.

동물들의 놀이는 이후에 유익하게 사용될 사냥이나 도망 기술을 익히기 위해서라고 배웠다. 어린아이들에게도 마찬가지 이론이 적용된다. 아이들의 놀이는 그들이 사회화되는 전체 과정의 중요한 일부분이라고 말이다. 이 메시지는 어디에서나 일관된다. 이때 놀이는 진정한 놀이가 아니라 일이다.

물론 놀이처럼 보이는 것이 실제로는 일일 수 있다는 것을 부정하려는 게 아니다. 오히려 일처럼 보이는 많은 것들이 실제로는 놀이일 수 있다. 일과 놀이 간의 구분은 활동이 무엇이냐가 아니라 그 활동을 하는 이유가 무엇이냐에 달려 있다. 슐리크가 말했듯 "인간의 행동이 일이 되는 것은 그를 통해 얻는 성과 때문이 아니라, 그 성과라는 생각에 의해 추진되고 지배받기 때문이다."

마찬가지로 어떤 행동이 놀이가 되는 것은 순전히 그 자체를 위해 그 행동을 할 때이다. 그 행동이 다른 유익한 결과를 가져오는지 여부는 놀이가 되는 것과는 무관하다. 그러므로 놀이의 기능이 이후 삶에서 필요한 어떤 기능을 연마하는 것이라고 할지라도, 다른 이유 때문이 아니라 그냥 좋아서 하는 것이라면 그것은 놀이이다.

놀이를 위한 놀이라는 이 생각이 말이 되는가? 달리고 싶어서 달리는 거라면 나는 달리기를 즐겨야 마땅하다. 그렇다면 달리기가 주는 즐거움과 기쁨이 달리기의 외적 목표가 될 것이다. 그래서, 나의 달리기는 어쨌든 일인 것 같다. 그러나 이런 추론은 아직 성급하다. 달리기의 즐거움은 달리기의 본질 중 하나이다. 그러나 추상적인 즐거움이란 것은 없다. 즐거움은 구체적인 형태로만 존재한다.

달리기의 즐거움을 체스의 즐거움과 비교해 보자. 혹은 섹스의 즐거움을 승리의 즐거움과 비교해 보자. 일반적인 유형이란 것은 없다. 이 모든 일에 공통된 일반적인 즐거움은 없는 것이다. 그저 달리기의 즐거움, 체스의 즐거움, 섹스의 즐거움, 승리의 즐거움으로 각각 존재할 뿐이다. 달리기는 일정 거리를 가기 위해 한발씩 다리를 움직이는 단순한 육체 활동만이 아니라 정신적 활동이기도 하다.

달리기의 즐거움은 달리기가 추구하는 외적 목표가 아니다. 이것은 달리기라는 활동의 핵심적인 부분일 뿐이다. 이것은 별나게 도움도 안 되고, 표리부동한 '즐거움'이라는 단어 뒤에 숨어 있다. 종종 즐거움은 기분 좋은 감정으로 인식되기도 한다. 같은 느낌은 원칙적으로 여러 방법에 의해 만들어질 수 있기 때문에, 예를 들어 목적에 맞는 약이 있다면 충분히 즐거운 기분을 유도하는 것도 가능하다. 그러므로 즐거움은 달리기에 대해 비본질적이라고 생각할 수도 있다. 만약 즐거움 혹은 기쁜 감정이 이런 것이라면, 즐거움은 달리기의 본질과 거의 관련이 없는 것이 아닐까 의심된다.

달리기의 정신적 생명은 이런 식으로는 파악할 수 없다. 나는 달리기의 심장박동, 즉 사유가 춤추는 곳이라는 개념으로 이 정신적 생명의 본질을 파악해 보려 애썼다. 이 장소에 우리를 데려다 주는 약 같은 것은 없다. 달리기의 심장박동은 달리기의 본질이다. 나는 아마 달리기의 심장박동 속에 몰입하기 위해 달리는 것이리라. 그러나 이것은 달리기를 위해 달린다는 것의 또 다른 표현 방식일 뿐이다.

즐거움을 수반한다는 측면에서 볼 때 달리기와 글쓰기는 매우 유사한 활동이다. 글쓰기는 놀이가 아니다. 정해진 규칙을 지키면서 참여하려는 태도를 가지기 위한 미리 정해진 목표도 없다. 그러나 슈츠도 지적했듯이, 경기와 같은 놀이만 있는 것은 아니다. 글쓰기는 놀이도 될 수 있고, 일도 될 수 있다. 그것은 내가 왜 글을 쓰는지에 달려 있다. 꼭 해야 하니까 글을 쓴다면, 예를 들어 계약서에 사인을 했으니까 글을 쓴다면 나의 글쓰기는 일이다.

그러나 내가 쓴 최고의 글은 그렇게 탄생한 것이 아니다. 내 최고의 글은 내 머릿속을 헤집고 다니던 모든 생각이 정확히 어디로 가는지는 모르지만 꼭 알아봐야겠다는 의지의 발현이었다. 내 생각의 정체를 밝히고자 글을 쓰고, 내 앞에 놓인 종이에 써 보기 전까지는 그 정체를 결코 알 수 없다. 나는 언어의 형태로 내 생각을 가둔 다음 점검하고 평가한다. 이 놀이는

그 자체의 가치를 가지며, 여기에 몰입할 때 나는 세상 어떤 일
도 하고 싶지 않다.

글을 쓰는 것은 영롱하게 반짝거리며 빛을 내는 생각들과 노
니는 것이다. 글쓰기가 일이 될 때 이런 생각들은 소리와 윤기
를 잃는다. 그러나 이것은 전통적인 의미의 즐거움과는 거의
관계가 없다. 즐거움은커녕 오히려 킨세일의 언덕을 달리는
것처럼 고문에 더 가깝다.

언덕을 달리는 것은 특별한 종류의 놀이였다. 그리고 이 놀
이가 전통적 의미의 즐거움과 얼마나 관계가 없는지 알아보는
것은 어렵지 않다. 이 놀이는 즐거움이 아닌 강한 고통을 수반
한다. 또한, 이 놀이는 달리기의 심장 속에서 춤추는 사유에 의
해 피할 수 있는 고문도 아니었다.

그때 언덕을 달리던 것은 인내의 놀이이자 내가 견딜 수 있
는 한계가 어느 정도인가를 알아내는 놀이였다. 나는 항상 어
제 했던 것처럼 오늘도 할 수 있을까를 알아보려고 언덕을 달
렸다. 어떤 방식으로든 언덕과 한번 맞장을 떠 보는 것이 놀이
속 놀이의 핵심이었다. 그것은 앎의 놀이였다. 가끔은 최소한
이런 종류의 앎도 달리기의 일부이다.

성인이 되어 시작한 나의 달리기는 도구적 목표를 염두에 둔
것이었다. 그리고 도구적 목표를 염두에 두고 달리는 것은 언

제든지 할 수 있다. 그러나 일단 사유가 춤추는 곳인 달리기의
심장박동에 도달하면, 이런 목표들은 이미 뒷전으로 밀려나 있
다. 다시 한번 나는 왜 그런지를 이해할 수 있게 도와준 슐리크
에게 감사할 따름이다.

그는 이렇게 썼다. '일을 놀이로 바꾸는 것은 순수한 창조의
기쁨, 활동에 대한 열정 그리고 움직임에 대한 몰두이다. 거의
언제나 이러한 변화를 가져오는 위대한 마법이 있으니, 바로
리듬이다. 분명 이러한 리듬은 외부적, 의도적으로 그 활동에
유도되거나 인위적으로 수반하지 않고 그 행동의 특성과 자연
적인 형태로부터 자발적으로 도출될 때 완벽하게 작용한다.'

달리기의 리듬에 최면이 걸릴 때, 즉 달리기의 심장박동이
그 행동의 특성과 자연적인 형태로부터 자발적으로 드러날 때
가 되어야 오직 달리기 위해 달리는 것이다. 그전까지는 제대
로 달리는 게 아니다. 그저 움직이는 것이다. 움직임이 달리기
로 바뀌는 것은 일이 놀이가 되는 시점이기도 하다. 내 육체는
움직이지만 내 사유는 정신이 있던 그곳에서 놀이를 한다.

영원의 관점으로 응시하면

달리기가 본질적으로 가치 있는 것이라면, 달리기의 심장박
동은 경험적 상관물과 같은 것이다. 달리기의 심장박동을 경

험하는 것은 본질적 가치를 경험하는 것이다. 달리기의 심장 박동은 그 본질적 가치를 세상에 드러내는 것이며, 삶에서 자신을 드러내는 일은 중요하다.

어떤 사람들은 달리기가 종교와 같다거나 달리는 경험이 종교적 경험 같다는 생각에 최소한 집적대기는 했다. 그러나 나는 달리기의 심장박동은 실제로 종교 혹은 최소한 종교라고 생각되는 것의 안티테제라고 생각한다. 내가 생각하는 종교라는 개념은 톨스토이Leo Tolstoy의 예를 통해 설명할 수 있다. 여러 해 전 나는 톨스토이의 《참회록》을 읽은 기억이 있다. 이것은 톨스토이가 삶의 의미에 대해 느낀 바를 솔직하고 감동적으로, 약간은 감성적으로 기록한 글이다.

삶의 어느 시점에 도달한 톨스토이는 '그래서 어쩌라는 것인가?' '그다음은?' '왜?'와 같은 질문을 만나게 된다. '내게는 사마라에 6천 헥타르가 넘는 땅이 있고, 3천 마리의 말이 있다. 그래서 어쩌라는 것인가? 게다가 나는 고골리, 푸슈킨, 셰익스피어, 몰리에르보다 더 유명해질 것이다. 그다음은? 나는 자식들에게 좋은 교육을 시키고 편안한 삶을 살게 해 줄 수 있을 것이다. 하지만 왜?' 이런 질문에 대답할 수 없자 톨스토이는 화가 났다. 그것도 매우. "이런 질문들에 대답할 수 없는 삶은 부질없다."

그는 이런 자각을 우화로 설명했다. 동방을 여행하던 한 나그네가 성난 야수를 피해 우물 속으로 도망쳤다. 그러나 그 우물 바닥에는 용이 있었다. 야수와 용 사이에 낀 나그네는 벽 틈에서 자라난 작은 나뭇가지에 매달리게 되었다. 이보다 더한 일은 벌어지지 않을 거라고 생각하던 찰나, 더한 일이 벌어졌다.

흰색과 검은색의 두 마리 쥐가 나타나 나뭇가지를 갉아먹기 시작했다. 곧 나뭇가지는 부러질 것이고, 그러면 나그네는 바닥에 떨어져 용의 밥이 될 운명이었다. 나그네는 이 사실을 누구보다 잘 알았다. 절망 속에 나뭇가지에 매달린 그 순간에도 그는 잎사귀 위로 꿀이 방울져 떨어지는 것을 본다. 나그네는 혀를 내밀어 잎사귀에 묻은 꿀을 핥아먹는다.

톨스토이는 죽음이라는 용이 기다리는 가운데 삶이라는 유한한 나뭇가지에 매달린 인간을 말한 것이다. 한때는 달았던, 그러나 지금은 전혀 달지 않은 꿀을 핥으려 애쓰는 것이 삶이다. 그리고 희고 검은 쥐는 각각 나그네가 매달린 삶을 조금씩 갉아먹는 낮과 밤이다. 톨스토이는 이것이 우화가 아니라 '부정할 수 없이 진실되고 모두가 아는 진리'라고 주장했다.

여기서 말하는 진리는 앎을 기반으로 일련의 추론을 통해 얻을 수 있는 일종의 깨달음인 것 같다. 톨스토이의 깨달음 중 하나는 최소한 그가 죽는다는 것이다. 이는 결국에 가서 그가 만나게 될 추상적인 가능성도 아니요, 이성이 아닌 처절한 경험을 통해 알 수 있는 엄준한 현실이다. 그래서 꿀이 이제 더 이상 달지 않은 것이다.

아무것도 중요치 않다. 톨스토이를 번뇌하게 한 것은 자신의 죽음만이 아니다. 가족도 결국 병들고 시간이 가면 죽을 것이며, 썩고 냄새나는 시신만 남을 것이다. 또한 자신의 비생물학적 유산인 일에 대한 질문도 있다. 눈 깜짝할 사이 모든 것이 잊힐 것이다.

중세의 철학자들은 '영원의 관점으로 응시하면'이라는 표현을 사용했다. 실제로 영원이 필요한 것은 아니고, 충분히 장기적인 시각이면 된다. 영원의 관점 혹은 충분히 장기적인 시각으로 응시하면 톨스토이가 존재했던 모든 흔적은 지워질 것이다. 그는 사라질 것이고, 따라서 그가 사랑했던 모든 이들과 그의 업적도 긴 잠 속으로 빠르게 사라질 것이다.

예술적 유산으로 말하자면, 그는 위대한 대문호이다. 그가 세상을 떠난 지 100년이 지난 지금도 그의 작품은 널리 읽히고 높은 평가를 받는다. 하지만 몇백 년이 더 흐른 후에 어떻게 될지는 어찌 알 것인가? 몇천 년이 지나면 더더욱 모를 일이다. 그의 작품이 인류가 존재하는 한 계속된다 해도 우주의 관점에서 본다면 그저 눈 깜짝할 사이 정도밖에 되지 않는다. 소멸은 우리 모두의 운명이고, 톨스토이도 예외는 아니다.

고대 그리스인들에게는 사람이 자신의 업적을 통해 살아남는다는 객관적 불멸의 개념이 있었다. 그러나 불행하게도 객관적 미룸이 어쩌면 더 나은 표현일지 모르겠다. 그저 불가피한 것을 미루는 것에 불과하므로. 그래서 어쩌라는 것인가? 그다음은? 왜?

이에 대한 톨스토이의 반응은 예상한 대로이다. 그는 내세를 약속하는 신앙에서 위안을 구했다. 신앙은 유한한 인간을 무한하고 영원한 것과 연결한다. '믿음이 내게 주는 대답이 무엇이든, 모든 대답은 인간이라는 유한한 존재에게 고통, 박탈, 죽음으로 파괴될 수 없는 무한이라는 개념을 준다. 따라서 우리는 신앙 속에서만 삶의 의미와 가능성을 찾을 수 있다.'

이는 삶을 바라보는 종교적 표현 중 하나이다. 모든 종교의 가르침이 다 이렇다고 주장하는 것은 아니지만 공통적인 가르침인 것만은 분명하다. 이러한 관점에 따르면, 현세의 가치는 내세의 좋은 곳에서만 찾을 수 있다. 따라서 현세는 도구적 가치만 있다. 현세는 내세에 좋은 곳으로 가기 위해 준비하는 곳이자 관문으로의 역할을 할 때만 가치가 있다.

달리기의 심장박동에서 나는 이러한 태도의 안티테제를 경험하는 것 같다. 나는 현세의 본질적 가치를 경험한다. 따라서 그 경험은 현세에서 우리가 뭔가 본질적으로 가치 있는 일을 한다는 것을 확인하는 경험이다. 여기까지는 톨스토이가 옳다고 생각한다. 삶의 의미에 대한 만족스러운 설명은 삶을 구원해 줄 수 있어야 한다. 톨스토이가 파악한 대로라면 삶은 끔찍한 것이며, 파악한 방식은 다르지만 끔찍하다는 데에는 나도 동감이다.

달리기는 현세의 본질적 가치를 알려줄지 모른다. 그러나 삶의 의미는 삶의 본질적 가치보다 더 많은 것을 필요로 한다. 이 본질적 가치는 충분히 크고 중요해서, 우리의 꿈에서 삶의 공포와 균형을 이루고 심지어 압도해야만 한다. 그 자체로 가치 있고 다른 무언가의 수단이지 않은 것이 이렇게 할 수 있는가? 삶의 가치에서 삶의 의미를 유추할 수 있는가? 글쎄다. 그러려면 삶의 공포에 대해 더 생각해 봐야 한다. 기본 원칙부터 따지고, 핵심부터 파악해야 한다.

이제 거의 집에 다 왔고 니나와 테스는 여전히 내 옆에 바짝 붙어있다. 나는 녀석들을 독려한다. "이제 다 왔어. 집에 가서 시원한 물을 마시자." 이러면 항상 녀석들은 기운이 좀 난다. 귀가 쫑긋 서고, 힘을 내어 길을 재촉한다. 로열 팜 나무들이 길을 따라 늘어선 77번가의 이 구역을 따라 우리는 달린다. 이런 상황은 과거 녀석들이 젊었을 때 나와 함께 매일 언덕을 전력 질주하던 때와 비교하면 정말 달라도 너무 다르다.

운하의 다리를 따라 달려 주거 단지의 입구를 통과한다. 집으로 들어가는 진입로에 도착해 우편함을 확인한다. 지붕 고압 청소 업체가 분명한 명함이 들어있다. 뒷면에 이렇게 겹을 주는 말이 써 있다. '타일을 손상시키는 지붕 곰팡이, 지금 전화 주세요!' 그렇다. 공포야말로 목적이라는 전제 정치의 단짝 친구이다. 할 일이 또 늘었군.

5장

2009년의 달리기
마이애미, 미국

삶도 달리기도
잘못되어 가는 것에
더 집중하게 된다

물고기는 헤엄치고, 새는 날고,
인간은 달린다.

에밀 자토펙 Emil Zatopek

삶도 죽음도 빠르게 흐르는 곳

마디투성이의 구부러진 스크럽오크가 온통 썩은 나뭇잎과 로열 팜 나무의 잎사귀가 뒹구는 좁은 길 양쪽에 노려보듯 줄지어 서 있다. 열대 지역은 겨울이 없다. 봄에 나뭇잎이 지고 또 빨리 자란다. 마이애미의 5월 초는 아침 일찍부터 덥기 시작한다. 뜨거운 태양이 밤의 서늘했던 기운을 모두 몰아내고 바위 아래 구석구석 깃든 생명체들을 밖으로 쫓아낸다. 습하고 더운 기운은 입과 코를 지나 허파를 훑은 다음 혈액까지 얕고 빠르게 퍼져 나간다.

발아래 정글의 오솔길에는 마치 굳은 동맥 같은 나무뿌리가 부서지고 시들고 오래된 산호초 사이를 이리저리 헤집으며 얽혀 있다. 굽은 나무뿌리는 모두 뱀처럼 보여서 내딛는 발걸음마다 겁이 난다. 열대의 숲은 생명체들이 빨리감기를 하는 것 같다.

여기서는 삶도 죽음도 모두 빠르다. 이곳은 삶을 게걸스럽게 먹어치우는 숲이요, 삶이 목을 누르는 숲이며, 모든 생명에서 느껴지는 뜨겁고 축축한 부패의 냄새는 삶의 참을성 없는 허무함을 비웃는 시간의 조롱이다. 랭보Arthur Rimbaud가 알았던 삶을 숲은 알고 있다. 그것은 화려한 꽃그늘 아래 피 흘리는 고깃덩이 위를 기어 다니는 벌레이다.

터스컬루사에서 달리기의 심장박동은 여름날 포장도로 위로 쿵쿵대던 한 가지 소리였다. 아일랜드 킨세일의 래스모어 반도에서의 심장박동은 휘몰아치는 바람에 내 발소리가 빠르게 묻히면서 나는 쿵쿵-쉿쉿-쿵쿵-쉿쉿 소리였다. 마이애미 교외에서는 자동차가 휙휙 지나가고 잔디 스프링클러가 윙윙대며 찰싹찰싹 물을 뿜는 소리이다.

그러나 여기 마이애미의 정글은 확실히 리듬이 다르다. 쿵쿵-부스럭-타닥-쿵쿵-부스럭-타닥. 땅을 밟을 때마다 주변을 온통 뒤덮은 작은 토종 도마뱀인 아놀도마뱀이 허겁지겁 나무 그늘 속으로 도망가고 그 작은 발로 나뭇잎을 건드리며 짧게 타닥댄다. 나뭇잎 위를 기어가는 아놀도마뱀의 소리는 금세 알 수 있다. 그 소리가 잦아들면 더 이상 타닥대는 소리는 나지 않고 길게 부스럭대는 소리가 난다. 그러면 멈춰야 한다. 뱀이다.

나와 함께 정글을 달리던 휴고는 18개월을 조금 넘긴 독일 셰퍼드였다. 다음 페이지에 나오는 사진은 마이애미의 우리 집 정원에 앉은 모습이다. 이 사진은 연초에 찍은 것으로, 아침 달리기를 막 끝내고 돌아온 후이다. 지금은 "주인 양반, 고작 6킬로미터 뛰고 뭘 그래요?"라고 거들먹대면서 자기 프리스비나 얼른 던져달라고 아우성치지만 말이다.

휴고

　물론 이 사진은 마이애미의 겨울에 찍은 것이다. 당시 녀석은 겨우 규칙적으로 달릴 수 있을 만큼 성숙한 정도였고, 마이애미의 여름 날씨 속에 뛰는 것을 즐길 만큼은 아니었다. 여름에 한 번 뛰고 나서 말하라고, 휴고!

　휴고는 어깨까지의 키가 약 76센티미터로 독일 셰퍼드치고는 큰 편에다, 몸무게는 약 36킬로그램으로 늘씬한 몸매를 가지고 있다. 완전히 성견이 되면 약 40.8킬로그램이 될 것이며 그 이상은 크지 않을 것 같다. 덩치에 비해 발이 좀 큰 편이라 느린 구보로 달리다가 갑자기 속도를 낼 때는 모습이 다소 어설프다. 가슴, 배, 다리와 발은 붉은빛을 띠지만 몸은 검은색이라 전체적으로 털빛은 어둡다. 휴고는 독일 출신이니, 나처럼 외국인이다.

　우리는 외부인일 뿐 아니라 경범죄자들이기도 하다. 우리의 달리기는 사실 불법이었다. 최근에는 모든 곳이 다 개들이 살기 힘들어진다고는 하지만(일반적으로 사는 것이 점점 더 각박해져 가는 세태를 반영한다고나 할까?), 마이애미는 내가 살아 본 곳 중에서는 두말할 나위도 없고, 내가 들어 본 중에서도 가장 개를 키우기 힘든 곳이다.

어디를 가든 공공장소에서는 개를 목줄에 묶어야 한다는 엄격한 법이 내 발목을 잡는다. 물론 특별히 허용된 개 전용 공원에서는 예외이기는 하다. 전 도시에 총 세 군데가 있는 것으로 알고 있는데, 담으로 둘러싸인 좁은 공간에 여기저기 개똥이 널브러져 있어서 개는 커녕 고양이 한 마리도 뛰어놀 수 없다.

어쨌든 휴고는 죄수처럼 묶인 게 아니라 자유롭게, 내 페이스가 아닌 녀석의 페이스로, 걷는 게 아니라 달려야 했다. 달릴 수 없다면, 녀석의 영혼은 죽을 것이다. 그래서 우리는 남들의 눈을 피해 달리기로 했다.

나는 여러 번 늙었다 젊었다를 반복했다. 나와 함께 달리는 무리가 나이가 들어 더 이상 함께 달릴 수 없게 되면 나도 그들과 함께 늙는다. 집에 머무르며 함께 늙어 간다. 기분은 그렇지 않지만, 오늘 나는 다시 젊어진다. 다시 젊어지는 것은 어렵고 또 매번 더욱 어려워진다. 일단 내가 젊음을 되찾으면, 달리기는 육체와 영혼을 위한 또 한 번의 파티가 될 것이다. 그러나 지금은 절반만 진실이다.

무릎의 통증이 가라앉을 때까지만 달리면, 혹은 허리에 갑자기 무리가 오거나 종아리가 말썽을 피우지 않는 한 첫 2~3킬로미터까지만 아킬레스건의 통증을 참을 수 있다면, 그 이후로는 보통 통증이 가라앉는다. 늙어가는 폐 속에 충분한 산소만 공급할 수 있다면, 오래되고 탁한 피가 굳어 가는 동맥을 타고 세차게 흐를 수만 있다면 그때 다시 한번 내 육체는 작은 엔도르핀 파티를 할 수 있으리라. 그러나 오늘 휴고와 함께 뱀의 땅을 달리고 있는 나에게 일어날 일은 아닌 듯하다. 긴 공백기가 끝나고 이제야 겨우 휴고와 다시 달리기를 시작한 터이기 때문이다.

공백은 두 가지 사건의 결과였다. 처음 마이애미로 왔을 때 나는 니나, 테스와 달리기를 시도했다. 두 번 다시 할 수 없을 것이 분명했기 때문에 단 한 번의 시도로 끝냈다. 녀석들은 달리기를 중단했고 따라서 나도 달리기를 끊었다. 그것은 미안한 마음에서였다. 복장을 갖춰 입고 집을 나설 때마다 "왜 우리는 안 데려가요? 우리가 뭘 잘못했어요?"라는 듯 원망의 눈길을 보내는 녀석들을 두고 나갈 수는 없었다.

테스는 작년 2월에 세상을 떠났다. 그때 테스는 열 살이었다. 니나도 열두 살로 매우 늙고 약해졌다. 얼마나 늙고 약해졌는지 나는 미처 몰랐다. 니나는 테스가 죽고 난 후 3주 동안 죽은 친구를 찾아 집안을 헤매다가 여러 장기가 동시에 문제를 일으키더니 결국 테스의 뒤를 따랐다.

오래전에 잡힌 네덜란드 강연 일정을 마치고 3일 만에 귀국하던 길이었다. 아내는 니나가 조금 이상하다고 말했지만, 나는 그저 테스도 없는데 나까지 갑자기 사라져서 그런 것이라고 여겼다. 나의 진단이 맞았는지, 니나는 내가 밤늦게 도착하자 활기를 되찾고 함께 작은 피자 한 판을 나눠 먹었다. 다음 날 아침 아래층에 내려가 보니 니나가 일어서지 못했다. 3주 전 테스에게 그랬던 것처럼 얼른 니나를 수의사에게 데려갔다. 둘이 너무나 연이어 내 곁을 떠나 참담한 심경이었지만, 둘에게는 그게 최선일 거라고 믿는다. 그래서 지금은 오히려 잘 되었다고 생각한다.

시간이 조금 흐른 뒤, 나는 생후 8주 된 뒤뚱대는 강아지 휴고를 입양했다. 큰아들 브레닌의 첫돌 선물이라고 합리화하면서. 그리고 딱히 틀린 말도 아닌 것이, 브레닌은 두 살 때부터 니나와 테스를 알았다. 태어나 처음 말한 단어가 개였고, 두 녀석이 하늘나라로 떠나자 매우 그리워했다.

그것이 1년 전이었고, 큰 개는 최소한 한 해가 지나기 전까지는 함께 달릴 수 없다. 뼈가 계속 자라고 있기 때문에 달려서는 안 된다. 달려야 할 개도 없고, 매일 밤 잠에서 깨 칭얼대는 아기까지 있다면 달리러 나갈 일이 없다. 최소한 규칙적으로 달릴 일은 말이다. 규칙적으로 하지 않으면 달리기는 놀이가 아니라 매우 즐겁지 못하고 고통스러운 일이 된다. 그래서 나는 달리기를 완전히 접었다.

그래서 총 2년이라는 긴 시간 동안 달리지 않았다. 우리 가족이 마이애미로 이주하고 내가 아빠가 된 이후 규칙적으로 다시 달리게 된 것은 이번이 처음이었다. 나는 뚱뚱하고 느린 아빠가 되었다. 오늘 달리기를 통해 서서히 내 리듬을 되찾고 있지만, 이전의 달리기에서 얻은 경험이라는 부수입은 아직 성과를 보지 못하고 있다. 내 몸이 좀 더 괜찮을 때, 그리고 달리기의 리듬이 그 주문에 나를 가둬 두고 있을 때, 나의 사유는 내가 달리지 않을 때는 결코 가능하지 않은 방식으로 춤출 것이다. 그러나 오늘은 아니다.

오늘 내게 오는 사유는 덤불 속을 기어 다니는 뱀의 부스럭대는 소리처럼 느리고 활기 없다. 이들은 리듬 없는 체력 소모에서 오는 사유다. 아마 내 몸에 힘이 덜 빠진 상태에서는 오지 않을, 그리고 나의 뇌는 허락하지 않을 사유일 것이다. 육체의 고행을 통한 명상은 오늘 휴고와 내가 달리는 사우스 플로리다의 이 작은 지역에 고대로부터 전해 오는 전통이다.

에덴의 뱀들

나는 휴고가 달리기를 즐겼으면 한다. 그리고 그런 것 같기도 하다. 휴고의 젊은 시절은 분명 아침이면 얼른 달리고 싶어 미

치는 시기일 것이다. 또, 휴고는 내가 간밤에 떠오른 생각들을
기록하고 분석하며 컴퓨터 앞에서 시간을 끌수록 작열하는 태
양이 더욱 견디기 힘들어진다는 것도 알고 있을 것이다.

아마도 녀석은 얼른 밖으로 나갔다가 뱀들이 한낮의 일광욕
을 즐기러 도로와 이전에 이곳을 차지했던 바다의 흔적인 산호
석으로 기어 나오기 전에 안전하게 집안의 수영장으로 돌아오
기를 원하는지도 모른다. 그렇다면 나도 동감이다.

휴고가 재촉한다. 숲속에서 휴고는 내 뒤를 따라와야 한다.
숲은 온통 뱀이 우글대기 때문이다. 내가 물리면 쑤시겠지만 죽
지는 않을 거다. 그러나 휴고는 예후가 분명치 않다. 다리나 주
둥이를 물리면 살겠지만, 상체를 물리면 어찌 될지 모른다. 그
러나 휴고는 아직 어리고 참을성이 없기 때문에 천방지축이다.

내 발꿈치에서 재촉하는 녀석 때문에 나는 거의 걸려 넘어질
뻔한다. 그럴 때면 "물러서!"라고 으르렁대며 엄지손가락으로
신호를 하지만, 과거 몇 년간 그랬던 것처럼 속으로는 미소를
짓는다. 녀석은 충직하게 내 말대로 몇 발자국 뒤로 물러나지
만, 이내 잊어버린다. 내가 휴고에게 뱀을 무서워하도록 가르
치는 것은 당연하다. 그리고 내가 뱀을 무서워하기 때문에 어
려운 일도 아니다. 부모들이 아주 잘하는 것 중 하나가 아이에
게 공포심을 전달하는 것이다.

하지만 아내는 구제 불능이다. 아내는 어떤 상황이든 뱀만

보면 얼어 버리는 총체적인 뱀 공포증을 가지고 있다. 뱀이라는 말만 들어도 새하얗게 질린다. 몇 년 전 첫 휴가를 함께 보내게 되었는데, 키웨스트의 하드록 카페에서 식사하던 중 길거리 공연을 하는 한 남자가 보아뱀과 함께 등장해 "뱀과 함께 사진 한 장 찍으실래요?"라고 물었던 적이 있었다. 그때 나는 놀란 아내가 식당에서 토하려는 것을 말리느라 진땀을 뺐고, 뱀 주인에게는 몇 블록 떨어지도록 돈까지 주었다.

또 한 번은 아내에게 어릴 때 내가 키우던 뱀인 샘의 이야기를 한 적이 있었는데, 그때 우리는 헤어지기 직전까지 갔었다. 이곳 마이애미의 우리 집 정원에는 북동쪽 구석의 관목 아래에 블랙레이서 뱀이 산다. 이 집에 2년째 살고 있는데, 아내는 아직 이 사실을 모르고 있다. 아마 아내가 알면 당장 런던행 비행기 표를 끊을 테니 이건 극비이다.

나의 공포는 좀 더 상황에 따른 것이다. 휴고와 달릴 때 나는 나 자신에게 합리화한다. 플로리다에는 45종의 뱀이 서식하고 있고 그중 여섯 종에만 독이 있다. 그래서 나는 달리다가 독사를 만날 확률이 13분의 2라는 조악한 논리로 합리화한다. 사실 확률은 그보다 더 낮다. 사우스 플로리다에서도 이 지역은 독사가 네 종뿐이다. 그리고 각각 종마다 독이 있는 뱀들이 독이 없는 뱀보다 그 수가 상대적으로 적다. 그래서 확률은 어쨌든 나에게 절대적으로 유리하다. 나도 안다.

게다가 대부분의 인근 뱀들은 독사건 아니건 내 육중한 발걸음이 쿵쿵대는 소리를 듣고 근처 덤불로 허둥지둥 숨기 바쁘다. 나도 모르는 바는 아니다. 그럼에도 억세게 재수가 없어서 독사에 물린다 해도, 독의 양은 미미하다. 최대량의 독이 들어왔다고 해도 죽지는 않는다. 나도 충분히 알고 있다. 그러나 주변에서 바스락대는 뱀의 소리는 들리지만 그 모습은 보이지 않으면, 내가 알고 있는 이 모든 지식은 깡그리 사라진다.

웨일스에서 자라던 어린 시절, 내게는 부츠 말고도 또 다른 친구가 있었다. 바로 미국에서 물 건너온 가터뱀인데, 나는 녀석에게 샘이라는 세례명을 지어 주었다. 부츠는 녀석에게 홀딱 반하지 않았지만 나는 샘이 좋았다. 그래서 녀석이 집안을 쏘다니게 허락해 주었다. 그래서 가끔 며칠간 사라지기도 했다. 그러다가 나타날 때면 거의 언제나 어머니가 희생되었다. 통조림 같은 것을 찾느라고 찬장을 뒤지다 보면 샘이 튀어나오는 것이다(라고 어머니는 주장하셨다).

어머니도 샘을 무척 예뻐했다. 그러나 찬장을 뒤지다가 뱀의 조그마한 머리가 눈앞에 나타날 때는 심박수가 분당 70회에서 7백만 회로 급증하는 것을 어쩔 수 없다. 샘이 찬장 안에 있는 걸 알고 아무리 이성적으로 대처하려고 해도, 막상 그 상황이 닥치면 뭔가 본능적이고 생물학적인 느낌이 엄습한다. 그래서 이성 따위는 물 건너간다. 바로 이것이 내가 뱀에 대해 느끼는 것이다.

도마뱀이 타닥대며 도망가는 짧고 날카로운 소리가 느릿느릿 움직이는 뱀의 부스럭거림으로 바뀌면, 내 음낭은 마치 '껍질 속으로 퇴각해 유전자 전선을 지키라'고 명령이라도 하듯 잔뜩 움츠러든다. 내 몸에서 영원한 것을 지키려는 반응이다. 그리고 그다음 내게 남는 것은 온몸을 엄습하는 비이성적인 날것의 두려움뿐이다. 그것이 바로 내가 휴고에게 최선을 다해 전한 느낌이다.

약 1.6킬로미터 정도는 낮은 강도의 불안함(가끔은 급작스러운 패닉이 오기도 하지만)으로 이어진 후 탁 트인 초원이 눈앞에 펼쳐진다. 여기에 있는 작은 호수에서는 내가 먼저 악어나 늪살무사가 없는지 확인한 다음 휴고를 쉬게 한다. 이 둘은 사우스플로리다에 흔하기 때문에 항상 주의해야 한다. 하지만 한 번도 호수에서 이 파충류들을 본 적은 없는데, 지나가는 파충류가 있을 가능성보다는 당장 더워서 죽을 것 같은 급박함이 더 컸기 때문인지도 모르겠다.

내가 당장이라도 뛰어갈 준비를 하고 긴장한 채 수면의 움직임을 관찰하는 동안 휴고는 물속을 걷는다. 물속에서 수영은 금지이다. 몇 분 후 우리가 다시 길을 나설 때면 휴고는 기운을 되찾고 이제는 앞서도 야단치지 않을 것을 잘 알기에 껑충껑충 뛰어간다. 여기서부터는 예전부터 다니던 길이라 보통 어떤 뱀이 어디에서 일광욕을 하고 있을지 잘 알고 있다.

이곳에서는 매일 뱀을 볼 수 있지만, 대부분은 독이 없다. 주변에 널린 것은 블랙레이서이다. 길을 따라 있는 죽은 잔디에는 가끔 큰 주황색 구렁이도 보인다. 그리고 믿을 수 없을 만큼 길고 가느다란 큰채찍뱀이 갈라지고 낡은 포장도로에서 일광욕을 하기도 한다. 이 녀석은 존경스러우리 만큼 느릿느릿한 성격의 소유자이다. 니나와 테스의 노년에 이곳을 처음 발견했을 때 그날따라 내가 조심성 없게 주변을 잘 살피지 않아 니나가 녀석을 밟고 지나간 적이 있었다. 하지만 큰채찍뱀이 몸을 피하려고 마음을 먹자 어찌나 빠른지! 내가 잡으려 했다 해도 아마 못 잡았을 것이다.

다행히도 독사를 만날 일은 드물다. 늪살무사는 이미 앞서 언급했다. 놀랐을 때 입을 크게 벌리고 목화솜처럼 하얀 입속을 보여 주는 특성 때문에 코튼마우스라고도 한다. 늪살무사는 양측의 눈과 비공 사이 아래쪽 중앙에 위치한 함몰 부위인 소와에 있는 열 감지기로 먹이와 그 위치를 파악하기 때문에 소와 살무사로도 불리는 살무사의 일종이다.

이 지역 사람들에게 물어 보면 늪살무사가 얼마나 공격적이고 불쾌한지에 대한 이야기를 끝도 없이 들려줄 것이다. 일단 생김새부터가 아주 사악해서 그런 것 같다. 현지의 다른 독사들처럼 예쁜 무늬도 없고, 몸통은 그냥 검고 뚱뚱해서 건강한

뱀은 퉁퉁 부은 것처럼 보이며, 머리는 색이 좀 더 옅어서 갈색의 해골처럼 보인다. 사우스 플로리다에서는 아직 늪살무사를 못 보았지만, 앨라배마에 살 때는 정말 많이 보았다.

특히 산란기인 4월과 5월에는 동면에서 깨어나기 때문에(사우스 플로리다에서는 동면하지 않는다) 좀 문제가 된다. 하지만 일반적으로, 최소한 내 경험에 비추어 볼 때 이 녀석들은 상대적으로 차분한 편이다. 또한 물에서 나와 수 킬로미터나 이동할 수 있는 것으로 알려져 있지만, 실제로 그러는 일은 거의 없다. 그래서 휴고가 물속을 걷는 동안 나는 이놈들이 없나 철저히 살피는데, 우리가 가고 나면 더 위험한 뱀들이 더 많이 나타날 것이다.

산호뱀은 코브라과에 속하기 때문에 모두가 두려워한다. 밝은 빨강, 노랑, 검정색 띠를 두른 몸 때문에 무독사인 왕뱀으로 쉽게 착각한다. 색 띠의 순서가 중요하다. 빨간색이 검은색과 붙어 있으면 인간의 친구이고, 빨간색이 노란색과 붙어 있으면 사람을 죽일 수 있다. 물론 날로 나빠지는 내 시력으로 이런 정보를 확인하려면 불편할 만큼 근거리까지 접근해야 하는데, 이런저런 것을 종합해 볼 때 그냥 삼십육계 줄행랑이 상책이다.

산호뱀의 독은 신경계를 공격하는 신경성 독이라서 공격을 당하면 호흡 곤란으로 사망하는 반면, 플로리다의 다른 독사들은 적혈구를 공격하는 혈액성 독이다. 신경성 독이 더 치명

적이지만, 혈액성 독이 수반하는 '차라리 죽는 게 나을' 만큼의
통증은 없다고 한다.

플로리다 사람들은 산호뱀에 물리면 30분 내에 죽는다고 하
는데, 사실 과장된 것이다. 첫째, 물렸다고 다 죽는 것이 아니
다. 어디를 물리고, 독의 양이 얼마나 되고, 해독팀이 도착하기
까지 시간이 얼마나 걸리느냐에 따라 달라진다. 둘째, 그 이유
는 잘 모르지만 산호뱀의 독이 퍼져서 증상이 나타나기까지 여
러 시간이 걸릴 수 있다. 첫 번째 증상은 목이 아프고, 이어서
눈을 뜨고 있을 수 없다. 잠이 오는 것이 아니라 눈꺼풀이 말을
듣지 않아서이다. 이런 증상이 나타나면 최대한 빨리 조치를
취해야 한다. 해독팀의 도움을 받는다면 생존 가능성이 매우
높다.

솔직히 말하면, 산호뱀이나 늪살무사보다 훨씬 더 무서운 것
은 피그미방울뱀이다. 목재방울뱀은 이렇게 남쪽까지는 내려
오지 않는다. 하지만 피그미 또는 검정 피그미라고도 하는, 몸
길이가 약 61센티미터 이상은 자라지 않는 더 작은 몸집의 피
그미방울뱀은 매우 공격적이어서 뱀계의 나폴레옹이라고 해
도 과언이 아니다. 녀석은 누군가 접근하는 소리를 들어도 도
망가지 않는다. 크기만 보면 아무도 위험을 느끼지 않을 것이
다. 방울도 조그마하고 소리도 너무 희미해서 방울뱀이라기보
다는 귀뚜라미 소리 같다. 그러나 그 맹독은 작은 고추가 맵다

는 표현이 딱이다. 최소한 나 정도의 덩치가 되는 사람에게는 치명적이지는 않겠지만, 그 통증은 상상을 초월한다.

그러나 오늘의 달리기는 특별할 것이다. 아마 앞으로는 다시 볼 일이 없을 장면이 기다리기 때문이다. 아침 햇빛을 받아 하얗게 빛나는 길에 북미에서 가장 대단한 뱀인 동부 다이아몬드 방울뱀이 우리를 기다리고 있다. 다이아몬드방울뱀은 정말 아름답다. 어두운 갈색 테두리가 있는 베이지색 다이아몬드 무늬가 패치워크처럼 전신에 이어져 있기 때문에 그런 이름이 붙었다. 갈색과 베이지는 1970년대 내가 어려서 살던 우리 집의 주요 색이기도 하다. 휴고와 나는 멈춰 서서 한동안 바라보고는 계속 달린다.

고통과 즐거움은 모두 인식에서 비롯됐다

이것은 뱀과 아버지들의 이야기이며, 결코 돌아갈 수 없는 집에 관한 이야기이다. 사탄이 에덴동산에 토끼나 새, 다람쥐나 벌레가 아닌 뱀의 형상으로 나타난 데는 다 이유가 있다.

태초에 땅이 혼돈하고 공허하며 흑암이 깊음 위에 있다. 하나님이 이르시되 "빛이 있으라!" 하시니 빛이 있었다. 그리고 하나님이 보시기에 좋았다. 참으로 신통방통한 기술이 아닌가? 물론 빛은 에너지이고 인간도 곧 에너지를 발견해 내기는 했다.

어쨌든 에너지를 만들 때 하나님은 두 가지 원칙을 활용하셨다. 바로 열역학 제1, 2법칙이다. 제1법칙에 따르면 에너지는 하나의 형태에서 다른 형태로 단순히 전환할 뿐 생성도, 소멸도 할 수 없다. 제2법칙에 따르면 폐쇄 체계는 시간이 가면서 최대한으로 무질서하게 된다.

우리가 폐쇄 체계라면, 우리는 최대의 무질서를 지향할 것이다. 즉, 우리는 결국 존재하기를 멈출 것이라는 뜻이다. 여러분이나 나처럼 복잡한 구조는 질서를 가지고 있다. 우리의 복잡성은 우리의 질서를 측정하는 하나의 지표이다. 체계는 질서가 없을수록 복잡성도 없다. 최대한으로 무질서한 체계는 구성 입자로 나눌 수 있다. 이것은 모든 폐쇄 체계의 운명이다.

엔트로피entropy는 과학자들이 무질서에 붙인 이름이다. 엔트로피의 파괴 행위를 피하려면 에너지가 필요하다. 이것이 제2법칙의 내용이다. 그러나 제1법칙에 따르면 이 에너지를 무에서 창조할 수는 없다. 어딘가 다른 곳, 더 정확히는 다른 대상에서 에너지를 끌어와야 한다. 그리고 다른 생물체와 마찬가지로, 나는 에너지의 전환자일 뿐이다. 즉, 다른 누군가의 에너지를 끌어와 내 것으로 만드는 존재인 것이다.

하나님이 "빛이 있으라!"는 명령을 열역학 법칙을 통해 실행하기로 선택했다고 생각해 보자. 여기에서 하나님이 만들고자 하는 세상은 에너지의 제로섬 경쟁을 힐 운명에 처한 것이다. 제1법칙은 제로섬을 만든다. 에너지는 생성될 수도 없고 소멸될 수도 없기 때문에(아마 이것은 초기 생성의 활동, 즉 천지창조 이후에만 적용될 것이다) 일정량의 에너지만이 있을 뿐 더는 없다. 그리고 제2법칙의 파괴 행위를 피하려면 다른 대상으로부터 에너지를 빼앗아 와야 한다. 그리고 이렇게 하려면 대상을 분해하여 그가 보유하고 있는 에너지를 가져와야 한다. 복잡성은 질서이며, 질서는 제2법칙에 대한 도전이다.

우리는 모두 경범죄자들이다. 법칙에 저항하며 살기 때문이다. 빌려 온 시간과 훔쳐 온 에너지로 우리는 살아간다. 하나님이 "빛이 있으라!"고 말한 이래로 우주는 야만적이고 무자비한 곳이 되었다.

생명체는 열역학의 법칙에 따라 형성되었기에 대부분의 기본 설계 구조가 원통형이 되었다. 이유는 생각하기 그다지 어렵지 않다. 원통은 에너지를 보존하는 장치로는 매우 효율적인 형태이기 때문이다. 식물은 고정된 원통형이고, 동물은 움직이는 원통형인 것만이 다르다. 동물이 된 원통형에서 구조화된 생명체의 형태를 띤 에너지는 한쪽 끝으로 들어간다. 그 생명체는 분해되고, 그 속의 에너지도 분해되어 배설물이 다른 끝으로 분비된다.

설계적 관점에서 볼 때 원통형은 이러한 요구를 만족시키기에 가장 단순한 방법이다. 열역학 제1, 2법칙이 적용되지 않는 다른 은하계에서 온 동물학자는 당연히 지구상의 동물 대부분을 벌레의 아종으로 분류할 것이다. 우리는 조상이었던 벌레에서 소화관이 분화되고 발달하여 현재에 이른 것이다.

땅으로 내쳐지기 전 사탄은 새벽별이자 천사장이었다. 루시퍼는 라틴어로 '빛을 가져오는 자'라는 뜻이다. 그러나 땅으로 내쳐지는 것은 지구의 근본 법칙인 열역학 제1, 2법칙의 적용을 받는 것을 뜻한다. 새벽별이자 빛을 가져오는 루시퍼, 즉 사탄이 에너지의 생산자에서 전환자로 바뀐 것이다.

새벽별인 사탄은 에덴동산에 내쳐지면서 원통형이 되어야 했기에 뱀이 되어 나타났다. 뱀의 형상으로 이브의 앞에 나타난 사탄은 매개체이자 메시지였다. 뱀의 형상은 우리가 잊고 싶었던 것을 상기시킨다. 우리의 정교한 신체는 벌레의 원형 위에 덧씌워져 발달한 것이다. 이 사실을 망각할 수는 있지만, 계속 새어 나오는 증거들을 막을 수는 없다.

삶의 벌레들은 점점 더 복잡해졌고 점점 더 정교한 신체 구조가 벌레의 원형 위로 형상을 구축해 갔다. 이것 역시 열역학 법칙의 결과이다. 한 마리의 벌레는 다른 벌레를 잡아먹어 그 에너지를 취하고자 한다. 어떤 벌레는 방어용 등딱지를 발달시켜 잡아먹히지 않도록 자신을 보호한다. 그러면 다른 벌레

는 이빨, 턱 같은 메커니즘을 발달시켜 등딱지를 깬다. 또 다른
벌레는 더 단단한 등딱지를 발달시키거나 강력한 이빨과 턱을
피해 빨리 도망가는 수단을 발달시킨다. 생존은 그렇게 이어
진다.

그러나 그때 무언가 이상하고 예측하지 못한 일이 발생한다.
어떤 벌레 혹은 이러한 군비 경쟁의 결과로 벌레가 진화한 결
과물이 특정한 복잡성의 임계 수준에 도달해 '인식'을 하게 된
다. 누구도 언제, 어쩌다 그렇게 되었는지 모른다. 그러나 이미
벌어진 일이다. 그렇다면 이것은 축복인가, 저주인가?

열역학의 두 법칙은 죽음과 파괴가 삶의 과정에 핵심적인 요
소로 이미 포함되어 있다고 전제한다. 하나의 유기체는 다른
유기체가 죽을 때에만 살 수 있다. 이러한 법칙에 따라 설계된
우주는 파괴의 얼굴을 하고 있다. 동물에게 인식이라는 것이
생겨나기 전까지는 우주에 고통이 없었다. 고통이라는 것을
감당할 능력이 있는 존재가 없었다. 식물이나 매우 단순한 동
물처럼 인식이 없는 생명체는 손상을 입고 죽을 수 있다. 이러
한 피해와 죽음을 인식하는 것이 고통이기 때문에, 다시 말하
면 고통을 느낄 능력이 없는 것이다.

세상에 고통과 즐거움을 가져온 것도 '인식'이다. 만약 인식
이 가져오는 즐거움이 고통보다 크다면 모두가 인식을 축복이
라 여길 것이다. 그러나 인식이 생겨난 우주의 모습을 생각해

보면, 과연 인식이 더 많은 즐거움을 가져왔는지는 의문이다.

삶은 인간에게 가장 나쁘다

보통 독일인이라고 생각하지만 사실은 현재 폴란드에 속한 그단스크 태생인 19세기 철학자 아르투어 쇼펜하우어Arthur Schopenhauer는 이 문제를 어느 누구보다 더 정확히 간파했다. 열역학 법칙도 몰랐고 에너지의 제로섬 경쟁을 고려한 것도 아니었지만, 우주에 대한 그의 견해는 내가 앞서 펼친 주장과 유사했다.

인식이 생겨난 우주에서 인식은 즐거움보다는 더 많은 고통을 수반한다는 것이 쇼펜하우어의 생각이었다. "이 세상의 즐거움이 고통보다 크거나, 어쨌든 비슷하다는 주장을 간단히 시험하는 방법은 포식자의 감정을 피식자의 감정과 비교해 보는 것이다." 인식 그 자체가 나쁜 것은 아니다. 그러나 인식은 열역학의 법칙에 따라 설계된 나쁜 우주에서 생겨났다.

벌레의 후손들은 특정 수준의 복잡성에 도달하고 인식을 가지게 되어 각각의 개체들이 에너지 경쟁에서 이기는 것이 어떤 것인지를 의식적으로 구분할 수 있게 되었다. 대략적으로 말해, 싸움이 유리한 상태는 '즐거움' 또는 '쾌락'이라고 불린다. 반대로 불리한 상태는 '고난' 또는 '고통'이라고 한다. 승산이 있으면 아무것도 변하지 않아도 계속 그럴 것이다. 그러나 불리하면 상황을 뒤집어야 한다. 이기든 지든 싸움 자체를 계속할 가능성 자체도 곧 모두 사라질 것이기 때문이다.

따라서 벌레의 후손들이 가지는 인식은 유리한 상대보다 불리한 상대의 에너지를 빼앗으려는 싸움에 훨씬 더 민감해질 필요가 있다. 그렇기 때문에 인식을 할 수 있는 생명체의 삶은 억세게 운이 좋지 않은 한 고난이 즐거움보다 더 클 수밖에 없으며, 그 생명체가 살아가면서 경험하는 고통이 쾌락을 압도할 것이다. 그래서 일이 잘 풀릴 때는 그것을 인식하지 못하는 것이다.

지난 3~4킬로미터 동안 잠잠하던 오른쪽 아킬레스건의 통증은 이제 기분 나쁜 기지개를 켜며 분명한 고통의 신호를 보내고 있다. 다른 모든 것들이 얼마나 잘 되고 있었는지는 깡그리 기억나지 않는다. 물론 다 상대적이지만 내 심장은 여전히 부지런히 뛰고 있고, 폐는 공기를 착실하게 들이쉬고 내쉬며, 아킬레스건만 빼고는 전체 다리도 여전히 불평 한마디 없이 묵묵히 자기 역할을 다하고 있다. 그래서 결론적으로 내 육체는 매우 잘하고 있다.

그러나 내가 이런 것을 인식하는가? 잘하고 있다고 감사하게 느끼는가? 쇼펜하우어도 이미 간파했듯, 결코 아니다.

시냇물이 장애물을 만나지 않는 한 부드럽게 흘러가듯, 의지대로 순
조롭게 흘러가는 것은 결코 깨닫거나 인식하지 않는 것이 인간과 동
물의 특성이다. 인식이라는 것을 하려면 의지에 반하거나 어떤 종류
의 충격을 경험해야 한다. 반면에, 의지를 꺾고 좌절시키며 저항하는
불쾌하고 고통스러운 것은 즉각적이고 직접적이며 가장 명확한 방식
으로 우리를 자극한다.

우리의 인식이나 자각은 불가피하게 삶에서 잘되어 가는 것
보다는 잘못되어 가는 것에 더 집중한다. 달리는 동안 심장에
문제가 없다는 것은 해결해야 하는 문제가 아니다. 상황이 바
뀌지 않는 한 심장은 계속 잘 뛸 것이고, 어떤 조치를 취할 필요
가 없다. 그러나 아킬레스건의 통증은 해결해야 할 문제이다.

물론 그래 봤자 내가 할 일은 거기 신경을 쓰며 달리기를 계
속할지 아니면 스트레칭을 하거나 아예 달리기를 중단할지 판
단하는 정도밖에는 없다. 하지만 어쨌든 그냥 내버려 두면 결
국 파열해서 내 달리기 인생은 막을 내리게 될 것이다. 나쁜 일
은 해결해야 하지만 좋은 일은 그럴 필요가 없다. 바로 이것이
인식이 나쁜 일에 초점을 맞추는 이유이다.

쇼펜하우어는 상대적으로 정교한 인지 능력, 특히 과거의 사
건을 기억하고 미래의 일을 예견하는 능력 때문에 인간의 경우
는 그 상황이 더 나쁘다고 주장한다.

이 모든 열정의 주요한 근원은 인간이 하는 모든 일에 그토록 강력한 영향을 미치는, 과거와 미래에 대한 사유이다. 이는 짐승들이 느끼는 현재의 즐거움이나 고통과는 비교도 안 될 만큼 훨씬 더 깊은 영향을 주는 인간의 근심, 희망, 두려움과 같은 감정들의 근원이다. 인간이 쾌락과 슬픔을 농축시키고 저장하는 장치는 바로 회상, 기억과 예견의 힘이다.

쇼펜하우어는 더 기본적인 인식의 형태에 관한 자신의 주장에 근거해 위와 같이 말했다. 인식은 잘되는 것보다는 잘되지 않는 것에 더 주력한다는 주장을 받아들인다고 가정해 보자. 기억과 기대는 상대적으로 정교한 형태의 인식일 뿐이다. 따라서 기억과 기대 역시 통상 좋은 것보다는 나쁜 것에 더 집중할 것이다.

우리의 기억과 기대는 좋은 것보다 나쁜 것을 더 선호해서, 나쁜 것은 재발하지 않도록 예방하거나(기억) 아예 일어나지 않게 막아 버린다(기대). 인식이 더 정교해짐에 따라 고통과 즐거움의 불균형은 더 커진다. 삶은 모든 생명체에게 나쁜데 아무리 그렇지 않다고 증명하려 발버둥 쳐도 다른 특별한 조건이 없는 한 삶은 인간에게 가장 나쁘다.

염세주의가 찾아낸 삶의 희망

쇼펜하우어는 인간의 타락에 관한 이야기가 유일한 형이상학적 진리였기 때문에 그나마 구약 성서를 인정한다고 했다. 그는 이 이야기를 사실적 진리로 받아들이지는 않았다. 그것은 나도 마찬가지이다. 쇼펜하우어는 가장 중요한 진리는 언제나 우화로 나타나고, 이야기의 가장 중요한 부분은 드러나는 것이 아니라 행간에 숨어 있는 깊은 뜻임을 다른 누구보다도 날카롭게 이해했다.

천지창조와 인간의 타락의 이야기 속에서 우리는 사실적 진리 혹은 거짓과, 쇼펜하우어가 말한 형이상학적 진리를 구분할 수 있어야 한다. '왜냐하면 그런 이야기들은 난봉꾼 아버지의 아이들처럼 죄인의 자식으로 태어나 오직 죽음으로만 사할 수 있는 원죄를 가지고 있다는 생각을 가지게 만들기 때문이다. 그러나 우리 존재의 비극은 금지된 욕망을 품은 것에 대한 처벌, 잘못된 행위에 대한 결과, 그 이상은 아니기 때문이다.'

만약 하나님이 그토록 선하고 전지전능하다면, 원하는 것은 무엇이든 할 수 있고 실수도 하지 않을 것이다. 그러면 왜 열역학의 법칙이 지배하는 우주를 만들었단 말인가? 이 법칙의 결과로 생성되는 우주는 파괴와 죽음의 제로섬 게임만이 펼쳐질 뿐인데 말이다. 이 법칙에 따르면, 우주에서 인식이라는 것이 생겨날 경우에 고통은 언제나 행복보다 주도권을 쥐게 된다. 모든 생명체에게 삶은 나쁜 것이지만 무엇보다도 스스로 최고의 표본이라고 주장하는 생명체에게 가장 나쁠 것이다.

만약 이 모든 것이 하나님의 뜻이라면 왜 자신의 피조물에게 이렇게 하셨을까? 하나님이 우리의 죄를 벌하는 것으로밖에는 설명되지 않는다. 하나님이 있다면 우리를 창조한 후 사다리를 올리고 천국의 문을 닫아 버린 것이 틀림없다. 하나님은 자신의 자녀들을 많이 사랑하지는 않는 것 같다.

참으로 슬픈 일이다. 쇼펜하우어가 왜 염세주의 철학자로 알려져 있는지 잘 알 수 있다. 그러나 쇼펜하우어에 관해 내가 가장 흥미롭고 유익하다고 생각한 점은 인간의 고난에 대한 설명보다는 반응이었다. 물론 그의 설명이 대부분 맞다고 생각한다. 최소한 예상 밖의 반응이었다. 보통은 쇼펜하우어가 이런 반응을 했으리라고는 생각지 못할 것이다. 그러나 나는 이것이 쇼펜하우어가 했던 말 중 가장 중요한 것이라고 생각하게 되었다.

끔찍하게 불편한 버스를 타고 간다고 상상해 보자. 울퉁불퉁한 비포장도로에는 먼지가 풀풀 날리고 버스는 심하게 덜컹댄다. 좌석은 딱딱한 나무 판자가 전부라서 달릴수록 엉덩이에 멍이 든다. 에어컨도 없고 덥고 습해 등에서 땀이 줄줄 흘러 몸에서는 쉰내가 난다. 하지만 주변 사람들은 이보다 더하다. 냄

새나고 트림에 방구에 역병이 있어 보이기까지 하는 인간 군상
들이 다 집합해 있다. 또 가축과 동물을 데리고 탄 사람들도 많
다. 아이들은 빽빽거리고 사람들이 보는 앞에서 기저귀도 서
슴없이 간다. 화장실은 막혀서 넘쳐흐르고, 복도는 사람과 동
물의 배설물 천지이다.

여러분을 포함해 버스 승객 누구도 목적지가 어디인지 모르
고 그저 출발지가 어디인지만 막연히 알 뿐이다. 그럼에도 승
객들은 모두 어디에 내려서 무엇을 할 것인지 앞뒤도 안 맞고
논리도 없는 우스꽝스러운 이야기를 지어내기 바쁘다.

그때 누군가의 시선이 느껴져 흠칫 뒤를 돌아본다. 나를 보
는 상대방의 눈에서 나와 같은 고뇌가 보인다. 절망, 허무, 혐
오와 두려움을 같이 인식하는 것이다. 바로 공감의 순간이다.
그리고 이러한 인식은 모든 동료 승객들에게 빠르게 확산된
다. 내 눈에 띈 그 사람처럼 명료하거나 뚜렷하게 인식하지는
못할지라도, 정도의 차이일 뿐 다들 이미 인식을 하고 있다.

버스 안의 모든 승객이 어느 정도 비참함을 자각하면 함께
나누던 우스꽝스러운 이야기는 혼란과 두려움으로 바뀐다. 인
식은 눈앞을 막은 빗장과 같다. 동료 승객의 결점이라고 생각
했던 것을 용서할 수 있음을 깨닫는다. 그들도 나와 마찬가지
로 두려움, 당혹감, 충격과 혐오감에 사로잡혀 있다. 동료 승객
에 대한 유일하고도 타당한 태도는 관용, 인내와 염려뿐이다.

그들이 필요로 하고 또 마땅히 받아야 할 것들이다.

이것이 쇼펜하우어가 세상의 특성에 대해 심사숙고하여 도달한 결론이다.

사실, 세상과 인간이 이런 식으로 존재하지 않았으면 더 나을뻔 했다는 주장은 서로에게 연민을 느끼게 한다. 이런 관점에서, 우리는 아무개 씨나 선생님이 아니라 고통의 동지와 같은 호칭을 마땅히 생각해 보아야 한다. 이상하게 들릴지 모르지만, 이것이 더 현실을 반영한다. 이것이 타인을 정확히 이해하는 방법이며 결국 삶에서 가장 중요하고 만인이 필요로 하는 것은 이웃에 대한 관용, 인내, 관심과 사랑이기에 모든 인간은 서로에게 이를 빚지고 있음을 우리에게 상기시켜 준다.

그러나 쇼펜하우어는 에너지의 제로섬 경쟁인 세상에서 관용, 인내, 동정과 사랑이 어떻게 가능할지 그 방법에 대한 결정적 질문은 고려조차 하지 않았다.

사랑이 있을 자리는 어디인가

휴고와 달리기를 마치고 집으로 돌아오자 내 형이상학적 사색은 가장 세속적이고 즉각적인 염려로 인해 방해받는다. 나는 형편없이 망가진 사십 대 중년이자 두 아이의 아버지이다.

달리기로 지치고 땀이 나지만 또 할 일이 기다리고 있다.

브레닌은 거의 만 두 살이 되어 간다. 둘째 맥슨은 이제 생후 2주째이다. 둘 다 아직 기저귀를 갈아 줘야 한다. 에너지가 들어갔다가 나온다. 지난 2년간 나의 세속적 존재는 삶의 근본적 설계 원칙인 열역학 제1, 2법칙의 결과를 보여 주는 처절한 증거였고 향후 2년간도 그러할 것이다.

나는 말이나 생각으로 표현하기 어려울 만큼 아이들을 사랑한다. 현재는 어떻게든 표현할 수 있을 만큼 객관적일 수 없다. 그 사랑은 단 몇 주 만에 시작되었다. 아니, 첫눈에 반한 사랑이라고 말하고 싶다. 아이들을 처음 본 순간부터 사랑했고 품에 꼭 안고 절대 놓고 싶지 않았지만, 그것이 완전한 진실은 아닐 것이다.

첫째가 태어난 후 두어 주 정도는 충격에 휩싸였고, 꼭 안건 뭐건 아들을 안고 있어야 한다는 생각에 사랑보다는 가끔은 두렵고 떨리는 감정이었다. 그런데 그때 아이가 나에게 뭔가 친절하지 않고 잔인하게도 미리 계산된 것이라고밖에는 생각할 수 없는 일을 했다. 사실, 아이들은 둘 다 비슷한 시기인 생후 몇 주 만에 그 일을 했다. 바로 나에게 미소를 지은 것이다. 그리고 나는 그때부터 아이들의 충직한 개가 되어 버렸다.

그러나 이는 내 느낌을 어떻게 쓰고 생각해야 할지 몰라서 사용한 표현일 뿐이다. 그냥 말이 그렇다는 것이고, 거칠고 과

도하게 마초적으로 표현해 보자면 나는 아이들을 너무나 사랑
해서 날아오는 총탄이라도 대신 맞아 줄 수 있다. 그러나 쇼펜
하우어가 그린 우주관에서 사랑이 있을 자리는 어디인가? 에
너지의 제로섬 경쟁에서 사랑이 설 자리가 있는가?

사랑은 재미난 작은 퍼즐 같다. 먼저 사랑은 열역학의 제1, 2
법칙과 분명히 양립할 수 있다. 어쨌든 사랑은 그 법칙에 따라
지어진 우주 속에 존재하니까 말이다. 따라서 사랑은 열역학
법칙이 완전히 배제하지 않는다는 점에서 양립이 가능하다.
운동 경기에서 누군가 불법적인 것은 아니지만 꺼림칙한 행위
를 하면 사람들은 스포츠 정신을 위배했다고 한다. 사랑도 법
칙에 구속된다고 할 수 있겠지만, 삶의 위대한 놀이의 영혼을
짓밟는 억압적인 느낌이 있어 꺼림칙하다.

열역학 제1, 2법칙의 가장 명백한 결과는 삶이 에너지의 제
로섬 경쟁이라는 것이다. 그러다가 정말로 일어날 가능성이
없었던 사랑이 슬그머니 밀치고 들어왔다. 어떻게 그토록 뻔
뻔스럽게 에너지의 제로섬 경쟁과 정반대인 것이 그 경쟁에서
생겨날 수 있단 말인가?

위대한 삶의 놀이에서 소통되는 화폐인 에너지와 자기 자신
을 보호하기 위해, 벌레의 후손들 중 일부는 단단한 등딱지를
발달시켰다. 그들의 에너지를 훔쳐야 하는 후손들은 날카로운
이빨을 발달시켰다. 또 어떤 후손은 자신의 에너지를 훔치러

오는 자들을 피하기 위해 달아나는 기술을 발달시켰다. 그들의 에너지를 취하고자 하는 후손은 쫓아가기 위해 다리를 발달시키고 잡기 위한 턱을 발달시켰다.

그러다가 어느 시점에서 후손들의 일부가 자신을 에너지 수탈자로부터 더 효과적으로 보호하기 위해 혹은 더 효과적으로 에너지를 수탈하기 위해 집단을 형성했다. 이것은 효과적이고 안정적인 진화의 전략으로 증명되었다.

이들 집단은 처음에는 부모와 자식들로 이루어진 작은 규모였다. 벌레의 후손 중 일부에서 그 집단이 더 커졌다. 그러나 크기가 어쨌건 애초에 그런 일이 있었다는 점이 중요하다. 개별 생명체는 집단에 속해 있을 때 생존하고 유전자를 이어 가는 데 더 용이했다. 개별 구성원과 그들의 유전자는 집단으로부터 이득을 보았다. 바로 그것이 집단 진화를 정당화할 수 있는 유일한 설명이다.

이것은 문제를 야기한다. 모든 구성원이 자신들의 이익을 위해 소속되어 있는 집단이 있다고 가정해 보자. 표면적으로 그 집단은 분열, 다툼과 이해관계의 상충이 있는 불안정한 기업처럼 보일 수 있다. 그렇다면 이 집단을 어떻게 유지할 것인가? 개미나 벌과 같은 생명체는 물론, 놀라우리만치 큰 규모의 사회적 집단들도 미묘한 화학적 신호로 집단을 유지한다.

그러나 일부 벌레의 후손은 전적으로 다른 종류의 생물로 진화했다. 그들은 지각하고 느낄 수 있게 되었다. 이 생명체는 전혀 다른 진화의 전략을 위한 비옥한 토양이 되었다. 이들 생명체는 무작위의 돌연변이와 적자생존을 통해 서로를 좋아하게 되었다.

이것만이 아니다. 후손 중 일부는 서로를 좋아하게 되고 그에 따라 행동하게 되었지만, 진화는 정해진 방식대로 느끼지 않고 규칙과 다르게 가는 후손들까지 이유도 모른 채 감당해야 했다. 집단에서의 추방이나 죽음까지 포함해, 점점 더 강력한 처벌이라는 제재가 집단을 유지하는 데 중요한 역할을 한다.

그러나 더 최근에 발달한 벌레의 후손인 포유류 집단의 코요테, 늑대, 원숭이와 유인원, 심지어 인간에 이르는 집단들이 제재의 위협만으로 유지되고 있다고 볼 수는 없다. 이런 위협으로만 유지되는 인간 사회는 아마 소시오패스sociopath의 사회일 것이다. 아마 대부분은 아니고 일부 범죄 집단들만 이런 조건에 맞을 것이라고 생각한다. 그러나 이것이 인간 사회 일반에 대한 매우 잘못된 모델을 제공하는 것은 분명하다.

소시오패스가 아닌 정상인들은 상대방에 대한 애착과 염려가 있고, 함께 있고 싶어 하며, 같이 있으면 즐겁고, 헤어져 있으면 슬픈 등 서로를 좋아하는 것이 생물학적으로 자연스럽다. 이 모든 것은 자연스러운 것이다. 이런 감정이 없는 것은 기본적인 생물학적 수준에서 뭔가 잘못되었다는 신호이다.

다윈Charles Robert Darwin이 사회적 본능이라고 부른 이러한 감정은 사회적 포유류를 결속시키는 매개체이다. 따라서 이러한 애착의 감정은 동물이 에너지의 제로섬 경쟁에서 더 잘 경쟁할 수 있도록 도와준다.

애착, 동정, 사랑과 같은 감정이 열역학 법칙에 제한될 수 있지만, 그것만으로는 채워지지 않는 무엇인가가 있다. 아들에 대해 내가 느끼는 사랑은 진화의 관점에서 보면 가장 설명하기 쉽다. 바로 내 유전자를 가지고 있어서 아들을 사랑한다는 설명이다. 그에 따른 내 행동을 생물학자들은 친족 이타주의라고 부른다.

진화의 결과, 내 유전자를 더 용이하게 이어 가기 위해 이런 감정을 가진다는 주장이다. 이런 종류의 사랑이 생기게 하고 또 유지시키는 적자생존의 압력을 가하는 힘은 바로 내 유전자의 선동인 것이다. 이런 주장은 사실이지만, 많은 이들이 불합리한 추론을 하게 만들었다. 이를 이해해야 사랑이 기반이 된 법칙을 어떻게 초월하는지도 이해할 수 있다.

어떤 이들은 그렇기 때문에 내가 진정으로 사랑하는 것은 아들이 아니라 유전자라고 말한다. 이런 생각에는 두 가지가 혼재되어 있다. 첫째, 유전적 오류라고 알려진 논리적 오류가 있다. 내가 진정으로 사랑하는 것이 유전자라는 주장은 내 사랑의 내용(무엇을 사랑하느냐)과 내 사랑의 근원(사랑이 어디에서 왔느

나)을 혼동한 결과이다. 감정의 근원과 내용을 구분하는 것은 감정을 유발하는 원인과 대상이 무엇인지를 구분하는 것과 같다. 이 구분은 매우 일반적인 것으로 사랑뿐 아니라 모든 감정에 적용된다.

예를 들어, 나의 피로는 누군가에게 짜증을 내는 원인이 될 수 있다. 피로는 내 짜증의 근원이다. 내가 그렇게 피곤하지 않다면 타인의 행동에 짜증을 내지는 않을 것이다. 그러나 상대방에게 짜증을 낸다는 사실 자체는 엄연히 존재한다. 이 경우에는 내가 내 피로에 짜증을 내는 것은 아니다(다른 상황에서라면 피로 자체에도 짜증을 낼 수 있겠지만).

마찬가지로 사랑의 근원을 설명하는 것은 사랑이 어떻게 생겨났는지(그리고 왜 여전히 오늘날도 우리 곁에 있는지) 그 원인을 설명하는 것이다. 사랑의 내용을 설명하는 것은 사랑의 대상, 즉 이 사랑이 무엇에 대한 사랑인가를 파악하는 것이다.

내 유전자를 가지고 있기 때문에 내가 아들을 사랑한다는 것은 아마 사실일 것이다. 이것은 내 사랑의 근원에 대한 설명이다. 이 근원이 되는 생물학적 전략의 전제는 아들을 사랑하는 나 같은 아버지의 아들들은 통계적으로 더 많이 성인이 되고, 그 결과 아들을 사랑하지 않는 아버지보다 자신의 유전자를 이어 갈 확률이 더 높다는 것이다. 그래서 예외가 없는 한 진화는 나 같은 아버지들을 더 선호할 것이다.

그럼에도 내가 진짜로 사랑하는 것은 아들이 아니라 유전자라는 주장은 사랑의 근원과 내용을 혼동하는 것이다. 나의 유전자는 내 사랑의 원인일 수 있지만 내 사랑의 대상은 여전히 내 아들이다. 그러므로 내가 사랑하는 것은 내 유전자가 아니라 내 아들이라는 것이 여전히 진실이다.

사랑의 근원과 내용 간의 혼동에 더해, 내가 진정으로 사랑하는 것이 아들이 아닌 유전자라는 생각은 우리가 유전자가 지휘하고 명령하는 무의식적인 프로세스의 노예라는 또 다른 혼동으로 우리를 몰아넣는다. 이것은 사실상 내 유전자가 나보다 더 똑똑하다는 전제에 근거한다.

그러나 내 유전자는 내가 아는 것이 얼마나 되는지 모른다. 육체는 껍질이지만 유전자의 계보는 불멸이다. 이것은 내 아들이 내 유전자를 가지고 있다는 생각에 관한 대단한 오해이다. 내 속에 있는 불멸의 나선이 내 아이들에게, 또 그 아이들의 아이들에게, 또 그 아이들의 아이들에게 계속 이어진다는 것은 전혀 말이 안 된다.

먼저, 가장 분명한 것부터 말해 보자. 가끔 듣는 것처럼 내 아들은 내 유전자의 50%를 가지고 있다. 나는 침팬지와 유전자의 94~98%를 공유하고 개와는 90% 이상의 유전자를 공유한다. 내가 내 유전자의 90% 이상을 휴고와 공유하는데 아들과 공유하는 유전자가 50%밖에 되지 않다니 얼마나 흥미로운가?

사실, 내가 아들과 공유하는 것은 나를 구성하는 유전자의 50%가 아니라 개인마다 다른 고유한 유전자의 50%를 말하는 것이다. 이는 전체 유전자 코드에서는 매우 미미한 부분에 불과하다. 사람마다 동일하고 공통된 유전자는 기본적인 생물학적 차원에서의 나를 구성하는 데 중요한 역할을 할 뿐이다. 그런 공통된 유전자들은 나라는 특정한 인간을 만들어 주는 조건이 되지 못한다. 내가 이런 유전자를 사랑할 이유는 없다. 이들은 내가 대신 총탄을 맞을 이유가 되지 못하는 것이다.

내 사랑의 대상이 될 자격이 있는 유전자가 있다면, 개인마다 다르고 나를 나이게 만드는 그 유전자들은 내 전체 유전자 코드에서 눈에 띄지도 않을 만큼 미미한 부분에 국한될 것이다. 그렇다면 그 유전자에 무슨 일이 일어난 것인가?

내 아들이 내 속에 있는 나의 독특한 유전자를 모두 지니고 있지는 않을 것이다. 이들 독특한 유전자의 약 50%는 아내로부터 온 것이다. 이미 미미한 나의 불멸의 기여도는 즉시 절반으로 줄어든다. 내 아이들이 아이를 낳으면, 나의 기여도가 약 75% 줄어든다는 것이 가장 가능한 시나리오이다. 우주 전체의 관점에서 볼 때 눈 깜짝할 시간이 지나는 동안 내 유전자의 기여도는 점차 0이 될 것이다.

그렇다면 왜 나는 이처럼 점점 사라져 가고 사실상 곧 없어져 버릴 나의 유전적 기여도를 이토록 사랑하는 것일까? 내가 멍청이인 것이 분명하다. 사람들은 가끔 어떤 자질이나 경향이 유전적이라면, 이후 이성적 추론 과정을 통한 간섭이나 수정을 받지 않을 것이라고 가정하곤 한다. 그런 가정은 큰 오판이다.

청년 시절 나는 인도에서 지낸 적이 있었다. 길게는 아니고 대학 시절 여름 방학 때 몇 개월 동안이었다. 당시 세균성 이질 때문에 걷기도 힘든 지경이었다. 버스나 기차를 타려면 3일 전부터 완전히 금식해야 했다. 이질은 점점 심해지는 일반적인 설사와는 차원이 다르다. 장을 통제하는 것 자체가 불가능하다. 단 몇 초나 참을 수 있을까? 뱃속에 정말 아무것도 없는 상태라야 화장실에서 3미터 이상 벗어나 있을 수 있다.

내가 인도에 대해 기억하는 것은 호텔 천장뿐이다. 내 속에 있는 원형의 벌레가 자신의 에너지를 소진할 때를 기다리며 침대에 누워 천장을 바라보는 것 외에는 아무것도 할 수가 없었다.

하루는 쫄쫄 굶은 채 버스를 타고 어딘가로 가고 있었는데, 아마 잠무-카슈미르 주 아니면 히마찰프라데시 주였던 것으로 기억난다. 출발지나 목적지가 어디였는지는 기억나지 않는다. 당시에는 크게 개의치 않았던 무엇인가를 보았는데, 그 기억은 내 속에 똬리를 틀고 남아서 때가 될 때까지, 바로 내가 아버지가 될 때까지 기다렸다.

산속에 있는 어떤 마을에 버스가 도착했다. 버스 안에 있던 낯모르는 사람들은 모두 길거리 행상으로부터 점심 도시락을 샀고, 대장의 여건상 해당 사항이 없었던 나는 마을 끝까지 산책을 나갔다. 작은 회색 몸집에 얼굴은 분홍빛인 인도원숭이 40마리 정도가 마을이 끝나고 숲이 시작되는 길가에 앉아 있었다. 한가운데에는 네다섯 마리가 뭉쳐 있었는데 그중 한 마리는 강아지를 품에 꼭 껴안고 있었다. 가끔 무리의 다른 원숭이가 기대어 마치 사람이 그러듯 강아지의 갈비뼈 부근을 손바닥으로 톡톡톡 두드려 주었다. 인도원숭이의 품에 안긴 강아지는 가끔씩 원숭이의 분홍빛 얼굴을 혀로 핥곤 했다.

큰아들이 내게 처음 미소를 지었을 때 내가 느낀 사랑은 일종의 인지에 따라 결정적으로 형성된 것이었다. 아들의 미소 속에서 내가 인지한 것은 가스가 가득 찬 배 때문에 불편해서 찡그리거나 공허한 표정 뒤에 숨어 있던 유전자가 아니다. 오히려 분명한 무력함과 아직은 확실하지 않아 주춤대는, 이제 막 싹트기 시작한 신뢰였다.

삶의 심장박동은 아이를 소멸시킬 수 있다. 그러나 그것은 나도 마찬가지이다. 우리의 차이는 정도의 차이이지 종류가 다른 것은 아니다. 결국 삶은 우리 둘을 모두 소멸시킬 것이다. 결국은 헛되이 끝날 것도 모른 채 부푼 희망으로 시작하게 한 후, 삶은 우리를 잘근잘근 씹어 내뱉어 버릴 것이다. 우리는 나쁜 곳에 내던져졌고 사악한 원칙에 따라 구축된 이상한 땅에

버려졌다. 그리고 아들의 미소에서 나는 이렇게 내쳐지는 것이 세대를 지나 반복됨을 보았다.

이 사랑은 상호적인 인지에 근거하고 있다. 결국 영원의 관점으로 응시하면 나는 그저 강아지 한 마리를 찾아낸 원숭이에 불과하며, 나는 그 강아지를 사랑하고 할 수 있을 때까지 꼭 끌어안을 것이다. 그러나 이제 싹트기 시작한 그 신뢰는 가장 가슴 아픈 것이다.

아들아, 나를 믿지 말거라. 나는 세상을 안단다. 물론 아빠는 최선을 다할 것이다. 그러나 결국 나는 내 가장 중요한 보호의 의무를 다하지 못하고 너를 실망시킬 것이다. 나는 너를 구원할 만한 그런 대단한 존재가 아니란다. 사실 누구도 그럴 수 없단다.

모든 사랑은 신에 대한 전쟁이다

아들아, 방금 기저귀도 갈았고 이제 꿈나라로 갈 시간이니 아빠가 이야기를 하나 해 줄게. 네가 태어나기 전 네가 한 번도 가보지 못한 곳에서 나의 사유는 자신과의 놀이를 했단다. 나는 이것을 '훨씬 더 오래된 본질'의 놀이라고 불렀단다. 이 놀이는 잠시 중단되었지만 이제야 끝낼 수 있게 되었지.

옛날 옛적에 멋진 옷을 입고 칭송을 받는 벌레가 한 마리 있

었어. 그 옷이 어쩌나 멋지고 그 칭송이 어쩌나 근사한지, 벌레
는 자신이 벌레라는 것을 거의 망각했어. 하지만 그럴 수는 없
었지. 증거들이 계속 새어 나왔으니까. 매일 내놓는 배설물이
그 증거니까 말이야.

아들아, 너와 나는 모두 벌레들이란다. 결국은 우리의 육신
도 모두 썩어 벌레의 밥이 될 거야. 우리의 불멸의 나선은 디옥
시리보핵산DNA이 아니란다. 우리는 열역학 법칙을 형상화한
존재이며, 우리의 불멸의 나선은 벌레야.

그러나 짧은 기간이나마 우리에게 벌레보다는 좀 더 나은 뭔
가가 될 기회가 있단다. 사랑을 할 때 우리는 벌레보다 나은 존
재가 된단다. 사랑을 하는 것은 우리를 형성한 법칙을 거부하
는 것이니까. 물론 그 법칙을 벗어날 수는 없단다. 그러나 그럼
에도 우리는 그 정신을 거부할 수는 있어. 그 법칙은 깰 수 없
지만 가끔, 아주 가끔은 융통성을 발휘할 수 있거든.

사랑하는 것은 우리를 만든 역사를 부정하는 것이란다. 사랑
은 잘못된 설계 원칙의 산물인 혈통이 나쁜 생명체도 인정하는
것이야. 사랑은 우리 모두 결국은 나쁜 결말을 맞으리라는 것을
인정하는 것이란다. 잠시 궤도를 벗어나지만, 곧 밀려오는 엔트
로피의 파도가 집어삼켜 버릴 것을 말이야. 그러나 동시에 우리
모두가 한배를 탔다는 것을 인식하는 것이기도 하단다.

사랑은 모든 살아 있고 지각이 있는 존재가 우리의 공감과

인내를 필요로 하고 또 마땅히 받을 자격이 있음을 인식하는 것이지. 우리가 누구에게 혹은 무엇에게 베푸는 모든 친절한 행동은 우리를 형성한 법칙의 정신에 도전하는 것이야. 악보다 선을 더 중시한다면 우리를 형성한 법칙의 정신에 도전하는 것이지.

삶은 불편하게 설계된 우주 속에서 잠시 위로 솟아난 현상이자 일시적인 부조화일 뿐이란다. 열의 죽음은 우주의 종말이자 지극히 정상적인 상태인데, 삶은 그 기초가 되는 법칙을 거부하는 것이야. 법칙을 거부하는 것이 헛되다고 해서 가치가 덜한 것은 물론 아니란다.

그러나 무거운 기저귀를 차고 있는 내 강아지, 내 아들, 내 고통의 동지들아. 너희들은 아름답단다. 이 영장류에게 너희들은 언제나 작은 신들이란다. 기저귀에 똥을 싸는 작은 신들 말이다. 그리고 물론 영장류도 논리적으로는 신은 배설을 하지 않는다는 것을 알고는 있단다. 신은 존재를 유지하기 위해 에너지를 빼앗아 올 필요가 없고, 그래서 신에게는 마지막도 없을 거야.

자신에게 의존하는 존재가 있는 것은 무엇이든 그 존재를 유지하기 위해 다른 어떤 것을 필요로 하지. 따라서 그 존재는 완전하지 않아. 신이라는 호칭을 붙일 만큼 적절한 존재가 아닌 거지. 하지만 내가 너희들의 얼굴을 볼 때는 오직 생명과 희망,

즐거움과 신뢰만을 보는데 논리가 다 무엇이란 말이냐?

논리는 수긍을 설파하고, 복종을 호흡하지. 그러나 법칙을 거부하는 것은 사랑과 불가분의 관계이므로, 오직 거부만이 우리를 구원할 수 있단다. 정말로 우리를 만든 신이 있다면 모든 사랑은 그 신에 대한 전쟁일 거야.

6장

삶도 달리기도
그 자체가
목적이다

인간은 빨리 달리기가 아니라
멀리 달리기 위해 설계된 기계이다.
아킬레스건을 비롯한
수많은 힘줄이 그 증거이다.

데니스 브램블 Dennis Bramble

우리를 파괴하는 것은 시간의 범람이다

나는 프랑스 랑그도크 지역의 오브 강 삼각주에 겨울마다 범람하는 지중해의 물을 막기 위해 넓게 쌓은 제방을 따라 강변을 달리고 있다. 제방의 남쪽은 석호이며, 그 너머로 바다가 넘실대고 있었다. 벌써 젊은 부부들이 아이들과 함께 생명과 따뜻함 그리고 맑은 웃음소리가 있는 여름 바다로 달리는 중이었다.

처음 아버지와 이곳에 왔을 때는 아버지가 비교적 젊고 내가 아이였을 때였다. 그리고 중간에 어디를 돌고 돌든, 내 삶은 언제나 여기로 돌아오는 것 같았다. 거부할 수 없는 이 핑계, 저 핑계로 나는 꼭 여기로 되돌아온다. 이번에는 아직 젊은 축에 속하는 아버지로서 돌아온 거라고 나 스스로에게 말하고 있다.

십여 년 전쯤, 나는 이곳에서 돌을 옮겨 내 형제였던 늑대의 무덤을 만들어 주었다. 아버지와 함께 왔던 어린 소년, 죽은 형제인 늑대의 주검을 들고 찾은 젊은 사내, 그리고 하루하루 늙어 가는 중년의 아버지. 이런 기억들이 한 사람의 삶이라는 것이 도저히 믿기지 않는다. 하지만 그게 내 기억이 아니라면 도대체 누구의 기억이란 말인가?

강둑의 뭍 쪽에는 버려진 포도 농장이 있다. 겨울 지중해는 범람을 막으려는 사람들의 노력을 비웃기라도 하듯 겨우내 두세 번씩 제방을 넘어 범람한다. 한때 포도 덩굴이 자랐던 이곳은 이제 버려진 땅이 되었다. 한때 포도를 키웠던 농가들은 폐가가 되었고, 부러지고 시든 포도 덩굴만이 점점 늘어나는 코드그래스와 늪지 미나리의 위세에 눌려 황량하게 남아 있다.

약간씩 형태는 다르지만, 보통 사람들은 시간을 선으로 본다. 시간을 화살이라고도 하고, 혹은 강물이라고도 한다. 과거를 지나 알 수 없는 미래를 향해 제방을 따라 달리는 한 남자와 그의 개도 마찬가지이다. 공간적인 비유를 사용한다는 것은 우리가 시간을 전혀 이해하지 못한다는 뜻이다.

물리학자들은 우리에게 시간은 엔트로피의 표현이라고 말한다. 시간의 방향은 증가하는 엔트로피의 방향을 따른다고 말이다. 사실 물리학자들이 일반인들보다 시간을 더 잘 이해하는지는 의문이다. 그러나 어쨌든, 물리학자들이 설명에 사용하는 비유는 매우 다른 것만은 분명하다.

엔트로피는 무질서이므로 시간은 질서가 무질서로 변화하는 것이다. 그리고 이에 따르면 시간은 일련의 파도와 폭풍이다. 강이 범람했다가 물이 빠지고 이를 다시 반복하는 과정으로 본다. 매번 범람했던 강물이 빠져나가고 나면 이전의 것들이 더 줄어들어 있다. 내가 처음 이곳에 왔을 때, 포도 덩굴은 푸르고 싱싱했으며 주렁주렁 포도가 달려 늘어져 있었다. 그러나 시간의 범람이 묵묵히 제 몫을 다하여 남은 것이 지금의 모습이다. 곧 이 포도 농장의 마지막 남은 것까지 모두 석호로 되돌아갈 것이다.

우리를 파괴하는 것은 시간의 화살이 아니라 시간의 범람이다. 결국은 우리도 모두 석호로 되돌아갈 것이다.

브레닌의 마지막 불꽃

휴고와 나는 오브 삼각주의 24킬로미터 순환로를 달리고 있다. 두 달 전에 우리 가족은 모두 마이애미에서 여기로 이사를 왔다. 여름마다 이 지역을 한바탕 쓸고 가는 허리케인과 높은 습도로 악명 높은 마이애미에서 약 9.6킬로미터를 달린다는 것은 거의 죽기 직전의 고통이었다. 한 시간이 지나도록 진도도 별로 못 나가고는 했다.

여기서는 힘들지만 꾸역꾸역 해내고 있다. 휴고와 나는 둘 다 처음에는 늘어난 거리 때문에 힘들었지만, 두 달이 지난 지금은 24킬로미터를 매일 얼추 2시간 30분 만에 완주하고 있다. 물론 춥지는 않다. 6월의 남프랑스이고 우리가 떠나온 마이애미와 비교해도 몇 도 낮지 않을 것이다. 이곳의 건조한 공기는 정말 기분이 좋다.

휴고는 어찌나 자신감이 넘치는지, 몇 킬로미터를 더 달려 들판 끝에 줄지어 선 백마와 검은 황소 근처까지 접근하기도 했다. 특별히 용맹한 개는 못 되는지라 막상 앞에 가서는 아양

떠는 휴고의 모습을 보고 실소를 금치 못했다. 불과 몇 년 전에 나는 바로 이곳에 조금은 다른 동물들과 왔었다.

해안을 따라 서쪽으로 달리다가 북쪽으로 해수가 유입되는 작은 석호를 따라 달린다. 그러다가 다시 서쪽으로 약 3킬로미터를 강둑의 끝까지 달리면 거대한 해수 석호인 그랑드 메르가 나타난다. 몇 세기 전에 함몰되어 생긴 것이 현재 우리가 보는 작은 석호라고 추측된다.

소들이 가득 늘어선 강둑을 따라 북쪽으로 몇 킬로미터를 더 달리다 보면 한쪽은 물이고 반대편은 들판이 이어지다가 앞쪽 멀리 희미하게 보이는 중앙 산악지대의 언덕에 자리한 포도 농장이 나타난다. 그다음에는 베지에가 배출한 거장 피에르 폴 리케Pierre-Paul Riquet의 건축 역작인 미디 운하가 나온다. 운하는 서쪽의 가론 강에서 동쪽으로 약 48킬로미터 떨어져 있는 에땅드 소까지 약 241킬로미터나 뻗어 있다.

우리는 늘어선 늠름한 플라타너스가 점점 따가워지는 태양빛을 막아 주는 시원한 그늘 아래 운하를 따라 서쪽으로 몇 킬로미터를 달려 빌르뇌브-레-베지에로 향했다. 그런 다음, 포도 농장을 통과하는 비포장도로를 계속 달려 쎄히녕까지 와서 아래쪽 바닷가까지 간 다음 다시 동쪽으로 돌아 집으로 돌아온다.

그러나 이것은 어디까지나 우연의 연속이다. 거리, 방향, 시간, 그리고 풍경까지도. 그런 것들은 중요하지 않다. 달리기의

심장박동이야말로 달리기의 핵심이며, 진정한 달리기의 본질
이다. 여기 랑그도크의 초여름 아침에 느끼는 달리기의 심장
박동은 부드러운 것이다. 모래밭에 살짝 발이 빠지는 느낌, 휴
고의 가볍게 헐떡대는 숨소리와 목줄에 달린 이름표가 흔들리
며 찰랑대는 소리, 산에서 불어오는 북풍이 머리 위 플라타너
스 가지와 주변의 포도 덩굴을 부스럭부스럭 흔드는 속삭임,
따뜻한 미풍 속에 춤추는 나비의 날갯짓. 달리기가 한창일 때
나는 그 심장박동과 하나가 된다. 우리는 그렇게 계속 달린다.

　또 다른 달리기가 기억난다. 같은 길을 달렸지만 다른 시기
였고, 전혀 다른 삶이었다. 브레닌은 림프육종이었는데, 수의
사는 내게 예후를 보장할 수 없는 상태라고 말했다. 간단히 말
하면 마음의 준비를 하라는 뜻이다. 죽음이 머지않았고, 나의
가장 중요한 의무이자 오랜 친구를 위해 할 수 있는 마지막 임
무는 기껏해야 최대한 편안히 마지막을 맞을 수 있도록 돕는
것뿐이었다.
　여기서 편안하다는 것은 브레닌의 입장이고, 내 입장은 결코
그렇지 못하다. 고통 없이, 밤에 자다가 그냥 떠난다면 얼마나
좋을까? 그러나 그런 행운을 기대할 수는 없었다. 내가 여섯
살 때 자다가 하늘나라로 떠났던 맥스 2세 이후로, 내가 키운
어떤 개도 그런 행운은 없었다.

이제 마지막 결정을 내려야만 했다. 그 결정은 브레닌의 삶
이 더 이상 가치가 없으리라는 판단이었다. 살 가치가 없게 되
는 정확한 시점을 1초의 오차도 없이 찾아내야 하는 것이다.
그것이 목표였다. 바로 그 시점에 브레닌을 수의사에게 데려
가 안락사를 시켜야 한다.

나는 사람이다. 사람은 실수를 한다. 내 결정은 언제나 의심
스럽다. 몇 년이 흐른 지금도 나는 자문한다. 그날이 정말 맞았
는가? 너무 빨랐던 건 아닌가? 아니면 너무 늦어서 너무 힘들
지는 않았을까? 이런 질문은 지금껏 내가 대답할 수도 없었고
앞으로도 대답할 수 없을 것이다.

니나와 테스를 동물보호소에 며칠간 맡기고 막 돌아오던 길
이었다. 당시 녀석들은 아직 젊었고, 나는 혈기왕성한 녀석들
로부터 브레닌을 잠시라도 쉬게 하고 싶었다. 녀석들을 두고
돌아오자 브레닌의 행동에 변화가 일어났다. 더 밝고 또랑또
랑해지고, 호기심도 많아졌으며, 몇 주 전보다 식욕도 훨씬 더
왕성해졌다. 브레닌에게 내가 점심으로 먹으려고 만든 스파게
티를 주자 게걸스레 먹어치웠다. 그러고 나서 전혀 예상치 못
했던 행동을 했다. 바로 소파 위로 뛰어 올라가 길게 울부짖은
것이다.

젊었을 때 브레닌은 거의 매일 작은 의식 같은 행동을 했었
다. 긴 의자를 향해 전속력으로 뛰어 훌쩍 올라간 다음, 벽을

타고 더 올라가는 것이었다. 가속을 이용해 최대한 높이 올라가는데 보통 거실 벽의 거의 3/4 높이까지 올라간 다음 마치 공중곡예사처럼 뒷발을 들어 올려 돌렸다 다시 벽에 착지하곤 했다.

집안에서 빈둥댄 지 너무 오래되었으니 이제 산책을 나갈 시간이라는 것을 알리는 브레닌의 표현 방식이었다. 시간이 흘러 중년이 된 브레닌은 이제 이런 과격한 운동 대신 긴 의자에 뛰어 올라가 길게 울부짖으며 신호를 보내곤 했다. 그래도 나는 녀석이 원하는 것이 무엇인지를 정확히 이해했다.

정원 끝에 도랑이 하나 있었는데, 거기 도착하자 브레닌은 도랑의 위아래를 내달리며 나무들이 있는 건너편으로 갔다가 다시 정원으로 들어오기를 반복했다. 브레닌이 이런 식으로 흥분을 표시하는 것은 몇 년 만에 처음 보았다.

집을 나서면서 나는 예전에 영역 표시를 해 두었던 곳도 확인하고 지워진 곳은 가볍게 다시 표시하면서 슬슬 산책이나 하겠지 생각했었다. 그러나 브레닌의 행동과 빛나는 아몬드색 눈이 뭔가 이상한 일이 벌어지고 있음을 확실히 말해 주었다. 그리고 우리는 지금도 이해할 수 없는 일을 했다.

당시 나는 거의 1년째 달리지 않고 있었다. 내가 아무리 노력해도 열 살이 넘은 브레닌은 곧 뒤처질 것이기 때문이었다. 이런 상황을 달리기에 반영해 보려는 노력도 해 보지 않은 것은 아니었다. 처음에는 앞서 달리다가 다시 뒤로 달려와서 브레닌과 함께 달리고, 또다시 앞으로 달려가서 니나와 테스를 따라잡는 것이다.

예상했던 대로 내가 브레닌의 얼굴에서 본 것은 육체가 뜻대로 움직이지 않는 것을 깨닫는 데서 오는 절망이었다. 그래서 관두기로 했다. 물론 니나와 테스는 하루 종일 뛸 수 있었다. 그러나 나는 나의 늙은 늑대 형제에게 고통을 주고 싶지 않았고, 그래서 무리와의 달리기도 가벼운 산책으로 바꾸었다.

전혀 예상하지 못했던 우리의 마지막 달리기는 그렇게 시작되었다. 나는 얼른 조깅용 반바지를 꿰어 입고 먼지만 꼬이던 운동화를 신은 다음 숲속으로 난 좁은 길을 따라 미디 운하까지 달려 나왔다. 처음 3킬로미터 정도는 거대한 플라타너스 나무 그늘 아래를 달렸다. 7월이었다면 나무 그늘이 매우 고마웠겠지만, 당시는 1월이었고 새해가 며칠 남지 않은 터였기에 전혀 고맙지 않았다. 로제르와 오베르뉴 지역의 눈을 맛보며 늘어선 플라타너스가 만든 터널 속을 세찬 북풍에 등을 떠밀리면서 달렸다. 그것은 죽음 만큼 차가운 달리기였다.

모든 달리기는 고유의 심장박동이 있는데 이번 것은 차가운 것이었다. 잎이 모두 져 뼈대만 남은 거대한 플라타너스 나무는 산에서 불어오는 눈보라에 춤을 추고 있었다. 발소리는 나지 않았고, 대신 둘의 숨소리와 브레닌의 목줄이 찰랑대는 소리만이 바람 속에 흩어졌다. 거기에 우리는 없었다.

나는 곧 브레닌이 지쳐서 집으로 돌아오게 될 거라고 생각했다. 그러나 브레닌은 지치지 않았다. 지치기는커녕, 내 옆에서 예전의 브레닌처럼 2~5센티미터 공중에 떠서 활주하듯 달렸다. 죽어가고 있다는 생각은 전혀 들지 않았다. 그때 우리 둘 중 누가 더 죽어가는 것 같냐고 누군가 물었다면 아무도 브레닌이라고 대답하지 않았을 것이다.

프랑스에서의 시간은 내게 그다지 친절하지 않았다. 생각은 많이 했지만 글은 거의 쓰지 못했고, 무엇보다도 5년 이하의 와인을 엄청나게 마셨다. 특히 이 지역 특산품인 포제르와 생 시니앙 와인에 맛을 들였다. 달리기는 끊었고 와인 주량이 서서히 늘었다. 나는 살이 물렁대고 느리며 형편없이 망가진 사십 중년의 남자가 되었고, 나이를 자각하는 건 불쾌한 일이 되었기에 처음으로 내 나이를 자각하게 되었다.

약 3킬로미터 떨어진 마을에 도착하면 곧 운하에서 방향을 틀어 포도 농장의 가장자리를 따라 난 비포장도로를 달리게 된다. 집에서 가장 멀리 떨어진 지점이 가까워 오자 나는 좀 걱정이 되기 시작했다. 암 때문에 브레닌은 체중이 엄청나게 줄었다. 그래도 어쨌든 여전히 몸무게가 54킬로그램이나 되는 녀석을 약 5킬로미터 떨어진 집까지 들쳐 메고 갈 생각은 추호도 없었다. 그러나 브레닌은 계속 활주하듯 달렸고, 분명 속에서 자라고 있는 죽음은 아랑곳하지 않는 듯했다.

약 1.6킬로미터가 지나자 코스는 남쪽으로 꺾여 그랑드 메르의 동쪽 끝까지 이어졌다. 한쪽은 석호, 다른 한쪽에는 토종 백마와 검은 황소들이 가득한 들판이 펼쳐지고 있었다. 황소들은 무릎까지 물속에 빠져 있었는데, 그러거나 말거나 유유자적했다.

햇빛에 몸이 조금씩 녹았고 이제 나무 그늘도 다 지났다. 오후의 태양이 서서히 바다로 지면서 바람에 일렁이는 석호의 수면 위로 강렬하게 춤을 추며 북풍조차 무색하게 했다. 약 1.6킬로미터 정도 석호를 따라 달려 강둑에 도착했다. 약 0.8킬로미터를 더 달린 다음 다시 남쪽으로 꺾으면 바로 바닷가이다. 거기에서 휴식을 취하면서 저물어 가는 1월의 태양을 함께 바라보았다.

지난주 몰아친 태풍의 잔해와 부러진 나뭇가지들이 여기저기 널려 있는 황금빛 모래사장을 파도가 부드럽게 간질이고 있었다. 태양은 해안을 둘러싸고 남쪽으로는 스페인까지 이어지는 피레네 산맥에 자리한 눈 덮인 카니구 산 위로 저물었다.

돌아가면 빈집만이 우리를 기다릴 것이다. 그러나 그 시간만큼은 우리는 함께 앉아 석양을 만끽했다.

진화의 제비뽑기에서 실패했을지도 모른다

브레닌이 세상을 떠났을 때 나는 서른아홉이었다. 사실 그 나이는 존재의 세기말(좋은 뜻보다는 나쁜 뜻으로)이기 때문에 어느 누구에게도 좋은 때는 아닐 것이다. 바로 미엘린 수초가 파괴되기 시작하는 나이이기 때문이다. 미엘린 수초는 뇌 세포 사이를 연결해 주는 축색돌기를 둘러싸고 있다. 이런 미엘린 수초가 많이 파괴될수록 신경세포의 연결이 약해져 생각과 행동이 모두 느려진다. 따라서 인지력과 운동력 하락의 먼 길이 시작되는 시기가 바로 이때이다.

정보를 처리하고 신체를 움직이는 속도는 신경세포의 활동 전위AP로 알려진 주파수와 함께 증가한다. 이것은 축색돌기를 따라 움직이는 전압의 변화이다. 빠른 정보 처리와 신체 운동에 필요한 활동 전위가 나타나려면 역치값 이상의 차등 전위가 형성되어야만 한다. 활동 전위가 활발히 일어나려면 축색돌기를 둘러싸고 있는 미엘린 수초가 건강해야 한다. 따라서 미엘린 수초가 파괴되면 예전처럼 빠르게 생각할 수도, 움직일 수도 없게 된다. 건강한 미엘린이 노화하기 시작하는 나이가 서른아홉이다.

이 나이가 되면 근육량도 거의 20% 감소할 것이 분명하다. 그것은 그날 브레닌과 함께 바닷가에 앉아 있을 때 나에게 일어났던 또 다른 일이었다. 그러나 사십 대의 중년에게는 누구나 일어나는 일이기도 하다. 휴고와 함께 오브 삼각주를 달리는 지금 아직은 마흔여덟이 되지 않았지만 벌써 그런 것처럼 느낀다.

사람마다 노화의 속도가 다른 것은 자명한 이치이지만, 일단 특정 부분에서 노화가 시작되면 특별한 개입이 없는 한 연속적으로 진행된다. 노화를 나타내는 그래프가 있다면 아마 직선으로 나올 것이다. 선의 기울기는 사람마다 다를 것이고, 같은 사람이라도 기능별로 다를 것이다. 그러나 각각 기능별로 하락세는 보통 몇 가지 국소적 비정상을 제외하고는 직선으로 나타난다. 이것이 우리 삶의 직선이다.

포유류에게 많은 장점이 있는 것은 확실하지만, 매우 뚜렷한 단점도 있다. 예를 들어 파충류는 포유류처럼 노화하지 않는다. 모든 포유류는 점진적으로 나이가 들면서 사망률이 더 높아진다. 포유류는 나이가 들수록 더 잡아먹히기 쉬워지거나 사냥을 할 수 없을 만큼 몸이 둔해진다. 그러나 파충류의 사망률은 나이가 들어도 점진적으로 증가하지 않는다. 파충류는 아주 늙을 때까지는 거의 그대로 유지된다.

포유류는 나이가 들면 난자 형성 기능을 잃는다. 즉, 암컷의 생식 세포인 난모 세포가 더 이상 생성되지 않는다. 그러나 파충류는 이 기능을 잃지 않는다. 파충류는 거의 죽기 직전까지 새끼를 가질(더 자세히 말하자면 향후 새끼가 될 알을 낳을) 수 있다. 파충류 중에는 사지가 잘려도 다시 자라는 것도 있다. 그러나 포유류는 그러지 못한다.

포유류는 보통 이가 두 번 나는데, 이를 두 번 다 갈고 나면 죽는다. 파충류는 일생 동안 계속 이를 간다. 따라서 포유류는 파충류와는 다른 방식으로 노화한다. 그러나 포유류는 파충류에서 진화했다. 어떤 진화의 프로세스가 시간이 지나면서 이런 차이점을 가져오게 만들었을까?

예를 들어, 포식자들이 많은 위험한 환경에서 진화한 동물은 번식을 극대화한다. 이것이 위험에 대처하는 최고의 전략이다. 이런 종류의 동물은 r-선택종이 되고, 개체는 빨리 성숙하며 몸집이 작고 수명은 짧은 특징을 갖는다. 반면에 위험이 거의 없는 환경에서 자라는 동물은 같은 종 내의 다른 구성원과 심각한 자원 경쟁을 하게 된다. 그런 동물은 K-선택종이 되는데, 부모가 오래도록 돌보며 발달이 늦고 몸집이 더 크고 생존 기간도 더 길다. 최근에는 최소한 인간, 코끼리와 고래가 K-선택종이며, 쥐는 r-선택종에 속한다.

그러나 최근이라는 표현은 의미심장하다. 최근이라 해도 최소한 지난 6천 5백만 년은 된다. 포유류 역사의 거의 2/3를 차지하는, 공룡이 아직도 살아 있었던 시기에는 모든 포유류가 r-선택종이었다. 포유류는 몸집이 작고 야행성이었으며 집쥐만

했고 먹이사슬의 아래쪽을 벗어나지 못했다. 잘 알려진 이 이 야기에 따라, 나는 뒤늦게 등장한 K-선택이 완전히 지우거나 덮어쓰지 못한 초기 포유류의 r-선택적 특성 때문에 이렇게 노 화한다고 본다.

이 모두는 공룡의 탓인 게 분명하다. 그렇게 생각하면 다소 불행하다. 초기 포유류의 r-선택이 없었다면 나의 삶은 더 파충 류의 특성을 띠었을 것이다. 그래서 죽기 직전까지 급성장하 고 혈기왕성하게 살아 있을 것이다. 이런 관점에서 현재와는 다르게 진화할 수도 있었다는 것을 생각하면 나의 포유류적 삶 은 다소 불행한 것 같다. 최초의 선조들이 그렇게 소심하지만 않았다면 상황은 달랐을 것이다. 똑똑한 파충류인 공룡의 후 손들이 우리와 공생했더라면, 나의 부러움을 꽤 샀을 것이 분 명하다.

위대한 진화의 제비뽑기에서 나는 그들보다 훨씬 짧은 제비 를 뽑았다고 확신한다. "쯧쯧, 재수가 없구만!" 하며 공룡의 후 손이 나를 동정할 것이다. 나는 두 시간 정도 사는 하루살이에 서 진화했을지도 모른다(물론 이 가능성은 정말로 희박하겠지만). 그러나 전반적으로 내가 누군가보다 더 운이 좋다고 해서 반드 시 불운하지 않은 것은 아니다.

무너져 가는 세월을 어찌할 것인가

노화와 죽음이 우리 삶에서 가지는 중요성에 비해 철학자들이 이 문제에 별 관심이 없다는 것은 매우 놀라운 일이다. 설령이 문제를 다루었다 해도 별로 그럴싸한 게 없다. 예를 들어 죽음의 주제에 관해 많은 훌륭한 철학자들은 놀라우리 만큼 긍정적이었다.

에피쿠로스Epicurus는 우리가 살아 있는 동안 죽음은 일어날수 없기 때문에 죽음은 우리를 해칠 수 없다고 했다. 또한, 죽음이 일어났을 때는 해치려 하는 대상인 우리가 더 이상 존재하지 않기 때문에 우리를 해칠 수 없다고 말했다. 더 최근에는버나드 윌리엄스Bernard Williams가 불멸은 결국 삶의 의미를 주는욕망인 무조건적 욕망을 잃게 만들어 영원한 권태감이 들게 한다는 근거에서 과대평가되고 있다고 주장했다.

죽음에 관한 주장은 신통하지 못하다는 정도에 만족할 수도있겠지만, 노화라는 주제에 대해서는 쇼펜하우어를 제외하고는 어느 철학자도 거의 다룬 바가 없다. 설령 있다 해도 역시석연치 않다. 예를 들어, 플라톤의 《국가론》 제1권에 잠깐 등장하는 노인 케팔로스Cephalus는 나이 들고 약해지는 것은 젊음의 육욕이라는 폭정에 더 이상 시달리지 않아도 되기 때문에좋은 것이라고 설파했다.

철학자들이 노화를 제대로 설명하지 못하는 문제는 그들이 끊임없이 천착하는 '삶에서 중요한 것은 무엇인가' 하는 질문에서 가장 분명하게 드러난다. 노화는 늘 이상하게 논점에서 제외되어 있다. 마치 노화가 삶의 어쩔 수 없는 양상이 아니기라도 한 것처럼 말이다.

쾌락주의자들은 행복을 설파한다. 행복은 삶의 모든 것이다. 그러나 살아갈수록 더욱 나빠져 결국은 죽고 마는 것이 삶이다. 그렇다면 최소한 삶에 그 외에도 뭔가 더 있으리라는 희망을 남겨야 하는 것이 아닐까? 삶의 목표가 행복이라면, 나의 역사와 유전과 자연 세계의 법칙이 내게 남겨 준 현세는 이 목표와 너무나 맞지 않다.

어쩌면 어디서든 행복을 찾아야 하는 것이 삶인지도 모르겠다. 그렇다면 행복을 찾을 수 없는 나머지 삶은 어쩌란 말인가? 내 삶의 거의 대부분을 차지하는 이 부분을 도대체 어떻게 하라는 말인가?

며칠 후면 우리가 돌아갈 나라에서 열정적으로 채택한 계몽주의의 주문이 있다. 바로 '최선을 다하자'이다. 삶은 자아실현이요, 꿈을 향해 자신을 만들어 가는 것이며, 최선을 다해 목표로 하는 꿈을 최대한 실현하는 것이라는 뜻이다. 그러나 이는 과거보다 늘 나빠지는 것이 현세라는 점을 간과하고 있다.

쇼펜하우어는 이렇게 말했다. "오늘은 나쁘다. 매일매일 더 나빠질 것이다. 마지막으로 가장 나쁜 그 날이 올 때까지." 그러므로 나는 최선을 다해 가장 나빠질 것이다. 그러나 이것은 원본 만큼 영감을 주지 못한다.

니체 Friedrich Wilhelm Nietzsche 는 강해지라고 말했다. 나를 죽이지 못하는 것은 나를 강하게 만든다. 그러나 아마도, 불행하게도 곧 무언가가 나를 죽일 것이다. 또한 그는 행복은 힘이 증가하는 감정이라고 덧붙였다. 이것은 참으로 불행한데, 왜냐하면 현세에서 대부분 우리는 힘이 줄어드는 것을 느낄 것이기 때문이다. 나는 현세를 어떻게 살 것인가 하는 질문은 이 명백한 사실을 출발점으로 삼아야 하며, 안이하게 무시해서는 안 된다고 생각했었다.

내가 새내기 철학자로 참석한 한 회의에서 기조 연설자로 나선 매우 저명하고 권위 있는 철학자가 자신의 명백한 논리적 오류에 대해 반론이 제기되자 쩔쩔매는 것을 본 적이 있었다. 연설 직후 이어진 질의응답 시간이었기 때문에 모든 청중이 자리를 지키고 있었다. 그는 적절하게 답변하지 못했고, 관련 없는 이야기만 중언부언 늘어놓았다.

도량 넓은 내 동료였던 질문자는 대답을 듣기를 포기하고 메모지에 '저 사람, 이젠 안 돼.'라고 갈겨쓴 다음 내게 전달했다. 정말 그는 대답하지 못했다. 그것은 너무나 분명했다. 그럼에도 곧이어 나머지 청중들이 마치 힘 빠진 동료를 죽이러 달려

드는 까마귀 떼처럼 그를 집중 공격하는 사태가 벌어졌다.

이 사건은 내게 큰 영향을 주었다. 삶이 이 모양이란 걸 나는 안다. 언젠가 내가 이젠 안 될 그 날이 닥쳐 이처럼 나의 무능력이 만천하에 드러나거나 혹은 조용히 대중의 눈앞에서 사라질 수 있다. 하지만 정말 중요한 건 그게 아니다. 어떻게 되든, 최소한 내게는 엄청나게 슬픈 일이다.

"최소한 젊음의 육욕이라는 폭정은 피할 거네."라는 케팔로스의 속삭임이 들린다. 그렇다. 사실 그거면 됐지. 일부 철학자들이 삶과 삶에서 중요한 것이 무엇인지를 이야기할 때, 나는 한때 권위자였지만 늙어서 이젠 안 되는 이 저명한 철학자를 떠올리지 않을 수 없다. 내 눈에 보이는 것은 핵심을 짚지 못해 횡설수설하는 모습뿐이다.

내 종아리가 굳이 내 포유류의 혈통을 강조하기로 단호하게 결심한 시점은 바로 휴고와 내가 마을로 돌아가려고 강둑을 따라 달리며 이런 생각을 곱씹고 있을 때였다. 종아리 근육 파열은 킨세일에서 찰스 포트의 언덕을 전속력으로 달려 내려오던 1997년경부터 나타났다 사라졌다 반복해 왔다.

언덕을 달려 내려올 때 왼쪽 종아리가 먼저 나갔고, 그 이후로는 주기적으로 재발했다. 내리막길 전력 질주 연습이 상당히 진행되었음에도 불구하고 2년 후에는 오른쪽도 가세했다. 하지만 어제까지는 지난 3년간 아무 문제가 없었기에 이 문제는 끝난 줄 알았다. 혹시라도 스트레칭을 하면 감쪽같이 사라지지 않을까 해서 강둑에서 한참을 머물렀다. 그래도 아무 소용이 없었다.

이런 부상은 보통 재활 기간이 점점 더 길어진다. 사실 재활이라는 게 실제로 어떤 조치를 한 것은 아니고, 기껏해야 집 근처를 맴돌며 비참한 기분에 빠져 도대체 이게 무슨 일이냐며 푸념하는 것을 말한다.

이 문제가 처음 불거졌을 때, 나는 2주 만에 처음 달리기에 나서던 참이었다. 최근에는 거의 6주 만이었다. 이번에는 정말 제대로 재활을 해야 했다. 상처 난 조직을 제거하든 뭘 하든 말이다. 한편으로는 이 문제를 아예 철학적으로 접근하는 편이 낫겠다고 생각했다. 심장마비의 위험이 도처에 도사리는 이 나이에 길을 달리다가 갑자기 길바닥에 거꾸러지면, 2급 종아리 파열 정도는 아무것도 아니다.

환희는 삶의 메아리를 타고 반복된다

안정Rest, 냉찜질Ice, 압박Compression, 거상Elevation의 앞글자를 딴 RICE는, 현재 내가 하고 있지 않지만 해야 하는 대표적 재활 치료법이다. 아침에 나선 달리기에서 다리를 절뚝거리며 집으로 돌아온 나는 즉각 처치에 들어가야 한다는 것을 깨달았다.

한동안 달리기는 절대 금물이겠지? 하지만 절뚝대고 질질 끌며 걷는 것은 어쨌든 계속할 것이다. 사지가 없어진다든지 하는 중병이면 하루 이틀 쉬겠지만, 이런 통증은 늘 있어 온 것이므로. 아이들도 "아빠, 바닷가 갈래요"라며 달리려 할 것이다.

그래서 나는 힘겨운 발걸음으로 다소 과장된 엄살을 부리면서 640미터 남짓 되는 길을 따라 바다로 나선다. 몇 미터 앞에는 큰아들 브레닌이 앞장설 것이다. 막 세 돌을 넘긴 브레닌은 생애 첫 자전거에 자랑스럽게 앉아 격하게 페달을 밟지만, 다행히도 멀리 가지는 못한다. 애들 엄마도 대여한 자전거 뒷좌석에 지난달 첫돌을 막 넘긴 작은 아들 맥슨을 태우고 앞장선다.

플라망 로제라고 불리는 분홍 홍학들이 올 초에 날아왔다. 지금 아들보다 그렇게 많지 않은 나이에 이곳에 처음 온 나는 이 이국적인 새 무리를 보고 놀라 입을 딱 벌리곤 했었던 게 기억난다. 그러나 브레닌과 맥슨은 마이애미 출신이다. 브레닌은 "아빠, 쟤네들은 색이 별로 안 짙어요"라고 내게 알려 주었다. 마이애미에서 본 짙은 오렌지색의 쿠바 홍학에 비하면 확실히 색이 옅다.

차가운 바닷물에서 노는 것은 기분 전환에 최고이다. 브레닌의 입술은 몇 분만 지나면 파랗게 질리겠지만 끌고 나오려면 한바탕 실랑이를 벌여야 한다. 브레닌을 물 위로 번쩍 들어 올리면서 동시에 "이제 그만"이라고 외치는 의식을 꼭 해야만 물에서 겨우 나올 수 있다. 녀석은 "아빠가 말 안 했으니까 무효야!"라며 고집을 피우기 일쑤이다.

그다음은 내가 느릿느릿 발을 끌면서 퍼다 준 지중해의 물로 해자를 채운, 피에르 폴 히케가 봤다면 실소를 금치 못했을 모래성 쌓기 놀이를 하는데, 이렇게 성을 쌓는 목적은 오로지 아이들이 정하는 어느 시점에 몽땅 부숴 버리는 것이다. 멀리서 달려와 우아하지 못하게 배치기로 다이빙하듯 모래성을 깨부순다. 마치 하이에나처럼 괴성을 지르며 부수고 또 부수는데, 이때 휴고도 흥분해서 거품을 문 채 껑충껑충 뛰고 짖어대며 가세한다. 한때는 나도 이 놀이를 했을 것이다. 그러나 이제는 나이가 들어서 이해할 수가 없다. 어쩌면 이제야 다시 이해하기 시작하는지도 모르겠다.

나는 아이와 개는 삶에서 중요한 것이 무엇인지를 어른보다 훨씬 더 잘 알고 있다고 생각한다. 내가 아들을 위해 모래성을 쌓는 것은 일이다. 그러나 아이들이 힘겹게 쌓은 모래성을 부수는 것은 다른 이유가 있어서가 아니기 때문에 놀이가 된다. 모래성이 수천 번의 배치기에 사라질 때보다 더 확실하게 일보다 놀이가 가치 있는 때는 없을 것 같다. 그 활동에는 환희가 따른다. 결과가 아닌 활동 그 자체, 목표가 아닌 행동 그 자체에 온몸을 맡기는 환희 말이다.

아마 나는 더 이상 이 놀이를 이해하지 못하겠지만 그 환희를 보고 느낄 수 있다. 아프리카를 향해 넘실대는 바다에 울려 퍼지는 환희를 들을 수 있다. 그다지 멀지 않은 곳에서 나는 볼 수 있다. 한때 병든 늑대와 함께 앉아 겨울의 태양과 함께 소리 없이 생명이 지는 것을 느끼던 바로 그 자리에서 몇 미터 떨어지지 않은 곳에 우리가 있다.

이 환희는 바다를 건너 메아리치지만, 내 삶의 나날을 통해 되돌아온다. 젊은 날에는 브레닌이 떠난 지 두 달 만에 니나, 테스와 나는 다시 달리기를 시작했다. 그날은 화창했지만 아직 쌀쌀한 봄날이었고 우리는 남쪽 중앙 산악지대의 세벤느 산맥까지 올라갔다.

콜Col은 불어로 산길을 뜻한다. 오늘 우리는 광부의 산길이라는 뜻의 콜듀미니에를 지나 30킬로미터를 달릴 계획이었다. 나는 약간의 음식과 물이 든 작은 배낭과 지도를 준비해 왔다. 너무 무리할 생각은 아니었다. 장거리 달리기를 해 본 지 너무 오래되었다. 하루 종일 걸린대도 어쩔 수 없다.

태양은 차갑고 푸른 산속 호수 위로 춤을 추었다. 지도를 보니 겨우 6킬로미터밖에 달리지 못했는데 이미 지치기 시작했다. 평지에 오래 살다 보면 약 914미터 높이에서부터 기능이 저하되기 시작한다. 우리는 거의 1킬로미터 정도까지 올라갔고, 고도 때문에 더 빨리 지쳤는지도 모른다. 그러나 나는 내가 문제라고 생각했다.

당시 내 몸은 엉망이었고 강둑에서 3킬로미터를 달리며 연습한 것은 아직 몸에 익지 않았다. 오랜 기간 하지 않다가 다시 달릴 때마다 고통은 더 심해졌다. 달리기는 계속되었고 아킬레스건의 통증은 잠시 후에 다시 고개를 들지언정 우선은 멈추었다. 나는 힘겹게 달리기를 이어 나갔다. 니나와 테스에게도 쉽지는 않은 길이었다. 녀석들도 나이를 먹었고 그해 달리기를 중단했던 여파가 만만치 않았다. 나에게는 그다지 많은 일이 일어나지 않았다. 그날은 춤추는 사유도 없었다. 그저 고난의 시간만 있었다.

나는 이 달리기를 단 하나의 이유 때문에 기억한다. 10킬로미터 정도에서 우리는 잠시 간식을 먹으며 쉬었다 가기로 했다. 탁 트인 정상 몇 킬로미터 뒤로 삼림지대가 이어졌고, 우리는 등산로 옆의 작은 빈터에 앉았다. 니나와 테스는 지쳐 쓰러졌다.

그런데 몇 분 후 약간의 음식과 물을 먹고 나자 테스가 다시 일어서서 몇 미터를 가다가 니나에게 달려들어 같이 놀자는 신호를 했다. 니나도 마치 며칠쯤 쉬고 난 것처럼 기운차게 일어났고, 둘은 길을 위아래로 달리고 으르렁대면서 서로의 어깨와 목을 물어 대며 장난을 쳤다. 내가 본 것은 환희였다. 니나가 한껏 턱을 벌리고 테스가 껑충껑충 뛰는 모습에서 나는 환희를 보았다. 환희는 내부의 감정만이 아니다. 보는 법만 안다면 곁에서도 보인다.

산 위는 추웠다. 언덕은 눈이 녹은 지 얼마 되지 않았고, 아래 계곡에는 한낮에도 구름이 낮게 드리워져 있었다. 내가 앉아 있는 빈터는 태양 대신 두 녀석의 환희의 온기로 따뜻해졌다. 물론 이전에도 이런 종류의 놀이를 하는 것을 많이 보기는 했다. 사실 거의 매일 하는 놀이이다. 나는 다른 사람의 마음이 어떤지 최대한 짐작하는 수준에서, 녀석들이 이렇게 놀 때 행복하다는 것을 알 수 있었다. 그러나 오늘은 다르다. 녀석들이 느끼는 환희가 어떤 건지 짐작하는 것이 아니라 그냥 보였다.

어떤 들판은 풀로 덮여 있지만, 또 어떤 들판은 에너지로 덮여 있다. 풀밭을 걷기 시작한 우리는 곧 에너지 속으로 빠져들었다. 니나와 테스는 운이 좋아서 수많은 들판을 달렸다. 아일랜드의 보리밭부터 프랑스의 라벤더밭까지 말이다. 들판을 달릴 때 녀석들의 환희는 밖으로 뿜어져 나와 녀석들과 나 사이의 빈터인 넓은 공간에 울려 퍼지곤 했다.

프랑스의 산길에 있는 숲속의 빈터에서 녀석들과 함께 서 있는 나는 환희의 들판에 빠져 하나가 되었다. 이 환희는 비록 보는 방법은 몰랐지만 여러 해에 걸쳐 달려 온 내 달리기에 고루 퍼져 있었다. 무리와 달릴 때, 환희는 밖에서 안으로 스며들어 나를 따뜻하게 한다.

오늘 이 바닷가에서도 마찬가지이다. 환희는 본질적 삶의 가치, 즉 그 자체로 중요한 것이 무엇인지를 인식하는 것이다. 나는 여름철 뛰노는 내 아이들의 환희를 본다. 푸른 물결 위로 퍼져 나가는 환희를 듣는다. 아이들의 환희뿐 아니라 나의 환희도 있다. 이전에는 내부에서 똬리를 틀고 있던 감정이었던 나의 환희가 외부로 자리를 바꾸었다. 내 삶에서 물론 횟수는 너무 적고 기간도 너무 짧았지만, 환희가 이와 같았던 때가 있었다.

느낄 수 있었던 환희가 이제는 보는 것이 되었다. 몇 초의 일이다. 내부에서 외부로의 이 변화는 몇 초 만에 왔다가 사라진다. 그러나 이것이야말로 내 삶의 가장 중요한 몇 초라고 생각한다. 환희의 이런 변화는 사랑이 모습을 드러내는 순간이다. 사랑은 평생 계속될 수도 있지만, 오직 순간 속에서만 완전하게 그 모습을 드러낸다.

내 삶에 젊음을 복원하는 법

사람들은 보통 노화를 이해하지 못한다. 그 해부학 및 생리적 기제를 잘 모른다. 부상은 시간의 파도의 역할을 한다. 부상이 휩쓸고 가면 다시는 이전처럼 강한 상태를 회복할 수 없다. 아마 처음에는 잘 모를 것이다. 그냥 괜찮다고 생각할 것이다. 그러나 근육이나 관절에 자리를 잡은 취약함이 있다. 아무리

재활을 해도 바뀌지 않고, 부상의 시간은 곧 다시 찾아온다.

처음에는 좀 성가신 느낌이 있다가, 또 그런 느낌이 더해지는 식으로 계속 늘어 간다. 컨디션이 100%가 아닌 날이 오지만 그래도 계속 달린다. 그래도 괜찮다. 이런 날들이 점점 더 많아질 것이므로 그럴 수밖에 없다. 단지 인식을 못 했을 뿐, 이미 컨디션은 결코 100%일 수가 없다. 그러나 그럴 수밖에 없기 때문에 계속 앞으로 나아간다.

처음에는 컨디션이 95%일 때 달리다가, 다음에는 90%, 그리고 그다음에는 심장박동 속에서 75%까지 떨어진다. 시간이 갈수록 달리는 거리는 점점 줄어들 뿐이다. 그리고 어떻게 그렇게 되었는지도 모른다. 그저 부상 없이 한동안 지낼 수만 있다면, 이런 성가신 느낌이 없다면, 한 번만 제대로 뛸 수 있다면 다시 예전처럼 돌아갈 것이라고, 운 나쁘게 부상을 당한 지금 이전의 거리와 시간으로 되돌아갈 것이라고 생각할 것이다. 그러나 이것은 오산이다.

노화는 이처럼 운 나쁜 달리기와 같다. 한 번만 제대로 뛸 기회 따위는 다시 오지 않는다. 성가심, 통증, 약함은 계속 누적된다. 그리고 결국 우리는 성가심, 통증, 약함만이 남은 조직으로 전락한다. 아무리 오래 쉬어도 바뀌지 않는다. 다시 뛰면서 잠시 기분이 좋을 수는 있지만, 그 시간은 매우 짧고 어느덧 휴식을 취하기 전의 상태 그대로 복귀한다. 이것이 노화, 제거,

점진적인 소멸의 얼굴이다. 그냥 그런 것이다. 달리기에는 여러 얼굴이 있다. 그중 하나는 겨울 폭풍에 물이 넘어오지 않도록 쌓은 제방이다. 한동안은 막을 수 있겠지만 결국 우리 모두 석호로 되돌아간다.

삶을 발달의 과정으로 보는 것은 일반적인 견해이다. 나이가 들어 가면서 우리는 삶에서 중요한 것이 무엇인지를 알게 된다. 나이와 함께 지혜를 얻고, 그렇게 얻은 지혜를 충분히 철저하게, 능숙하게 사용한다면 삶의 의미를 명확히 알 수도 있으리라. 반면에 젊음은 미성숙의 시간이다. 앞으로 다가올 삶을 위해 준비하는 과정이 핵심인, 존재의 전편이다. 한때 모리츠 슐리크가 말했듯 역설적이게도 "실현의 시간이 가장 고달픈데 비해 준비의 시간은 가장 달콤한 것 같다."

아마도 이러한 역설은 우리가 젊음을 잘못 이해했다는 신호일 것이다. 삶에서 중요한 것은 우리가 향하고 있는 목적지가 아니라 한 사람의 삶에 흩어져 있는 것이며, 외부의 환희가 내부로 들어와 우리를 따뜻하게 하는 그러한 순간들에 있다. 즉 결과가 아닌 활동에, 목표가 아닌 행동 자체에 혼신을 다하는 그런 순간에 가장 근본적으로 존재한다는 것이다. 환희는 그 자체로 가치가 있는 무엇인가를 인식하는 것이며, 한 사람의 삶에서 자명해지는 본질적 가치를 인식하는 것이다. 그러한 환희의 순간은 젊음에서 가장 두드러지게 무리를 지어 나타난다.

아이와 개는 삶에서 중요한 것이 무엇인지를 훨씬 잘 알고
있다. 그들은 삶의 가장 중요한 것들은 그 자체로 가치가 있다
는 점을 알고 있다. 그리고 자체로서 가치가 없는 것은 할 필요
도 없다. 그들은 애쓰지 않고도 본질적 가치를 직관적으로 안
다. 내게는 힘든 일이었다.

긴 세월을 살아온 지금에야 나는 한때 내가 알았음이 틀림없
는 사실을 재발견하게 되었다. 지금도 이 환희를 느끼기는커
녕 이해하기도 어려운 때가 있다. 그런 때는 내가 신의 은총을
잃고 에덴에서 내쳐졌다는 것을 느낀다.

그럼에도 내가 쫓겨난 것이 잠시나마 무효화되는 것을 느끼
는 때도 있다. 한때 슐리크는 '삶의 의미는 젊음'이라고 썼다.
그러나 여기에서 젊음은 시간적인 문제, 즉 생물학적 나이를
말하는 것이 아니다. 얼굴에 주름이 생겼다고 해서 젊음의 정
원에서 쫓겨나는 것이 아니다.

젊음은 행동이 놀이가 되는 곳마다 존재한다. 젊음은 다른
어떤 것을 위해서가 아닌 그 자체로 의미 있는 행동을 하는 곳
마다 존재한다. 젊음은 목표가 아닌 행위 자체에 혼신을 다하
는 곳마다 존재한다. 환희는 본질적 삶의 가치를 인식하는 것
이기에 이런 열정과 함께 환희가 온다. 이것이 우리 모두가 석
호로 되돌아가는 삶이다. 그리고 현세를 구원하는 것은 방법
만 안다면 보일, 그 속에 있는 본질적 가치이다.

삶도 달리기도
선택의
연속이다

기억하라.

달리기를 할 생각만 하면서
하는 일 없이 지낸 뒤의 기분보다
잘 달린 뒤의 기분이 훨씬 좋다는 것을.

사라 콘도르 Sarah Condor

하프 마라톤과 풀 마라톤의 갈림길

대회는 약 8분 전에 시작되었고 나는 이제 겨우 출발선을 통과했다. G 그룹에서 출발하는 것으로 추정되는 총 2만 명 이상의 참가자들 중에서 1만 명 정도는 내 앞에 있었지만, 내 뒤에도 사람들이 많다. 나는 이렇게 계속 유지되기를 바란다. 사람들의 말처럼, 늘 나보다 느린 누군가가 있기를 바라는 것이다.

그러나 오늘은 그런 사람들이 보이지 않았다. 처음에는 발을 끌며 걷다가 이제는 어설픈 조깅으로 출발선을 통과하고, 또 그리고…… 나는 빨리 비스케인 불르바드의 한쪽에 있는 잔디밭을 지나야 한다.

현재까지 종아리는 무탈한데 방광이 문제다. 수분이 부족하면 쥐가 나기 쉬워 근육 파열의 위험도 커진다. 그 때문에 나는 새벽 4시에 기차를 타서 오전 6시 15분에 출발하기 전까지 게토레이를 여러 병 마셔 두었다. 지금까지는 계획대로 착착 진행되었기에 오늘 좋은 결과가 있을 거라는 기대감에 부풀어 있었다.

선두 그룹에서 출발하기로 되어 있었는데, 대회 시작 전 마지막으로 이동식 화장실을 가려고 보니 줄이 너무 길었다. 어쩔 수 없이 메트로-데이드 경찰이 버젓이 보고 있음에도 불구하고 베이프론트 공원에서 해결해야 했다. 다른 때 같았으면 최악의 경우 테이저건taser gun(권총형 전기충격기—옮긴이)으로 나를 제재했을지 모른다. 출발선 옆에 있는 조그마한 잔디밭에는 나 말고도 남녀 참가자 1백여 명이 서 있다. 모두 30분 이상은 선두 그룹에 속해 있었고, 나와 같은 문제 때문에 출발이 늦어진 듯했다.

일을 해결하고 나서 다시 돌아오니 맥아더 코즈웨이로 가는 가벼운 오르막길이 기다리고 있었다. 지금 벌써 내가 계획한 최대 페이스에 거의 도달했다. 시속 약 8.8킬로미터라는 어마어마한 속도이며, 첫 난관을 지나는 현재까지 종아리는 안녕하다. 맥아더 코즈웨이의 초입은 전체 코스 중 가장 경사가 심한 비탈이다. 걸어서 올라가는 사람도 있는데, 사실 현명한 선택이다. 달리기로 시간을 아끼는 것보다는 약 32킬로미터를 넘어서는 시점부터 결정적으로 필요하게 될 에너지를 아껴 두는 편이 나중에 훨씬 더 이롭다.

나는 뛰어 올라가는 것은 전혀 개의치 않았다. 내 문제는 그들과는 달랐다. 나는 반대쪽에서 달려 내려가는 것을 원하지 않았다. 종아리는 내리막길에서 하중을 더 많이 받기 때문이다. 그리고 내 기나긴 종아리의 질곡도 내리막길 때문에 시작되었다. 맥아더 코즈웨이의 완만한 비탈과 킨세일의 깎아지른 언덕을 비교하기란 물론 불가능하다. 그러나 가장 최근의 종아리 문제는 운하를 지나는 경사도 거의 없고 짧은 비탈길을 달려 내려오다가 생겼다. 그래서 최대한 조심해야 한다. 또다시 시작되려 한다는 것을 알기 때문이다.

금요일에 마라톤 물품을 받아간 이후부터 코스 비디오를 강박적으로 꼼꼼히 체크하면서, 이 부분은 걸어 내려올 것을 미리 계획했다. 그리고 계획대로 했다. 비탈만 잘 넘기면 종아리도 문제없고 다 잘 될 것이다. 최소한 종아리는 무사할 것 같은 기분이 들겠지. 평소 몸 상태와 체력으로 42.195킬로미터를 달릴 수 있느냐는 또 전혀 다른 문제이다.

내가 볼 때, 나는 이미 투 스트라이크이다. 먼저 훈련량이 심각하게 줄어들었다. 제대로 해낸 훈련은 초보 마라토너의 권장 훈련 기간의 절반밖에 안 되었고, 지난 두 달간은 아예 달리지도 못했다. 둘째, 나는 달리기를 잘하지 못한다. 타고난 적성도 없다. 따라서 할 수 있는 것은 똑똑하게 달리는 것, 즉 최소한 전반부에는 극도로 조심하는 것밖에 없다.

그래서 2시간 30분 가량 페이스메이커 뒤에서 뛰기로 했다. 사실 이는 계획에 없던 일이다. 대회 시작 전에는 페이스메이커라는 것이 있는 줄도 몰랐을뿐더러, 그들이 친절하게도 목표 시간을 나타내는 표지판을 들고 전 코스를 뛰어 준다는 것도 몰랐다. 정말 대단한 생각이 아닌가? 처음 이 제도를 창안한 사람은 성자의 반열에 올라야 마땅하다.

나는 '2.30'이라고 쓰인 표지판 뒤에서 최대한 편안하려 애썼고, 이제 내 계획은 전반 21킬로미터를 이 그룹에서 완주하는 것이 되었다. 사우스 비치로 들어서면서 내리막길이 또 나타나는 맥아더 반대편에서 이들을 잠시 놓쳤는데 이곳 역시 나는 걸어 내려갔다. 그러나 조금 더 속도를 내어 그룹을 찾았고, 그 다음부터는 무리하지 않고 갔다.

4.8킬로미터 표시 이후부터는 매 약 1.6킬로미터마다 하나씩 있는 급수대가 보일 때마다 게토레이를 네 잔씩 마셨다. 편안하게 달리면서 과정을 즐겼다. 사우스 비치에 들어서자, 높은 스카이라인 위로 황금빛 약속처럼 아침 해가 솟아오르는 것이 보였다. 나는 편안해지면서 흥분되고 기뻤다.

마이애미에 4년째 살고 있지만, 바, 레스토랑과 나이트클럽이 즐비한 이곳 사우스 비치는 예외 없이 저녁 6시 취침 시간을 엄수해야 할 애 둘이 딸린 엄한 부모인 내가 거의 찾을 일이 없는 곳이었다. 사실, 마이애미 기준으로는 매우 추운 18℃의 화창한 아침 7시에 오션 드라이브를 달려 올라가면서 나는 이번이 세 번째가 아닌가 꼽아 보았다.

거리에는 많은 사람들이 웃으면서 늘어서 나까지 포함해 주자들을 향해 소리를 지르고 있었다. 분명 그것은 격려의 소리였다. 미국인들은 격려받기를 좋아하며, 그 소리는 클수록 좋다. 하지만 영국인인 나는 좀 불편하다. 나더러 어쩌라는 거지? 그냥 무시해도 된다. 하지만 무례하고 배은망덕하게 보일 것이다. 힘찬 환호를 보내는 모든 이들에게 이를 드러내고 감사의 미소를 날릴 수도 있다. 약간 손도 흔들고 심지어 하이파이브까지 할 수 있겠지.

하지만 그건 달리기에 방해가 되고 부담스럽다. 나는 내 상황에 충분히 만족한다. 속도를 좀 더 높여서 이 어색한 구간을 최대한 빨리 지나가고 싶은 유혹이 든다. 보폭을 늘려서 이 불편한 느낌에서 얼른 도망가고 싶다. 그러나 그러면 나중에 큰 낭패를 본다는 것을 알기에, 첫 번째 선택대로 한다. 무례하고 배은망덕하게 호흡과 다리에 집중하며 달리기로.

아직 영업 전이라 오션 드라이브를 따라 즐비한 카페와 레스토랑들이 텅 비어 있다. 올라가면서 동쪽으로 내가 모르는 길들이 보인다. 링컨 로드를 지나 북쪽으로는 처음 보는 거리들이 더 많았다. 그다음 나타나는 베네치안 코즈웨이는 비치에서 벗어나 다시 시내로 연결되는 코스이다. 이것은 산재한 작은 섬들을 지나는 짧은 다리들이 이어진 것이다. 왼쪽으로는 하프와 풀코스의 골인지가 있는 비스케인 불르바드를 따라 늘어선 높은 호텔들이 보인다.

벌써 약 12.8킬로미터를 뛰었고, 8킬로미터 정도 더 가야 하프 마라톤이 끝난다. 두 명의 페이스메이커가 있는데 모두 정말 잘하고 있다. 시계가 약 2시간 20분을 가리키고 있는 지금 나는 약 20.5킬로미터 표시선에 왔다. 이제 결정을 내려야 한다. 하프로 끝내도 된다. 신청은 풀로 했지만 지난 9월에 유사 통풍 증상도 있었으니 하프로 끝내는 것도 가능한 옵션이다. 상황이 상황인지라, 나는 하프만 끝내도 주최측이 완주 메달을 줄지 모른다.

내 컨디션을 잠시 살펴보니 애매하다. 일단 지쳤다. 이건 뭐 빼도 박도 못한다. 물론 뼛속까지 지친 건 아니다. 아직 힘은 좀 남아 있지만, 남은 약 21킬로미터를 모두 견딜 만큼인지는 확신이 서지 않는다. 그러나 나는 이 의식적인 평가가 정말 나의 의식이 하고 싶어 하는 놀이인 딴청 부리기는 아닌지 의심스럽다. 내 종아리나 다리가 완전히 나가 버리지 않는 한, 계속 풀코스를 시도할 것을 마음 속 깊은 곳에서부터 알고 있었다. 나는 그저 알고 싶다. 나를 무너뜨리는 것이 무엇인지를.

여기서 중단하면 나는 다음 한 주간 비굴한 소심함을 이기지 못한 나를 저주하며 지내리라. 한 주 내내 '만약 내가 달렸더라면?'이란 질문을 계속 던지며 괴로워할 것이다. 만약 시도하고 실패한다면, 즉 남은 21킬로미터를 달려 보고 내 능력을 벗어난다는 것을 알게 된다면, 최소한 나는 최선을 다했다는 것은 알고, 정확히 내 능력의 한계가 어디까지인지도 알게 되는 것이다. 가끔은 아는 것만으로도 충분하다.

왼쪽 레인은 이제 하프 마라톤 골인지를 향해 꺾어지기 때문에 나는 오른쪽 레인을 따라 계속 달려 내려갔다. 반대편 레인은 환호로 넘쳤다. 하프 마라톤 골인지는 주먹을 쥐고 팔을 들어올리며 기뻐하는 완주에 성공한 주자들과, 이들을 얼싸안은 친구와 가족들의 기쁨에 넘친 환호성으로 시끌벅적했으며 다들 표정은 환희로 가득했다. 풀코스 레인은 거의 텅 비다시피 해서 적막했다. 구원이라기보다는 저주받은 길 같았다.

나는 아내와 짧게 전화 통화를 했다. 내 휴대폰은 이번 대회를 위해 특별히 준비한 러닝 벨트에 달려 있었다. 전화를 해서 아내에게 한두 시간 더 걸릴 테니 그때까진 번거롭게 나오지 말라고 했다. 전화를 끊고는 4번가 다리를 건너 내 운명의 길을 계속 달렸다.

'데카르트기'에서 '흄기'로

이번 마라톤을 위해 특별히 훈련을 하지는 못했다. 그러나 장거리 달리기 경력은 여러 해 있다. 12월 초에 약 32킬로미터를 달렸고, 지난 여름 프랑스에서도 했다. 그때도 많이 달리지는 못했지만 그래도 32킬로미터 정도는 달렸다. 앨라배마에서 보낸 젊은 시절부터 하다 말다를 반복하긴 했어도 어쨌든 계속 달렸다.

나와 함께 달린 무리가 젊었을 때는 체력 소모가 필요했기 때문에 나는 먼 거리를 강도 높게 달렸다. 가끔은 녀석들이 아침부터 벽을 타고 껑충껑충 뛰며 나를 깨웠고, 그럴 때면 나는 오늘도 32킬로미터는 가볍게 뛰어야겠구나 생각했다. 녀석들이 나이가 들어 가면서, 그 강도가 점점 약해져 하루 8킬로미터를 천천히 뛰는 정도가 되었다. 그다음은 가볍게 산책을 하다가, 녀석들이 죽으면 또 무리는 어려지고 주기도 다시 시작되었다.

비록 중간에 끊어지기는 했지만 20년에 걸친 내 달리기 역사가 오늘의 대회에 도움이 될 것이 틀림없다고 나는 스스로를 위로했다. 하지만 얼마나 도움이 될지는 오늘 내가 달려 봐야 알 일이다.

달리기를 처음 하거나 오랜 공백기 후에 다시 시작하면 내가 아주 최근에 17세기 프랑스의 철학자 르네 데카르트를 따서 '데카르트기期'라고 이름 붙인 시기에 해당하는 여러 사건들이 발생하게 마련이다. 데카르트에 따르면 뇌까지 포함하는 육체는 다른 물질적인 대상과는 상세한 구조만이 다를 뿐 하나의 물질적인 대상이다. 그러나 데카르트가 동의어로 사용한 정신, 영혼, 지성 혹은 자아는 전혀 다르다. 정신은 물질적 대상이 아니며 물질적 대상과는 다른 실체로 구성되어 있고 그 작용 법칙도 다르다. 그 결과로 정립된 데카르트의 이원론은 인간을 물질적인 육체와 비물질적인 정신이라는 전혀 다른 두 요소의 결합체로 본다.

데카르트기와 나의 인연은 여러 해를 거슬러 올라간다. 오늘은 지금 처음 나타난다. 나중에도 아마 22.5킬로미터 표지판을 지나고부터는 계속 나타날 것이 분명하다. 24킬로미터까지만 가자고 내 다리를 달래 본다. 거기서부터는 좀 걸어 줄 테니 제발. 그러나 약 32킬로미터의 장거리 달리기를 다시 훈련하기 시작했던 지난 11월처럼 내가 거짓말을 하고 있다는 것도 잘 안다. 장거리 달리기를 하면서 걷는 것은 상관없다. 비록 다른 사람들은 좋은 방법이 아니라고 하겠지만, 최소한 내 경우는 그럴 수밖에 없다.

꺼림칙할 만큼 훈련이 되어 있지 않은 상황에서 마라톤을 꼭 해야 한다면, 경주 중간중간 조금씩 걷는 기간을 의도적으로 두는 것도 한 가지 방법이다. 예를 들어, 주자는 20분을 달리고 5분을 걸을 수 있다. 사실 이것은 금요일에 마라톤 물품을 가지러 왔을 때 들은 조언이다. 혹은 5분을 달리고 1분을 걸어도 된다. 어떤 사람들에게는 이것이 완벽한 조언이 되겠지만, 나한테는 안 맞는 것 같다. 나는 그러기에는 절제력이 너무 없다. 나에게 걷는 것은 너무 중독성이 강하다. 지금 걷기 시작한다면, 아마 다시는 달리지 못할 것이다. 언젠가 걷지 않을 수 없는 시점이 올 것이다. 그러나 그 시점을 최대한 미루어야 한다.

그래서 22.5킬로미터 표지판을 지난 어느 시점에서 거짓말이 시작된다. 거짓말을 하는 주체는 누구이고, 대상은 또 누구인가? 분명히 내 정신이 육체에게 거짓말을 하고 있는 것 같다. 고통스러운 것은 내 육체이고 확신이 필요한 것도 내 육체이다. 그러나 둘이 서로 다른, 분리된 것이 아니라면 어떻게 내 정신이 육체에게 거짓말을 할 수 있겠는가? 이런 종류의 직관이 바로 데카르트가 그의 이원론을 정립하게 된 근거이다.

나는 어떤 면에서는 이러한 이원론적 직관이 놀랍다고 생각한다. 철학을 업으로 하면서 나는 이원론적 직관을 무시했다. 데카르트의 이원론은 수많은 경험론적, 논리적 문제들의 공격을 받았다. 오늘날은 한 존재의 육체와 정신이 분리된 것으로 보는 사람은 거의 없다. 여러 세대에 걸쳐 철학자들이 이원론에 대한 반론을 정립하는 것을 업으로 삼아왔지만, 기계 속의 유령(20세기 심리철학자인 길버트 라일Gilbert Ryle이 데카르트의 심신이원론을 비꼬아 한 말―옮긴이)처럼 강력한 비난의 표현을 생각해 내지 못했다.

데카르트가 옳을 수는 없다. 나도 그건 안다. 그러나 가끔 장거리 달리기를 할 때는 이야기가 달라진다. 오류가 있건 없건, 이원론적 직관이건 데카르트적 명상이건, 이는 시작에 불과하다. 영혼의 환상은 그저 장거리 달리기의 한 방식에 불과하다.

곧이어 데카르트기는 보통 나의 오랜 친구인 춤추는 사유의 단계에게 자리를 내어 준다. 이 단계도 어떤 철학자의 이름을 따서 세례명을 붙일 수 있겠다는 생각이 든다. 이것은 달리기의 흄기期로, 18세기 스코틀랜드 철학자 데이비드 흄David Hume의 이름을 딴 것이다.

그의 저서 《인간 본성에 관한 논고》에 다음과 같은 유명한 말이 나온다. '내가 나 자신이라고 부르는 가장 친밀한 것에 들어설 때마다 나는 언제나 특별한 뜨거움 또는 차가움, 빛 또는 그림자, 사랑 또는 증오, 고통 또는 쾌락에 대한 인식과 같은 것을 만난다. 나는 이런 인식 없는 나를 발견하는 경우가 결코 없으며 오직 그런 인식 외에는 무엇도 관찰할 수 없다.' 흄이 말하는 '나 자신이라고 부르는 가장 친밀한 것에 들어설 때'는 오늘날 우리가 말하는 자아성찰이다.

자아성찰을 할 때, 즉 관심을 외부에서 내부로 돌릴 때, 무엇을 발견하는가? 흄은 사유, 감정, 정서, 감각 등을 발견한다고 주장했고, 나 역시 그가 옳다고 생각한다. 자신의 내면을 돌아볼 때 자신이 생각하는 것, 느끼는 것 등을 만나게 되는 것이다. 사유, 감정, 정서와 감각을 종종 정신의 상태라고도 한다. 결코 정신이나 자아를 '정신의 상태'와 분리된 것으로 만날 수는 없다는 것이 흄의 논점이다. 혹은 이렇게도 표현할 수 있다. 정신이나 자아를 만나는 유일한 방법은 그 다양한 상태를 만나는 것이다.

나는 데카르트기와 흄기가 각기 다른 이유로 흥미 있는, 달리기의 분리된 단계라고 생각하곤 했다. 그러나 이제는 더 포괄적인 패턴이 있다고 생각하기 시작했다. 데카르트기와 흄기를 더 큰 과정인 자아의 해체 과정에 속한 것으로 보는 것이다.

나는 내가 이 달리기를 2시간 반 전에 어떻게 시작하게 되었는지 다시 생각해 본다. 그때 나는 철저히 체화된 자아였다. 나는 아이팟 나노로 설라이버의 〈클릭클릭붐 Click Click Boom〉, 레이지 어게인스트 더 머신의 〈킬링인더네임 Killing in the Name〉(32킬로미터를 넘어가면서부터는 '닥쳐, 난 네가 시킨 대로 절대 안 해' 같은 가사를 듣지 않고는 견딜 수가 없다), 키드 록의 〈바윗다바 Bawitdaba〉(불경한 말로 가득한 라이브 버전으로 특별히 준비해 갔다) 그리고 남성 호르몬이 극대화된 베토벤의 피아노 협주곡 5번 〈황제〉의 3악장까지 적당히 분노감을 터뜨리는 음악들을 볼륨을 한껏 높여 듣고 있었다.

내 신체의 자각은 종아리에 뭔가 조금이라도 말썽이 생기지 않을까 잔뜩 날이 서 있었다. 별 탈 없을까? 파열되진 않겠지? 종아리뿐 아니라 몸 전체에 이상이 올까 봐 긴장감을 늦출 수 없었다. 종아리의 이 느낌은 뭐지? 아킬레스건의 이 통증은 또 뭐야? 왜 허리까지 아픈 거지? 달리기를 시작하고 초기의 나는 움직이는 정신과 육체가 분리되지 않는 결합체이다. 나는 스피노자가 상상했던 자아이다.

그러나 데카르트기에 들어서면 이 고조된 신체의 자각은 사라진다. 육체는 내가 경험한 세상의 중심이 되기는커녕, 지키지 못할 약속을 믿는 어리석은 사람처럼 대략 없어도 되는 것쯤으로 전락한다. 이제 나는 지키지 못할 약속을 하는 거짓말쟁이 영혼이 되었다. 이것이 자아가 축소되는 첫 번째 단계이다. 체화된 자아는 탈육체화된 자아가 되었다. 육체는 더 이상 나의 일부도, 본질도 아니다. 그저 움직임을 위한 도구일 뿐이다. 자신을 주인으로 표현함에도 불구하고, 데카르트의 영혼의 위치는 위태롭다. 육체는 그 계략을 꿰뚫거나, 다른 이유로 복종을 멈출 수 있다. 주인은 금세 노예가 될 수 있다. 데카르트적, 혹은 탈육체화된 자아는 문제의 소지를 내포하고 있다.

흄기에서 자아는 더 멀리 달아난다. 장거리 달리기에서 데카르트기는 육체가 일정 조건만 만족하면 원하는 대로 허락해 주는 식으로, 물질적이지 않은 자아가 달리기를 하는 느낌이 드는 것이 특징이다. 그러나 흄기에 들어서면 통제하는 자아는 내 눈앞에서 사라지기 시작한다. 흄기에는 분명한 정신이나 통제자 또는 사고자가 없다.

실제로 나는 갑자기 나타났다가 또 홀연히 사라져 버리는 사유에 매료된다. 더 이상 표리부동한 주인은 없다. 내게 남은 자아는 내 정신이 있어야 할 텅 빈 푸른 하늘에서 춤추는 사유뿐이다. 내 정신은 그저 사유가 잠시 형상으로 나타난 것뿐이다. 자아는 춤이다. 그 이상도 이하도 아닌 춤이다.

이제 나는 장거리 달리기에서 자아가 독립된 부분이나 단면

들이 아나라 스피노자의 체화된 형태에서 시작되어 데카르트의 탈육체화를 거쳐 흄의 춤추는 사유로 점진적으로 변화하는 과정으로 나타나는 것을 본다.

장거리 달리기가 꼭 이런 식일 필요는 없다. 이런 단계가 모두 나타날 수도 있고, 하나도 나타나지 않을 수도 있다. 흄기에 도달했다고 해도, 너무나 빨리 나타나고 금세 사라져 버린다. 그러나 달리기는 이런 식으로 나타날 수 있다. 그리고 이렇게 나타날 때 나는 이제 내가 달리고 있는 경로를 이해한다. 이어지는 단계마다 달리기의 뛰는 심장 속으로 더 깊이 빠져든다. 그리고 이 심장박동과 호흡하는 숨결 속에서 나라는 자아는 증발한다.

'사르트르기'의 신세계

24킬로미터 표지판이 보이지 않아 적잖이 걱정되었다. 저주받은 레인을 선택하고 난 후 첫 1.6킬로미터는 놀라우리 만큼 수월해서 거의 즐거울 지경이었다. 어쩌면 완주할 수 있을지도 모르는 코스를 달리기 시작하면서 긴장한 탓에 아드레날린이 분출된 것이다. 그러나 이제는 22.5킬로미터 표지판처럼 아드레날린도 한참 전의 이야기가 되었고, 여전히 24킬로미터 표지판은 나타날 생각도 하지 않고 있다.

지난번 표지판 이후로 나는 심히 지쳤고, 사타구니와 허벅지 윗쪽의 통증이 시작되고 있다. 내 이럴 줄 알았지. 나는 벨트에 넣어 온 이부프로펜 두 알을 입에 넣고 카페인이 함유된 탄수화물 젤인 GU 한 병을 빨아 마셨다. 하프 코스를 달릴 때까지는 무의식중에 마치 비상시에 대비라도 한듯 준비한 네 팩의 GU에 손도 대지 않아 다행이었다.

초반에는 종아리 통증이 오지 않아 풀코스를 완주할 거라고 생각했지만, 지금은 달려온 거리가 먼 만큼 남은 거리도 멀어 오도 가도 못하는 난감한 지경에 이르렀다. 이제 이 문제를 준엄하게 내 사유의 앞에 놓고 심판해야만 한다. 이 정도까지 왔다면 고비가 올 것이다. 나는 지금 코코넛 그로브의 이름 모를 뒷길을 달리고 있다. 그로브 시내까지만 가서 코코워크의 가게들을 보고 다시 한번 비스케인 만의 맑고 푸른 물을 볼 수 있다면 안심이 될 것이다. 아마도.

오늘 대회에서는 이미 데카르트기와 흄기를, 그것도 여러 번 거쳤다. 놀라운 일은 아니다. 그러나 다음 단계는 정말 예상 밖의 일이었다. 스피노자기, 데카르트기와 흄기가 단계적으로 나타나는 것이 자아의 해체 과정의 전부이고, 그중 흄기가 정점이라고 생각했다. 그런데 아니었다. 지금, 이전까지 경험해 보지 못했던 달리기의 단계를 경험하고 있다.

사실 존재하는지도 몰랐던 단계이기에 처음에는 너무 놀라서 이름을 붙일 경황조차 없었다. 그러나 불가사의하게도 오늘은 작명신이라도 강림한 것 같다. 새로운 단계가 시작되자 프랑스의 실존주의 철학자 장 폴 사르트르Jean-Paul Sartre의 이름을 따 '사르트르기期'로 해야겠다는 계시가 내렸다. 근본적으로 사르트르기는 자아의 축소에서 더 진전된 단계이다.

흄기에는 사유와 그 주체를 구분할 수 없다. 그럼에도 불구하고 이러한 사유를 나 자신과 동일시하고픈 욕망을 느낀다. 나는 더 이상 춤추는 사람은 아닐지 모르지만, 최소한 아직까지는 춤 그 자체이다. 나는 아직까지는 무엇이다. 이 감정은 끈질기다. 그러나 이것은 달리기의 사르트르기가 시작되는 시간과 장소에서 멈춘다. 스피노자기에서 데카르트기를 거쳐 흄기까지 오는 동안 자아는 육체와 정신의 연장선에서 정신으로, 그다음은 다시 사유로 축소된다.

사르트르기에는 정신이 사유에서 무無로 더욱 축소된다. 사르트르기라는 것을 처음 경험하는 나는 이러한 사유들이 나의 일부가 전혀 아님을 알게 된다. 그것들은 한치의 오차도 없이 단호하게 나의 외부에 존재하는 초월적 대상이다. 그리고 서서히 입술에 번지는 미소처럼 이것이 이 코스를 완주할 수 있는 나의 능력을 말해 주는 결정적인 단서임을 깨닫기 시작한다. 이러한 사유들은 나를 통제할 수 없다.

나는 지쳐 가고 있고 그것은 어찌할 수 없는 사실이다. 22.5

킬로미터 표지판을 지났지만 아직도 24킬로미터 표지판이 보이지 않는다. 통증이 오고 있다. 이 통증은 여전히 미미하지만, 분명 더 악화될 것이다. 아직은 견딜 만하지만 통증은 곧 다음 단계로 넘어갈 것이다. 멈추거나 최소한 잠시라도 걷고 싶은 충동에 사로잡힌다. 어느 수준에서는 둘 다 하면 좋을 것 같다. 피로와 욕망은 내가 멈출 수도 있는 이유이다.

그러나 지금 갑자기 드는 생각이 아니라 서서히 커지는 하나의 비밀스러운 속삭임을 깨닫는다. 1.6킬로미터를 11분에 달리는, 거의 터벅터벅 걷다시피하는 내 다리를 멈추게 만들 이유는 하나도 없다는 걸. 나는 가능한 한 모든 이유를 다 끌어모아서 멈추어야 할 합당한 근거를 세워 보고자 했지만 역부족이었다. 세상에 존재하는 모든 멈추어야 할 이유들이 여전히 계속 뛰어야 할 이유와 팽팽히 맞선다.

내 다리는 이 와중에도 계속해서 기계적으로 앞으로 나아가고 있다. 어떤 이유도 나의 달리기를 멈출 수 없다. 그런 측면에서 나는 자유롭다. 솔직히 말해 이것은 내 나이에서 가능한 가장 순수한 자유의 경험이 아닐까 한다.

의식의 특성에 관한 사르트르의 고전적 연구에서, 그는 난해하기 짝이 없는 한 가지 놀라운 주장을 펼쳤다. 그는 이렇게 썼다. '모든 의식은 무엇인가에 대한 의식이다. 즉, 초월적 대상

의 정립定立(의식이 어떤 대상을 자신의 목표물로 놓는 행위—옮긴이)
이 아닌 의식은 없다. 달리 말하면 의식에는 내용이 없다.' 의
식에는 내용이 없고 그 속은 텅 비어 있다. 의식은 마치 그 속
에 들어가는 물건을 통해서만 존재의 의미를 부여받는 텅 빈
작은 주머니 같다. 내가 의식을 하는 한, 나는 아무것도 아닌
것이다. 그리고 아무것도 아니기에 나는 자유롭다.

  의식은 언제나 무엇인가에 대한 의식이라는 말은, 예를 들어
내가 24킬로미터 표지판이 이렇게 멀리 있을 수 없다고 생각
할 때 내 생각은 표지판과 나로부터 그 표지판 사이의 거리에
대한 것이 된다. 만약 내가 고개를 들어 표지판을 본다면, 24킬
로미터라는 거리와 경과 시간을 표시하는 전광판이 보일 것이
다. 시각적으로 의식하는 것은 전광판이다. 의식의 상태인 사
유, 믿음, 기억, 지각 등은 언제나 무엇인가에 대한 것이다. 사
르트르는 철학자들이 지향성intentionality이라고 부르는 대상을
지향하는 특성aboutness이 의식의 핵심이라고 생각했다.

  그러나 아무것이나 의식의 대상이 되지는 않는다. 최소한 의
식의 상태는 무엇인가에 대한 것은 아니다. 의식의 대상이라
는 표현은 내가 알거나 인식하는 그 무엇인가를 의미할 뿐이
다. 내가 보거나 생각하는, 혹은 바라거나 욕망하는 대상인 것
이다. 내가 24킬로미터 표지판을 생각하거나 볼 때, 그것은 사
르트르의 입장에서는 내 의식의 대상이다. 표지판은 무엇인가

에 대한 것처럼 보일 수 있다. 그것은 내가 출발선으로부터 달려온 거리이며, 그 거리를 달려오는 데 소요된 시간이다.

그러나 이것은 인간, 특히 이 경우에는 인간 주자들이 그렇게 해석하기 때문이다. 그 자체로는 전광판에 찍힌 빛의 조합일 뿐이다. 빛의 조합이건 종이에 찍힌 잉크건, 우리에게는 특정 패턴을 특정 숫자 및 글자와 연관시키는 언어 및 수학적 관례가 있다. 그 근거는 인간과 인간의 해석 능력 및 관례이다. 전광판에 찍힌 빛의 패턴이 뜻하는 것은 내가 2시간 50분 만에 24킬로미터를 달렸다는 것으로, 최소한 이것은 내가 실제로 거기에 도착했을 때 그렇게 나타나기를 원하는 것이다. 그러나 그 자체로 이러한 빛의 집합은 아무것도 의미하지 않는다.

달리 말해 24킬로미터 표지판은 출발선에서부터 달려 온 거리와 시간을 의미하지만 그것은 어디까지나 파생된 의미, 즉 우리의 언어적 관례에서 파생된 의미인 것이다. 그리고 언어적 관례는 의식에서 파생된다. 우리의 사유, 믿음, 욕망, 희망, 두려움, 기대와 같은 의식의 상태는 이렇지 않다.

24킬로미터 표지판이 이렇게 멀리 있을 수 없다는 내 생각은 나 또는 다른 누군가가 그렇게 해석했기 때문에 표지판과 나로부터 그 표지판 사이의 거리에 대한 것이 아니다. 생각은 본질적으로 무엇인가에 대한 것이다. 그리고 나의 다른 의식의 상태도 마찬가지이다.

사르트르는 어떠한 의식의 대상도 파생된 의미로서의 대상에 국한된다고 주장했다. 의식이 무엇인가에 대한 것이라면 바로 '그 무엇인가'가 무엇인지는 우리가 이를 어떻게 해석하는가의 문제이다. 여기서 정말로 논란의 여지가 있는 부분이 나오는데, 바로 의식의 대상이 정신적인 것일 때에도 마찬가지라는 것이다.

내가 눈을 감고 24킬로미터 표지판을 떠올리기 시작한다고 가정해 보자. 나는 표지판 혹은 내가 표지판이라고 생각하는 것의 이미지를 형상화한다. 나는 이미 이런 이미지를 알고 있기에 그 형상화된 이미지는 사르트르가 말한 의식의 대상이다. 이 이미지는 분명히 24킬로미터 표지판에 대한 것 같다. 그러나 사실은 내가 그렇게 해석하기 때문에 24킬로미터 표지판에 대한 것일 뿐이다.

그 자체로 볼 때 그 이미지는 그냥 무엇인가일 뿐이다. 24킬로미터 표지판을 의미할 수도 있고 그저 일반적인 무언가를 나타내는 표지판일 수도 있다. 혹은 사람들의 주의를 끌도록 전광판 위에 찍힌 숫자로 표현될 수도 있다. 원칙적으로 이런 이미지는 무한한 종류의 대상이 될 수 있다. 그 의미를 고정하여 다른 것이 아닌 단 하나의 무언가가 되게 하려면 해석이 필요하다. 그러므로 이것은 그 자체로는 무엇도 아닌 것이다. 그것이 지향하는 대상은 그것을 해석하는 의식을 통해서만 의미를 가지게 된다. 모든 의식의 대상, 즉 우리가 지각하는 모든 것이 무언가를 의미하려면 해석이 필요하다. 따라서 그들은 본질적으로는 무엇도 아니다.

의식은 본질적으로 어떤 대상에 대한 것이다. 물질적 혹은 정신적인 의식의 대상은 본질적으로는 무엇도 아니다. 따라서 사르트르는 의식의 대상은 의식의 일부가 될 수 없다고 결론 내린다. 의식의 대상이라는 표현은 그저 내가 인지하는 것이라는 점을 기억해야 한다.

만약 사르트르가 옳다면 내가 인지하는 어떤 것도 내 의식의 일부가 될 수 없다. 그리고 내가 의식을 하는 동안은 내가 인지하는 것은 무엇도 내 일부가 될 수 없다. 그것은 내게 있어 어떤 대상, 즉 내가 어떤 방식으로든 해석할 수 있는 어떤 것이겠지만 내 일부는 될 수 없다.

사르트르가 "의식과 의식되는 것을 말해 보라"고 질문한다고 가정해 보자. "바로 이것이다!"라고 말할 때, 이는 어떤 사유, 경험, 감정이나 감각을 정신적으로 지칭하는 것으로 내 의식의 대상이 된다. 사르트르에 따르자면 이는 결코 내 의식의 일부는 아니며, 물론 내 일부도 아니다. 온 세상이 나의 외부에 있다. 왜냐하면 세상은 내가 인지하는 것들 혹은 최소한 관심을 충분히 쏟는다면 인지할 수 있는 것들의 총합과 다르지 않기 때문이다. 따라서 의식은 아무것도 아닐 수 있다.

그러므로 사르트르는 의식이 세상을 향한 순수한 지향성이라고 결론 내리며, 한때 이를 '세상을 향해 부는 바람'이라고 표현하기도 했다. 의식은 아무것도 아닌 것들을 향한 지향성인 것이다. 이러한 관점에서 볼 때 데카르트의 오류는 의식을 하나의 대상으로 본 것이었다. 물론 비물질적 대상인 정신적 실체로 특별 대우하기는 했지만 말이다.

현실에서 의식은 대상이 아니다. 그것은 아무것도 아니다. 흄의 오류는 사유, 감정 등 내가 인지하고 있는 정신적 상태를 나의 일부로 본 것이었다. 그러나 그렇지 않다. 그것들은 나의 외부에, 내가 바꿀 수 없는 나와는 전혀 상관없는 것들로 존재한다.

아무것도 나를 멈추게 할 수 없다

내가 달리기를 중단해야 하는 모든 이유는 내 일부가 아니기 때문에 나를 강제할 수 없다. 그 이유들은 내가 인지하기 때문에 내 일부가 아니다. 내가 인지하기 때문에 그것들은 본질적으로 무엇에 대한 것도 아니다. 그것들의 의미는 그 자체에 내재하는 것이 아니다. 어떤 의미를 가지든, 그것은 내가 부여해 주어야 한다. 그리고 어떤 의미를 부여할지는 내 선택이다.

이것이 사르트르의 기념비적인 초기 베스트셀러 《존재와

무》의 핵심 논지이다. 600페이지에 걸쳐 사르트르는 의식은
텅 비어 있다는 논리를 전개하고 있다. 나는 이전에도, 또 24킬
로미터 표지판을 찾아 고통과 분노의 사투를 벌이고 있는 오늘
까지도 사르트르를 이해하지 못했다.

　그중 한 가지 이유는 내가 아는 것이다. 만약 내가 그것을 모
른다면 그것은 이유가 아닌 원인이리라. 그러나 내가 이유를
안다면 그것은 내 의식의 일부가 아니다. 내가 인지하는 것인
이유는 무엇이든 될 수 있다. 그리고 그 이유가 다른 것이 아닌
바로 그 의미를 가지려면 내가 해석을 해야 한다. 그리고 이것
은 어떤 이유도 나에게 특정한 일을 하도록 꼭 집어 강요할 수
없다는 뜻이 된다.

　이유가 내 행동에 시사하는 바는 바로 그 이유의 의미이다.
그리고 이유는 내가 인지하는 것이므로 그 의미는 내가 부여해
주어야 한다. 그러므로 내가 가진 이유와 내가 하는 행동 사이
에는 항상 간극이 존재하며, 이유 자체에는 이 간극을 메울 수
있는 것이 없다. 바로 이 간극에 자유가 있다.

　나는 내 이유가 나를 강제할 수 없으므로 자유롭다. 그래서
나는 오늘 22.5킬로미터 표지판을 지난 이 시점에서 처음으로
이유와 행동 사이의 간극을 제대로 이해하게 되었다. 내가 가
진 모든 이유와 내가 하는 모든 행동 사이에는 언제나 간극이
존재해 왔지만, 이 난해한 논리가 비로소 생생하고 경험적인

확인을 받는 것은 특히 길고도 힘든 오늘의 달리기에서이다.

대회의 남은 코스를 달리는 매 발걸음은 나의 선택이다. 선택은 이유에 따르지만, 이제 나는 어떤 이유도 나에게 선택을 강요할 수는 없다는 것을 알고 있다. 이유와 그에 따른 선택에는 늘 간극이 존재한다. 장거리 달리기에서 내가 내딛는 모든 발걸음마다 다음 발을 내딛을 것인지 아니면 여기서 멈출 것인지 선택을 해야 한다. 내가 선택할 수 없는 것은 오직 이 선택을 할 것인지 말 것인지의 여부뿐이며, 나에게 선택을 강요하는 이유는 없다.

20.5킬로미터 표지판에서 풀코스를 달리기로 결심했고 완주할 이유가 충분했다. 그러나 발을 내딛을 때마다 나의 결심을 재확인해야 했다. 발을 내딛을 때마다 나의 욕망을 반복해야 했다. 이 마라톤에서 발을 내딛을 때마다 나의 욕망과 결심은 다른 것을 의미할 수 있다. 아마 나는 이들을 확실한 의무로 간주하거나 이제는 더 이상 용납되지 않는 변덕으로 간주해야 할지도 모른다. 그것들이 무엇이고 어떻게 해석할지는 나의 선택이다. 그리고 어떤 것도 나에게 선택을 강요할 수는 없다.

문득 머릿속에 예전에 읽었던 앨런 씰리토Alan Sillitoe의 소품 《장거리 주자의 고독》의 한 장면이 스친다. 소설에서 일등으로 들어오고 있던 반 주인공anti-hero 콜린 스미스는 그 결과가 참담할 것을 알고서도 결승 지점을 몇 미터 남겨 놓고 멈추어 서는 것을 선택했다. 그러나 사르트르의 의식에 고무 받은 나는 이러한 종류의 비관적 사고에 발이 묶이기에는 아직 너무 낙관적이다.

스미스는 계속 달려야만 할 이유를 찾을 수 없었기 때문에 멈추기로 결정했다. 나의 우려는 정확히 반대의 방향을 가리키고 있다. 내가 멈추어야 할 이유를 찾을 수 없다. 어떤 이유도 없다. 내가 멈춘다면, 그것은 내가 선택했기 때문이다. 내가 멈춘다면 그것은 어떤 이유가 실제보다 더 강력하다고 나를 설득하여 속이도록 허용했기 때문이리라.

옆눈으로 흘깃 24킬로미터 표지판이 지나는 것이 보인다. 헉, 24킬로미터가 아니라 25.7킬로미터다! 이제 보니 24킬로미터 표지판을 이미 지난 것이다. 신 사르트르 철학에 골똘히 빠져 있다 보니 그런 일이 벌어졌다. 25.7킬로미터면 이제 16킬로미터만 더 가면 끝이다. 두 시간도 안 남았다. 해 볼 만하다.

사르트르는 고뇌라는 단어로 개인의 자유의 경험을 설명했다. 어떤 이유도 내가 하는 행동을 결정할 수 없다는 것을 깨달을 때, 내가 경험하는 것은 사르트르에 따르면 고뇌이다. 그러나 나는 그렇게 부르지 않을 것이다. 25.7킬로미터 표지판을 못 보았다고 해도 마찬가지였을 것이다. 어떤 이유도 나를 막을 수 없다는 것을 깨달았을 때 내가 경험한 것은 환희였다. 본질적으로 가치 있는 것을 삶에서 느낄 때 나타나는 가장 확실한 증상인 환희 말이다. 자유롭게 달린다는 것은 이유와 행동의 간극의 자유 속에서 달린다는 것이며, 이것은 세상에 본질적으로 가치 있는 방식으로 존재하는 한 가지 방법이다. 이러한 자유 속에서 달린다는 것은 환희 속에서 달리는 것과 같다.

나는 이제 자유에 대한 사르트르의 견해가 매우 잘못 이해되고 있는 건 아닌지 의심스럽다. 어떤 사람들은 사르트르의 자유를 소극적으로 해석한다. 사르트르의 노력은 온통 자유의 경험, 즉 자유가 어떤 느낌인지를 설명하는 것이라고 말이다. 또 다른 이들은 더 적극적으로 해석한다. 그들은 사르트르가 인간의 자유에는 한계가 없어서 인간은 절대적으로 자유롭다고 주장했다고 해석한다. 어떠한 외부의 요인이나 환경도 우리에게 족쇄를 채우거나 우리의 행위를 제한할 수 없다. 이것은 우스운 견해이고, 나는 사르트르가 그렇게 주장했다고 생각하지는 않는다.

사르트르는 어떤 이유도 우리를 강제할 수 없기에 자유롭다고 했다. 이유는 아무것도 결정하지 못한다. 이것은 단순히 자유롭게 느끼는 문제가 아니다. 나는 실제로 그런 의미에서 자유롭고 그만큼 자유롭다. 물론 그렇다고 해서 아무것도 나를 달리지 못하게 막을 수 없다는 건 아니다. 이유만 있는 것이 아니라 원인도 있다. 이유는 어떤 것도 결정하지 못할지 모르나 원인은 결정할 수 있다.

이유와 원인의 차이는 원칙적으로는 이해가 쉽지만 가끔은 정밀하게 구분하기 어려운 경우도 있다. 기본적으로 이유는 우리가 가진 것인 반면 원인은 우리에게 주어지는 것이다. 분명 오늘 나는 마라톤을 하고 싶어서 달리고 있다. 이 필요나 욕망은 내 이유의 일부분이다. 나는 또한 관련된 믿음도 필요하다. 예를 들어, 나는 오늘이 마라톤의 날이기 때문에 마라톤 코스를 달리고 있다고 믿어야 한다. 이렇게 믿지 않으면 나의 단순한 마라톤 욕망은 왜 내가 여기 이곳에서 달리고 있는지를 설명하지 못할 것이다.

이처럼 이유는 욕망과 믿음의 조화로 보는 것이 일반적이다. 욕망-믿음의 조화는 내가 달리는 이유를 설명해 준다. 여기서 정반대의 설명도 생각해 보자. 마라톤의 날에 누가 나를 차에 묶어 마라톤 코스를 시속 약 8.8킬로미터로 달리게 한다고 가정하자. 이것은 내 달리기의 원인이며 내가 가지고 있는 것이 아니다. 그저 나에게 일어난 일일 뿐이다. 보통 이유를 우리에게 그저 일어난 원인이 아닌 우리가 가진 원인의 한 종류로 본다. 사르트르에 따르면 이유가 나를 강제할 수 없기에 나는 자유롭다. 물론 이것은 내가 가진 것이 아닌 내게 일어난 일인 원인이 나를 강제할 수 있다는 생각과 양립할 수 있다. 그리고 분명 그것은 가능하다. 실제로 그저 강제하는 수준이 아니라 나를 짓누른다.

육체적 고통에서조차 자유로워지는 순간

의식 속에는 아무것도 없다. 의식은 비어 있고, 의식은 세상을 향해 부는 바람이다. 의식은 존재의 구멍과 유사하다. 구멍은 그 자체로 존재할 수 없다. 구멍은 그 둘레가 있어야 존재하지만, 둘레는 구멍의 일부가 아니다. 따라서 구멍은 구멍이 아닌 무언가가 존재해야만 존재할 수 있다. 의식도 마찬가지이다. 의식은 의식이 아닌 무언가가 존재해야만 존재할 수 있다. 실제로 사르트르에게 의식은 의식이 아닌 것들과의 관계 속에서 정의된다. 사르트르는 자주 '나는 내가 아닌 것이고 나인 것은 내가 아니다'라고 이를 표현했다. 사실 별 도움도 안 되는 설명 같은데, 프랑스 사람을 누가 말리랴.

내가 나인 것들, 즉 나라는 존재의 특성이 될 만한 것들을 의식한다고 가정해 보자. 나는 마흔여덟의 남성이고, 한 집안의 가장이자 두 아들의 아버지로서 철학 교수이다. 고향은 웨일스이지만 지금은 마이애미에 살고 있다. 달리기 실력은 평범한데 훈련이 거의 안 되어 있다. 이들은 모두 내 특성이며, 나는 이들을 나라고 생각한다.

그러나 사르트르는 이들 중 어느 것도 진정한 내가 아니라고 주장한다. 나는 내가 이런 것들이라고 인지하므로 나는 이들 중 어떤 것도 아니다. 오히려 나는 이들의 중요성을 결정하고 의미를 부여하는 존재이다. 사르트르는 진정한 나는 이와 같은 특성 등으로 규정되는 틀에서 벗어나야 한다고 주장한다. 진정한 나는 내가 나라고 생각하는 방식들에서 빠져나오며, 그렇기 때문에 그런 것으로 파악될 수 없다. 바로 이것이 사르트르가 말한 '나인 것은 내가 아니다'의 의미이다.

만약 내가 웨일스 태생으로 마이애미에 거주하는 마흔여덟의 달리는 철학 교수이자 두 아들의 아버지가 아니라면, 나는 내가 시각장애인 블루스 기타 연주자 혹은 다국적 기업의 여성 CEO가 아닌 것과는 매우 다른 방식으로 이런 것들이 아니다. 나는 웨일스 태생으로 마이애미에 거주하는 마흔여덟의 달리는 철학 교수이자 두 아들의 아버지가 아닌 것으로 정의된다. 그러나 나는 이런 것들 중 어느 것도 되지 못한 것으로 정의되지는 않는다. 사르트르에게 나는 나에 대해 사실인 것으로 정의되지 않는다. 동시에 나는 나에 대해 거짓이 아닌 것으로 정의되지 않는다. 바로 이것이 사르트르가 말한 '나는 내가 아닌 것'의 의미이다.

나는 나에 대한 진실이 아닌 것으로 정의된다. 의식으로서 나는 아무것도 아니다. 그러나 아무것도 아닌 것은 무언가의 관계로서만 존재한다. 그리고 내가 아닌 것은 사르트르가 나의 사실성facticity이라고 부른 것이다. 사실성은 구멍의 둘레처럼, 일부는 아니지만 그것 없이는 존재가 불가능한 것이다. 나는 나의 사실성이 아니지만, 그것과의 관계에서만 존재할 수 있다.

사실성은 매 순간 변화한다. 내 현재의 사실성은 대략 지금 이 순간 내가 처한 현재의 상황이다. 내 현재 상황은 내가 달리고 있다는 것이고, 최소한 마라톤을 하려고 애쓰고 있다는 것이다. 타고난 주자도 아니고 사실은 정반대이다. 훈련을 별로 못했다. 사실 훈련은 엉망이 되어 버렸다. 그리고 특히 더 물질적인 사실성, 즉 이 상황에 끌고 온 내 육체가 있다.

이 육체는 48년 묵었다. 경험도 있고 역사도 있으며, 확실한 형상도 있다. 나는 부상과 상처와 나약함이 인간처럼 보이는 겉모습 속에 누덕누덕 기워진 조직이다. 만약 내가 종아리에 그렇게 신경을 곤두세우지 않았다 해도 아마 다른 골칫거리가 있었을 것이다.

예를 들어, 관절염이 온 무릎이 있다. 허리도 안 좋아져서 장거리 달리기를 하면 가끔 경련이 온다(그래서 요즘은 항상 휴대폰을 들고 다닌다). 거의 끊임없이 불평을 늘어놓는 아킬레스건도 분명 터질 날만 기다리고 있는 시한폭탄이다. 최근에는 종아리도 파열되었고, 솔직히 내 상태는 마라톤이란 꿈도 꾸기 힘든 지경이다. 이것이 내가 오늘 42.195킬로미터를 가볍게 달릴 수 없는 이유를 설명해 주는 나의 사실성이다.

아마 나는 나의 사실성이 아닐 것이다. 그러나 이것은 다른 누군가의 사실성도 아닌 나의 사실성이므로 이들은 나를 정의한다. 나는 마크 롤랜즈가 아니다. 마흔여덟에 달리기엔 재능도 없으면서 훈련도 안 된데다가 과체중에 종아리, 무릎, 아킬레스건과 허리까지 온통 문제투성이인 사람이다. 나의 사실성은 우습게도 설익은 사실성이다. 나는 더 젊고 날씬하다거나 4개월의 완벽의 훈련을 마쳤다는 사실성을 가지고 싶다. 그러나 현실은 그렇지 못하다.

이런 종류의 사실성을 가지고 있을 때, 장거리 달리기를 하는 동안 느끼는 고통은 전적으로 당연한 것이고 나는 해결하기보다는 무시하려고 애쓴다. 어떤 이들은 고통을 경고 신호로 본다. 그러나 고통은 내 사실성의 일부이다. 만약 내가 약간의 고통을 느낄 때마다 달리기를 중단했다면 아예 달리기 자체를 못했을 것이다.

이제 30.5킬로미터 표지판이 가까워 오는 가운데 지난 3킬로미터를 달리는 내내 쥐가 나고 있다. 부상을 입지 않은 내 오른쪽 종아리가 어찌나 요란하게 불평을 해 대는지, 아마 그간 무의식적으로 왼쪽 다리에 너무 신경 쓰느라 홀대받은 분통을 터뜨리는 듯하다. 대단하다. 마라톤이라기보다는 다리를 절면서 느릿느릿 나가고 있으니 말이다.

이상하게도, 너무 지쳐서 현실적으로 상황 판단을 못 하는 것일 수는 있겠지만 어쨌든 종아리는 크게 걱정하지 않는다. 종아리 같은 소근육의 경련은 스트레칭만 하면 없어진다고 스스로에게 말한다. 그리고 실제로 1.6킬로미터마다 스트레칭을 확실히 했기 때문에 종아리 문제는 지금까지 괜찮았다. 만약 두 달 전에 그랬던 것처럼 왼쪽 종아리가 말썽을 부리면, 결승 지점까지 남은 11.2킬로미터를 절뚝대며 가겠다고 다짐했다. 사실 11.2킬로미터를 절면서 가 본 적은 한 번도 없어서 될지 안 될지도 모르겠지만 말이다.

30.5킬로미터 표지판이 나타난 직후, 넙적다리 뒷근육이 현저히 당기기 시작했다. 이번에도 스트레칭으로 증상을 완화시켰다. 이때 다시 나타난 5시간 페이스메이커를 보고는 이내 기분이 좋아졌다. 풀코스에 접어들면서 처음 만나는 페이스메이커였다. 그들은 내가 32킬로미터 표지판에 접근할 때 나를 지나쳤고 나는 당기고 아픈 근육쯤 대수롭지 않다는 듯 무시하고 그들의 뒤를 쫓아 달렸다. 두 달 전만 해도 5시간은 상상도 못할 형편없는 기록이었다. 그러나 오늘은 겸허히 받아들일 것이다.

37킬로미터 표지판이 다가오고 있었고 리켄백커 코즈웨이를 건너 동쪽으로 달리자 경련의 강도가 높아지기 시작한다. 그리고 이번에는 양쪽 허벅지 앞 근육이라서 큰 근육들이다. 이 부위는 스트레칭으로 풀기가 훨씬 더 어렵다. 내가 너무 지쳐서 그런 것도 있고, 허벅지 앞 근육 스트레칭을 하려고 한쪽 다리를 짚을 때마다 앞쪽으로 꼬꾸라지듯 하기 때문이기도 하다. 하지만 몇 초 이상 똑바로 서 있으려고 애를 쓸 때조차도 허벅지 앞 근육 스트레칭은 별 도움이 되지 않는 듯했다.

허벅지 앞 근육 경련은 종아리보다 훨씬 더 염려스러웠다. 종아리 근육은 다 터져도 절뚝대며 집까지 갈 수 있지만 허벅지 앞 근육처럼 큰 근육은 경련이 일어나면 벽돌 더미가 무너져 내리듯 주저앉는다. 그리고 빠른 시일 내에 다시 일어날 수 있을지도 미지수이다.

이제 골인지가 약 5킬로미터 남았지만 500킬로미터가 남은 것이나 다름없다. 나는 스트레칭을 한 다음 경련이 일어나기 전에 최대한 많이 달리고 그런 다음 또다시 스트레칭을 하는 식으로 이 문제를 최대한 관리할 것이다.

자유의 경계에서 달리기

고통 속에서 달리는 것은 자유의 경계에서 달리는 것이다. 아직 이유의 땅에 속해 있기는 하지만 원인의 땅을 표시하는 경계선을 위험하게 건드리고 있다. 12월 초 한쪽 무릎에 관절염이 심하게 온 상태에서 마지막 장거리 달리기를 했었다. 왼쪽인지 오른쪽인지는 기억이 안 나는데, 첫 12.8킬로미터 정도는 정말 매우 불쾌했다. 그러나 그 이후는 저절로 좋아진 것 같다. 오늘 느끼는 허벅지 앞 근육의 통증은 당시 무릎 통증에 비하면 현저히 약하다. 그러나 당시 달리기에서는 이유와 원인의 경계를 넘나들지는 않았다. 바로 그것이 다른 점이다.

무릎 통증은 멈추어야 할 이유였다. 그러나 그것은 결코 이유 이상은 되지 않을 것이다. 어떤 이유도 나를 강제할 수 없다. 무릎 통증은 참을 만했고, 더 이상 나빠지지는 않을 것이며, 내 무릎이 갑자기 고장날 것도 아니다. 그러나 허벅지 앞 근육의 통증은 전혀 다르다. 모든 가능성을 가지고 있다. 통증의 강도 같은 현재 상황과는 거의 상관이 없으나 곧 벌어질 상황과는 모든 상관이 있다.

심각한 경련의 극심한 통증 때문에 마치 총이라도 맞은 것처럼 포장도로에 철퍼덕 무너지는 상황까지는 가지 않는다는 것을 내가 어떻게 알고 있다고 하자. 어떻게 알게 되었는지는 중요하지 않다. 예를 들어, 친절한 하나님이 있어서 이번 대회에서 나를 보우하사 리켄벡커 코즈웨이 위에서 내 앞에 나타났다고 상상할 수도 있다. 하나님은 내게 말한다.

"여보게, 마크. 지금 느끼는 통증은 어쩔 수 없지만 더 나빠지지는 않을 걸세. 허벅지 앞 근육이 지금보다 더 심하게 경련을 일으키지는 않을 거야. 땅바닥에 주저앉을 일은 없을 테니 걱정 말게. 지금처럼 계속 달리면 완주할 수 있다네."

　내가 이것을 알았다면 계속 달릴 수 있었을까? 의심의 여지 없이 그렇다. 전적으로 즐겁지만은 않을 것이다. 그러나 분명 참을 만은 할 것이다.

　자유의 경계는 구체적이고 확실한 것이 아닌 가능성들의 그림자가 살고 있는 땅이다. 내가 이런 유의 통증을 느끼며 달릴 때, 나는 이유와 원인을 나누는 경계를 달리는 것이다. 특히 이런 경미한 통증은 이유이며 결코 내 달리기를 멈추지 못한다. 그러나 이 통증은 특별한 종류의 이유이다. 나를 짓뭉갤 수 있는 원인이 곧 등장할 것을 암시하는 이유이다.

　두 달 전 나를 찾아온 무릎 통증은 훨씬 더 심각했지만 이런 종류의 통증은 전혀 아니었다. 그저 그 자체의 통증이었다. 곧 다가올 것은 아무것도 암시하지 않았다. 오늘 느끼는 이런 통증이 오면, 내가 가진 이유가 내게 닥친 원인이 되기 직전까지 계속 나를 밀어붙이고 또 밀어붙여야 한다. 나는 원인의 땅의 경계까지 가차 없이 달린다. 그러나 절대 그 선을 넘어서는 안 된다.

8장

2011년의 달리기
마이애미, 미국

삶도 달리기도
모든 의미와 목적이
멈출 때 시작된다

달리기는 내게 명상이며 순화된 정신이고,
우주와의 교류, 기분 전환제이며
영혼의 교감이다.

로레인 몰러 Lorrain Moller

42.195킬로미터, 삶의 의미와 목적이 멈추는 곳

달리기엔 젬병인 중년의 철학자가 첫 마라톤을 끝낸 방법은 달리기와 스트레칭을 끝없이 반복하다가 다른 방법이 없을 때는 걷기도 하면서 리켄벡커 코즈웨이에서 베이프론트 공원까지의 마지막 약 5킬로미터 구간에서 자유의 경계를 넘나든 것이었다. 그것은 내가 달리기의 심장박동으로 가장 깊이 가 본 순간이었다. 사르트르에게는 고뇌였지만 나에게는 환희인 이유와 행동의 간극에서 나는 본질적 가치를 가진 경험이 취할 수 있는 더 놀라운 형태를 만났다. 더 깊은 곳이 있다면 아마 언젠가는 거기까지도 들어갈 수 있을 것이다.

결승선을 넘어서자 드는 생각은 '이게 끝인가?' '이제 그만 달려도 되나?'였다. 그러자 누군가 빛나는 메달을 내 목에 걸어주었고 나는 그만 달려도 되겠다고 판단했다. 결승선을 넘어설 때 좀 더 의기양양한 생각이 머릿속에 들어왔더라면 더 좋았을 텐데 사실은 전혀 그렇지 않았다.

시계는 5시간 15분 23초를 가리키고 있었고, 칩 타임은 5시간 8분 44초를 가리키고 있었다. (참가자들의 숫자가 많아서 건 타임과 내가 실제로 출발선을 통과한 시간에 차이가 난 것 같았다. 배번호에 붙어있는 대회 조직위에서 준 작은 칩에 내가 출발선을 통과하면서부터 경과한 시간이 기록되는데 이를 칩 타임이라고 한다.) 마지막 약

5킬로미터를 남겨 놓고 허벅지 앞 근육 경련 때문에 약 15분을 소요했다. 이 시간은 정말 고통스러웠고, 두 달 전이었다면 아마 불평불만이 하늘을 찔렀을 것이다. 그러나 오늘 나의 사실성을 볼 때 전혀 불행하지 않다.

이 마지막 몇 시간과 42.195킬로미터가 왜 중요한가? 그럴 만한 가치가 정말 있는가? 의미가 없다는 것, 바로 이것이 묘미이다. 가치 있는 것들이 있는 곳은 삶의 의미와 목적이 멈추는 곳이다.

우리는 모든 것은 어떤 목적의 수단으로서만 바람직하다고 보는 공리주의 시대에 살고 있다. 우리 시대의 화두는 "이것은 무엇에 필요한가?"이다. 그리고 무엇인가가 필요가 없다는 것은 가치가 없다는 뜻이다. 이것은 마르틴 하이데거가 말한 닦달, 즉 틀 지우기enframing이며, 삶의 가치에 대해 특정한 방식으로 생각하기를 강요하는 것이다.

만약 삶에서 무언가가 할 가치가 있다면 그것은 다른 무언가에 필요한 것이라야 한다. 마라톤이든 동네 한 바퀴 휘 도는 것이든 달리기가 할 가치가 있는 것이라면, 그것은 몸이 건강해지거나 기분이 좋아지거나 성취감이 들거나 스트레스를 해소시키거나 사람들과 어울리는 기회를 마련하는 등의 필요로 인해 할 가치가 있는 것이다. 특정 활동이 가치가 있으려면 다른 무엇인가에 유용해야 한다. 그리고 우리 시대의 특징인 닦달에 기본적으로 깔린 전제는 이 무언가는 다른 무언가, 즉 그 활동의 외부에 있는 무언가라는 것이다.

나는 이 같은 태도의 결과를 "X를 했더라면 좋았을 텐데요"라고 말하는 학생들에게서 매일 본다. X에 철학, 문학, 언어 등을 대입해 보자. "부모님께서는 실용성이 있는 전공을 택해야 나중에 직업을 구할 수 있다고 하셨어요." 그리고 그들의 젊은 날은 이미 그들이 결코 원하지 않았던 코스로 정해졌다. 그들은 돈을 벌기 위해 일할 것이고 삶의 만족은 다른 곳에서 찾아야 할 것이다.

다른 시대, 다른 닦달에서였다면 그들의 부모님은 이렇게 말했을지 모른다. "너에게 놀이가 되는 것, 그 자체 때문에 하는 것을 찾아라. 그리고 그것을 할 때 너에게 임금을 지불하는 사람을 찾아라. 돈이 얼마가 되더라도 그 자체 때문에 하는 것을 좇아야지 돈을 좇아서는 안 된다. 항상 일이 아니라 놀이인 것을 찾아라." 나도 내 아이들에게 이렇게 말해 주고 싶다.

가치에 대한 우리 시대의 생각은 다소 덜 명확하지만 마찬가지로 파멸적인 또 다른 결과, 즉 삶의 가치나 의미를 이해할 수 없게 되는 결과를 낳는다. 에세이 《시지프 신화》에서 프랑스의 실존주의 철학자 알베르 까뮈는 이렇게 썼다. '자살은 고백과 같다. 자살은 자신이 삶의 무게를 감당할 힘이 없다는 뜻이며 …… 삶이 곤경을 감수할 만한 가치가 없다는 고백일 뿐이다.'

이러한 긍정적인 관점에서 볼 때 삶의 의미를 찾는 것은 살 가
치를 찾는 것과 같다.

삶에서 무언가의 가치는 그 의미나 목적에 있어야 한다고 보
는 생각은 삶에서 의미를 찾는 것을 불가능하게 만든다. 최소
한 목적이라는 생각이 보통 이해되는 방식을 생각할 때는 불가
능하다. 그 이유를 살펴보기 위해 명성 만큼이나 난해한 하이
데거의 다음 글을 들어 보자.

> 세계-내-존재世界內存在, In-der-Welt-sein가 이미 그 존재being에 가깝게
> 자유롭다면, 그 존재는 다른 사물들과의 관계를 포함하고 있다. 손 안
> 에 있는 망치를 예로 들어 보자. 존재는 망치질과 관계가 있다. 망치
> 질은 무언가를 고정하는 것과 관계가 있다. 무언가를 고정하는 것은
> 악천후에 대비하는 것과 관계가 있다. 이러한 대비는 현존재現存在,
> Dasein가 쉴 곳을 만들어 주기 위해, 즉 현존재의 존재 가능성을 위해서
> 이다. …… 그러나 이 모든 관계들의 총합은 결국 더 이상의 관계가 없
> 는 지향점Wozu까지 거슬러 올라가게 된다. …… 가장 중요한 지향점
> 은 궁극목적Worumwillen이다. 그러나 궁극목적은 항상 현존재의 존재
> 에 관한 것이다.

이 글은 슐리크의 짧은 에세이 《삶의 의미에 관하여On the
Meaning of Life》와 같은 해인 1927년에 출간된 하이데거의 주요

저서 《존재와 시간》에서 발췌한 글이다.

숄리크는 읽기 쉽고 하이데거는 불필요하게 어렵게 글을 쓰는 것에서 쾌락을 느끼는 것 같은 둘의 명백한 차이에도 불구하고, 둘의 관심사는 이 지점에서 겹친다. 무언가 목적이 있어야만 가치로울 수 있다고 하자. 사실상 하이데거는 우리에게 모든 목적이 이끄는 곳을 보여 준다. 그가 말하는 현존재는 인간 혹은 더 정확하게는 인간이 소유하는 존재의 유형을 일컫는다. 인간은 세상을 거대한 도구의 네트워크로 보며, 이 네트워크를 하나로 묶어 주는 목적은 결국 우리 자신인 현존재로 되돌아온다.

망치는 못을 박기 위한 것이고, 무언가를 고정하기 위한 것이며, 집을 더 견고하게 하고, 폭풍우에 대비하는 것은 모두 현존재가 살 수 있게 하는 수단이다. 가치는 목적에서 유래하며, 바로 여기가 목적의 종착지이다. 만약 우리가 이 모델을 채택하여 삶의 의미를 정의하는 데 사용한다면 동어 반복의 덫에 갇힐 것이다. 삶의 의미가 무엇인가? 삶을 살 만한 가치가 있게 만드는 것은 무엇인가? 결국 대답은 '삶'으로 되돌아온다.

외부에 목적이 있는 것은 어떤 것도 삶을 살 만한 가치가 있게 하는 후보가 되지 못한다. 왜냐하면 목적을 따라 논리적 결론을 내려 가다 보면 계속해서 삶이 나타날 뿐이기 때문이다. 동어 반복의 쳇바퀴를 빠져나가는 유일한 길은 내가 아는 한 그 목적의 사슬이 끝나는 활동을 찾는 것이다. 삶의 가치, 즉 삶의 의미의 후보가 될 수 있는 것을 찾고자 한다면, 목적이 없는 것을 살펴보아야 한다.

달리 말해 삶에서 진정으로 중요한 것이 되기 위한 필요조건은 외부에 목적이 없어야 하고, 다른 것의 수단으로는 소용이 없어야 하는 것이다. 이런 측면에서 소용이 없는 것이야말로 진정한 가치의 필수 조건이다. 만약 무언가의 가치가 다른 어떤 것을 위한 유용성의 문제라면, 가치가 있는 것은 바로 그 다른 어떤 것이 된다.

모리츠 슐리크도 여러 해 전에 이미 나와 마찬가지의 결론을 내렸다. 삶에서 가치 있는 것을 찾으려면 그 목적, 즉 내부에 가치를 가진 것들을 찾아야 한다고 말이다. 또한 슐리크의 말을 빌자면 이런 것들이 무엇인지는 분명하다. 그 자체로 가치 있는 활동은 모두 놀이의 형태를 띠고 있다. 그리고 최소한 성인들의 달리기는 가장 오래되고 가장 단순한 놀이의 한 형태이다. 달리는 이유는 많고 또 그런 이유들은 대부분 도구적이기 때문에 도구적 가치의 기반이 될 뿐이다. 그러나 달리기의 진정한 가치는 이 도구적 가치들을 압도하고, 그 자체로서 달리기를 할 만한 가치가 있는 것으로 만든다.

달리기의 목적과 가치는 본질적으로 내재되어 있다. 달리기의 목적과 가치는 그저 달리는 것이다. 달리기는 의미나 목적이 멈추는 삶의 장소 중 하나이다. 따라서 달리기는 삶을 '살 만한 가치가 있게' 만드는 것들 중 하나이다.

놀이는 살 만한 가치가 있게 만든다

마라톤의 기원이 된 곳은 철학의 발원지이기도 하다. 그곳은 바로 기원전 4~5세기 고대 그리스의 도시국가인 아테네이다. 고대 아테네를 이해하려면 최소한 세 가지를 알아야 하는데 그들의 신, 철학자 그리고 운동선수가 바로 그것이다. 현대인들에게 더 이상 창세기의 하나님의 존재를 믿도록 강요할 수 없는 것처럼, 당시 아테네인들 역시 더 이상 신을 맹목적으로 믿지는 않았다. 그러나 그들은 천지창조와 인간의 타락처럼 신들의 이야기를 사실적 진리가 아닌 형이상학적 진리로서 기억했고, 그것이 핵심이다.

세익스피어의 희극 대사 중 가장 기억할 만한 것은 리어 왕의 둘째 딸 레간에게 눈을 빼내는 형벌을 당하여 장님이 된 직후 글로스터 경이 "장난꾸러기 아이들이 파리를 가지고 놀듯, 신은 우리를 장난삼아 죽인다"라고 한 것이다. 고대 그리스인들에게 신과 놀이의 관계는 매우 긴밀했다. 그 이유는 우연과는 거리가 멀다.

18세기 독일의 철학자, 역사가, 시인 겸 극작가인 프리드리

히 실러Friedrich Schiller는 그의 저서 《미학 편지: 인간의 미적 교육
에 관한 실러의 미학 이론》에서 다음과 같이 썼다.

> 단언컨대 인간은 온전한 인간일 때에만 놀이를 하므로 인간은 놀
> 이하는 한에서만 온전한 인간이다. 이 명제는 일견 역설적으로 보
> 일지 모르지만 의무와 운명이라는 이중의 심각함에 적용해 본다면
> 그 위대하고 심오한 중요성을 알 수 있을 것이다. 그것은 심미적 예
> 술의 전체 구조는 물론 그보다 더 어려운 삶의 예술도 지탱함을 나
> 는 확실히 말할 수 있다. 그러나 오직 과학에서만 이러한 명제가 예
> 상되지 않는다. 가장 확실한 주창자인 그리스인들의 예술과 감정에
> 서는 이 명제가 살아 숨 쉰 지 오래 되었다. 그들은 지상에서 실현
> 되었어야 하는 것을 단지 올림포스로 옮겼을 뿐이다. 그 진리의 인
> 도를 받아, 이들은 인간의 뺨에 깊은 주름을 패이게 만드는 고통과
> 노동뿐 아니라, 표정 없는 얼굴이 미소 짓게 만드는 헛된 쾌락마저
> 도 축복받은 신의 눈썹에서 사라지게 했고, 영원토록 행복한 존재
> 들을 모든 목적, 의무, 걱정의 족쇄로부터 해방시켰으며, 나태와 무
> 관심을 부러운 신들의 자질로 만들었다. 신이란 가장 자유롭고 가
> 장 고상한 존재의 상태에 대한 더 인간적인 이름일 뿐이다.

창세기의 중요성을 알기 위해 구약 성서의 하나님의 존재를
꼭 믿을 필요는 없는 것처럼, 위 글의 중요성을 알기 위해 꼭

올림포스의 신들을 믿을 필요는 없다. 하나님이나 신들은 형이상학적인 혼란을 가중시키는 장치이다. 두 경우 모두에서 중요한 것은 이야기의 내용이 아니라 숨은 뜻이다. 위 글에 체화된 중요한 진리가 있지만, 그만큼 중대한 오류도 있다.

먼저 진리이다. 그리스인들이 '지상에서 실현되었어야 하는 것을 단지 올림포스로 옮겼을 뿐'이라는 부분이다. 신들의 삶은 가장 자유롭고 가장 고상한, 이상적인 인간의 삶을 대변하는 것이다. 이상적인 삶은 모든 목적, 의무, 걱정으로부터 해방된 삶이다.

이러한 삶을 채우기 위해 무엇을 해야 할까? 일로 그러한 삶을 채우는 신은 제정신이 아닐 것이다. 일을 통해서 얻을 수 있는 것이라면 이제 신성한 손가락 하나만 까딱하면 얻을 수 있다. 신들은 일을 하지 않았다. 그저 놀이를 했을 뿐이다. 그들은 불멸이었다. 그러니 달리 무엇을 하려 했겠는가?

흠, 어쩌면 섹스가 생각날 수도 있겠다. 모든 목적, 의무, 걱정에서 해방된 불멸의 존재라면 많은 시간을 섹스를 하면서 보내지 않을까? 신들은 서로 섹스를 하는 것을 싫어하지 않은 것으로 잘 알려져 있고 심지어 인간과의 섹스도 즐겼다. 그러나 그조차도 신들에게는 놀이화化되었다. 예를 들어 제우스의 눈에 알크메네, 안티오페, 다나에, 디아, 엘라라, 에우로페, 에우리메두사, 칼리스토, 칼리케, 카시오페이아, 라미아, 라오다메이아, 레다, 리시테아, 니오베, 올림피아스, 판도라, 프로토제네이아, 피라, 프티아, 세멜레 그리고 티이아처럼 아름다운 인간들이 들어온다고 해 보자. 시간이 많았던지라 제우스의 눈에는 늘 아름다운 인간들이 보였다.

신들 중 가장 강력한 신이라는 것이 강점으로 작용할 수 있지만, 동시에 단점도 되었다. 제우스는 쫓아다니는 스릴을 경험하거나 밀고 당기는 과정을 겪을 일이 없었다. 주신이기 때문에 제우스가 원하면 여인들은 허락할 수밖에 없었다. 그 결과 제우스는 그의 섹스를 놀이화했다.

알크메네를 유혹할 때는 그녀의 남편으로 위장했다. 안티오페를 차지할 때는 반인반마의 사티로스의 모습을 빌렸다. 사실 유혹과는 거리가 멀었지만, 에우로페를 범할 때는 황소로 변했다. 칼리스토를 유혹할 때는 올림포스의 동료 아르테미스 신의 모습으로 변신했다. 레다를 유혹할 때는 백조의 형상을 택했다. 무엇보다 가장 특이한 것은, 에우리메두사를 범하여 아이를 갖도록 할 때는 개미로 변신했다는 것이다. 그녀는 개미 인간이라는 뜻의 아들 미르미돈을 낳았다.

여인들을 유혹하고 정복(사실은 겁탈)할 때 제우스는 그가 원하는 목표를 달성하기 위해 비능률적인 수단을 사용하기를 즐겼다. 그는 자발적으로 일을 더 힘들게 만들었다. 버나드 슈츠는 제우스가 정해진 규칙을 지키면서 참여하려는 태도를 가지고 미리 정해진 목표를 달성하려 했다고 말했을 것이다. 제우스는 놀이를 즐겼고 그 이유는 분명하다. 제우스의 섹스에서 놀이가 없어지면 남는 것은 사타구니의 쾌감뿐일 것이다. 물론 그것도 무시할 수는 없겠지만, 불멸의 존재에게 결정적인 것도 아니다.

둘째, 실러의 주장에 포함된 오류가 있다. 제우스는 일반적으로 올림포스의 모든 신들이 그러하듯 도덕적인 괴물이다. 실러의 주장의 오류는 일을 하면서 사는 삶에 대한 대안이 '나태와 무관심'이라고 가정한 것이었다. 하지만 놀이는 나태한 것과는 전혀 거리가 멀다. 제우스는 타인을 대할 때 확실한 무관심과 냉담함을 보였다. 그의 도덕성 문제는 전적으로 존재하는 본질적 가치를 볼 능력이나 의지가 없기 때문이다.

제우스에게 있어서 본질적 가치는 놀이에서 찾을 수 있는 것이었다. 인간들은 그의 놀이에서 맡는 역할 만큼의 가치만 가지고 있다. 분명 그에게도 한때 짧고 두려운 자각의 순간이 있었다. 그당시 제우스는 인간의 존재 가치를 보다 높게 보고 자신이 탐한 인간의 여인을 보호하는 수고를 마다하지 않곤 했다. 그러나 기본적으로 인간은 그저 도구적 가치를 지닌 장기의 졸卒과 같았다.

올림포스의 신들과는 전혀 상관없는 주름이 패인 인간은 매우 다른 길을 걸어온 것 같다. 우리는 인간이 본질적 가치를 가진다고 인정하고 싶다. 당연히 그럴 수밖에 없다. 나를 포함한 일부의 사람들은 이러한 인식이 인간이 아닌 생명체에게도 확장되어야 한다고 생각하지만 어쨌든 모든 인간은 본질적 가치의 가장 분명한 장소이다.

서구의 윤리 및 정치 체계의 근간을 이루는 기본 가정은 '만인은 평등하다'는 것이다. 모든 인간은 동일한 가치를 가지고 있으며, 이 가치는 그들의 본질적 가치이다. 인간은 목적을 위한 수단에 불과한 장기 놀이의 졸 취급을 받아서는 안 된다. 인간은 18세기 독일 철학자 임마누엘 칸트Immanuel Kant가 말했듯 수단이 아닌 목적이다.

반면에 놀이는 보통 상대적으로 덜 중요한 삶의 측면으로 간주된다. 물론 살면서 놀이하는 시간은 필요하지만 너무 많이 할당해서는 안 될 것이며, 그것도 삶의 더 중요하고 긴급한 필요를 충족한 후에 해야 할 것이다. 이는 우리들 대부분이 먹고 살려면 일을 해야 하는 산업 및 후기 산업 사회의 결과로 나타난 사건이 아니다. 이러한 태도는 그보다 더 뿌리가 깊다.

근면은 모든 인간이 숭상해야 할 가치이다. 놀이는 아무도 가치 있게 보지 않는다. 운이 좋아서 일할 필요 없이 일생을 놀면서 보낼 수 있다면 부러움을 살지언정 칭송을 받지는 못한다. 그런 사람들은 평생 어른이 되지 못한다는 손가락질을 받을 것이다.

근면은 덕과 교양을 높이는 것이다. 의심의 여지없이 우리는 올림포스의 신들보다 도덕적으로 우월하다. 그럼에도 동시에 우리가 어린아이였을 때는 알았지만 어른이 되면서 잊어버린 그 무엇처럼, 그리스인들이 알았던 무언가를 잊어버렸다.

그리스인들은 유토피아가 놀이를 하는 곳이란 걸 알았다. 유토피아에서는 삶을 구원해 주고 살 만한 가치가 있게 만드는 것이 놀이이다. 정확히 묘사하자면 유토피아는 가장 이상적인 인간의 삶이다. 그리스인들은 놀이를 가장 이상적인 인생의 핵심적 요소로 간주했다고 봐야 할 것이다. 삶에서 본질적으로 가치 있고 삶을 살 만한 가치가 있게 만드는 것은 일이 아닌 놀이이다.

삶의 가장 중요한 임무

플라톤은 기원전 4세기 전반 아테네의 뛰어난 철학자이자 인류 역사상 가장 위대한 철학자로 손꼽힌다. 알프레드 노스 화이트헤드Alfred North Whitehead는 서구 사상의 흐름을 '플라톤 철학의 주석'이라고까지 말했다. 플라톤은 자신의 전체 철학 체계를 오늘날 형상形相으로 알려진 에이도스eidos, 즉 이데아를 중심으로 구축했다. 대상의 형상은 본질이며, '~인 것 자체'이다. 오늘날 우리는 누군가의 달리기의 형상을 말할 때 그의 기술을 말한다. 이것은 플라톤을 반영한다. 형상이 더 나을수록 더 완벽한 주자가 되는 것이다.

약간은 다른 의미에서 우리는 운동선수를 '상태가 좋다 혹은 나쁘다'라고 표현할 수 있을 것이다. 플라톤의 표현은 오늘날 우리가 쓰는 언어와 매우 근접하다. 상태가 좋을 때라고 해도 나는 장거리 주자의 형상과는 거리가 멀다.

하일레 게브르셀라시에와 케네니사 베켈레Kenenisa Bekele(현 10,000미터 세계신기록을 보유하고 있는 에티오피아의 장거리 육상 선수─옮긴이)를 예로 들어 보자. 둘 다 좋은 상태에 훨씬 더 가깝다. 사실 고인이 되었건 현존하건 모든 인간들 중에서 이 두 주자는 장거리 주자로서는 최고에 가까운 상태, 즉 형상을 보여 준다. 그러나 플라톤은 게브르셀라시에와 베켈레조차도 완벽하지는 않다고 주장할 것이다.

우리가 사는 현상계에서 완벽한 것은 없다. 누군가를 주자로 만드는 것은 주자의 형상을 닮거나, 플라톤이 말한 것처럼 주자의 형상에 관여했기 때문이다. 주자로서의 상태는 주자의 형상에 대해 그들이 취하는 관계에 의존한다. 그러나 그 형상은 그 자체이다. 그 상태가 성립되기 위해 어떤 것에도 의존하지 않는다. 이것이 보편적으로 더 진실이다. 현상계에 존재하는 모든 것은 하나 이상의 형상과 어떠한 관계를 맺고 있어야만 그 형상일 수 있다. 나는 (부족하나마) 인간의 형상과 닮았기에 인간이다. 휴고는 개라는 형상을 닮았기에 개이고 등등. 그러나 정반대의 의존성은 없다. 형상은 그들의 존재를 설명하기 위해 예로 드는 대상들에는 의존하지 않는다.

형상에서 가장 중요하고도 현실적인 것은 선The Good의 형상이라고 플라톤은 주장한다. 행동, 규칙, 사람, 기관 등 모든 좋은 것들은 선을 닮거나 선에 관여하기 때문에 좋은 것으로 간주된다. 따라서 만물의 좋음은 관계 속의 좋음이다. 만물은 그 외부에 있는 것, 즉 선과 적절한 관계를 맺을 때에만 좋다.

그러나 선은 선 그 자체요, 그 자체로 선하다. 간단히 말해, 플라톤에 따르면 모든 사물은 형상(이데아)을 가지고 있다. 이들 형상은 물질적이지 않은 초감각의 영역에 속하며, 이 영역에서 형상은 위계 질서를 이루고 있다. 위계의 정점에는 가장 진실되고 가장 가치 있는 형상인 선의 형상이 있다.

나는 이런 주장을 거의 믿지 않는다. 비물질적인 본질의 세상에서 진실성과 가치가 피라미드처럼 위계를 이루고 있다는 주장은 올림포스의 신들이나 창세기의 하나님 같은 이야기라고 본다. 반론을 제기하는 이들도 있겠지만, 철학은 가장 위대하다는 말이 거의 전적으로 틀렸다는 말도 될 수 있는 좀 이상한 학문 분야이다. 그리고 나는 플라톤이 거의 전적으로 틀렸다고 생각한다.

우리는 가끔 직관적, 본능적으로 매우 중요하다고 감지하는

생각을 발견할 때 자신의 모습을 잃고 거기에 지나치게 과장
되고 심하게 표리부동한 형이상학적 옷을 입힌다. 올림포스의
신들이건 유대 기독교이건, 종교는 아마 이를 가장 분명히 보
여 주는 사례일 것이다. 그러나 플라톤이 기본적인 인간 성향
에 영향을 받지 않은 것은 결코 아니었다. 종교나 형이상학을
불문하고 이 모든 사례에서 중요한 것은 가르침의 내용이 아니
라 그 속에 내포된 의미이다. 진정 중요한 진리는 진리의 틈새
에서 소리 없이 새어 나오는 것이다.

플라톤의 선은 그 자체의 좋음이다. 형이상학적 과장을 걷어
내고 보면 플라톤의 선은 다른 것의 수단이 아닌 그 자체로 가
치 있는 것을 말한다. 즉, 플라톤의 선은 본질적 가치이다. 형
상의 세계 같은 것은 없다. 최소한 나는 없다고 본다. 그러나
본질적 가치는 있다. 그것은 다른 곳이 아닌 현실 세계의 우리
삶과 그 속에서 우리가 하는 일에서 찾을 수 있다.

현세에서는 내세의 형상이 아니라 본질적으로 가치 있는 것
을 뜻하는 선을 사랑하는 것만이 가치가 있다. 도구, 즉 결과적
으로 얻어지는 다른 어떤 것을 위해서만 존재하는 것은 삶에서
하찮은 것들이다. 그런 것을 원하고 탐하며 간절히 필요로 할
수 있다. 하지만 사랑할 가치가 없으므로 사랑해서는 안 된다.
돈을 사랑하는 것은 모든 악의 뿌리라고 성경은 말한다. 혹은
더 성경답게 표현하면 돈을 사랑하는 게 모든 악의 뿌리이다.

나는 이 부분에 대해 성경이 전적으로 옳다고 생각한다.

그러나 이것은 사랑이 본질적으로 가치 있는 것에 대한 적절한 관계라는 더 보편적인 진리의 한 해석에 불과하다. 본질적 가치를 지니지 않는 대상을 그런 것처럼 대하는 것은 일만 악의 뿌리가 된다. 악한 삶, 악한 정치·사회 체제, 그리고 도처의 악한 사람들. 본질적으로 가치 있는 것은 사랑할 가치가 있다. 삶의 가장 중요한 임무는 자신의 주변을 사랑할 가치가 있는 것들로 채우고 이들을 그렇지 않은 것들과 구분하는 것이다.

페이디피데스의 달리기

아마도 가상의 인물이겠지만, 페이디피데스라는 병사가 있었다. 헤로도토스Herodotus(고대 그리스의 역사가―옮긴이)에 따르면, 페이디피데스는 페르시아 군대가 마라톤 해안에 상륙하자 원군을 요청하기 위해 아테네에서 스파르타까지 약 246.2킬로미터를 달렸다. 기원과 정확성은 확실하지 않지만 또 다른 이야기에 따르면 그 전투가 끝나고 페이디피데스는 마라톤에서 아테네까지의 약 41.8킬로미터를 달려 그리스의 승전보를 전했다고 한다. 사력을 다한 그는 "우리는 이겼노라!"라는 말을 남기고 절명하였다고 한다. 실존 인물이든 아니든 페이디피데스는 이후 마라톤의 기원과 함께 늘 등장하게 되었다.

페이디피데스에게 달리기는 도구적 가치만 있었을 것이다. 아마 어떤 장군이 그에게 "페이디피데스, 아테네로 얼른 가게. 말? 말 같은 소리는 관두고 그냥 뛰어!"라고 명령했을 것이다. 페이디피데스는 다른 무언가를 위해 달렸고, 명령에 불복하거나 지휘관의 노여움을 살 수 없었기에 명령대로 뛰었을 것이다. 처음 달리기를 시작하거나 오랫동안 쉬었다가 다시 할 때는 그에 따른 대가를 치를 각오가 필요하다. 늑대과와 무리지어 달린 내 경우 다소 특이하기는 하지만 어쨌든 대가를 치러야 했다. 따라서 성인이 되고 난 후 시작된 내 달리기 인생은 도구적 기원을 가지고 있다.

도구적 이유가 무엇이든 달리기는 비도구적인 본질, 즉 형상이 있다. 그리고 이것을 서서히 모습을 드러내는 경향이 있다. 최소한 나에게는 그랬다. 브레닌과 달리기를 시작했을 때 나는 쥐꼬리만 한 봉급을 받는 철학과 조교수였기에 자전거를 살 돈이 없었다. 달리기는 집안의 모든 것을 먹어치우는 브레닌을 지치게 만들어야 할 긴급한 요구에 대한 가장 값싼 해결책이었다.

그러나 살아가면서 내 월급도 좀 올라가기 시작했고 자전거 한 대쯤은 살 수 있을 만큼 형편이 나아졌다. 사실 몇 년 후 아일랜드로 이사를 하면서 근사한 산악자전거 한 대를 구입했다. 그러나 실제로 이 자전거를 탄 것은 부상 때문에 달릴 수 없을 때뿐이었고, 그때쯤에는 나의 개과 무리도 상당히 확장되었다. 이 시점에서 나는 달리기에 푹 빠졌다. 달리기의 심장박동이라고 생각하게 된 달리기의 본질이 나를 확고하게 사로잡았던 것이다.

무리가 나이 들고 쇠약해지면서 파괴 본성도 줄어들자, 나는 달리기를 계속하기 위한 새로운 도구적 이유를 개발했다. 돌이켜 보면 잘못된 믿음이었다. 나는 달리기가 유도하는 사유의 명확성 때문에 달렸다. 이제 와서야 깨닫지만, 그땐 벌써 글렀다. 아무리 근거를 개발하고 발버둥을 쳐도 개과 무리를 진정시키기 위해, 또 명확한 사유를 위해 달리는 양은 점점 줄어들기만 했다. 그리고 점점 더 달리기 위해 달리게 되었다.

나는 가끔 페이디피데스가 유사한 변화를 경험하는 것을 상상하곤 한다. 페이디피데스의 장거리 달리기는 서서히 그 도구적 기원을 뒤로 하고, 내딛는 발걸음과 숨 쉬는 호흡마다 달리기의 심장박동 속으로 깊이 몰입한다.

그가 자신과 흥정을 하는가? 나를 미케네의 갈림길에 데려다 준다면 아마 잠시 걸을 수도 있을 것이다. 페이디피데스가 지키지 않을 약속을 남발하는 거짓말쟁이가 되었는가? 그래서 페이디피데스가 정신을 다루는 법을 깨우쳐, 후일 키케로가 주장하듯이 죽는 법까지도 알게 되었는가? 그는 달리기의 심장박동 속으로 더 깊이 여행을 떠나는가? 나에게 갑자기 사유가

찾아와 춤을 추듯이, 페이디피데스도 그랬는가? 그가 달리기
의 심장박동 속으로 깊숙이 여행을 떠나 이유의 강제를 벗어났
는가?

이들은 모두 달리기의 심장박동의 경험이다. 이들은 선의 경
험이다. 이들은 본질적 가치의 경험, 즉 본질적 가치가 삶에서
그 모습을 드러내는 방법을 경험하는 것이다.

플라톤에 따르면 선은 또 다른 존재의 영역인 형상의 세계에
속하며 실제로 그곳의 정점이다. 따라서 우리가 선에 접근하
는 것은 이성을 통해 가능하다. 추상적 추론 능력을 가진 정신
만이 우리에게 형상에 대한 통찰력을 준다. 철학과 종교에서
는 전통적으로 인간은 정신에 의해 영적 혹은 형이상학적인 다
른 세상에 연결되었다고 본다. 정신은 현세의 일부분일 뿐이
며, 현세와 내세에 걸쳐 있다.

그러나 내세 같은 것은 없다. 우리가 죽을 때 정신이 가는 천
국은 없고, 우리가 살아 있을 때 정신이 여행하는 형상의 세계
도 없다. 본질적 가치는 현세에 존재하며, 그것만이 유일한 세
상이다. 그리고 현세에 대한 우리의 접근은 정신 만큼이나 육
체를 통해 이루어진다.

여기에 신, 철학자 그리고 아테네의 운동선수들 사이의 연결
고리가 있다. 신은 우리에게 놀이는 인간이 살 수 있는 최고의

삶의 핵심적 요소이자 삶을 살 만한 가치가 있게 만드는 것이라고 말한다. 철학자들로부터 우리는 삶에서 가장 중요한 것은 선을 사랑하는 것이라고 배운다. 삶에서 본질적 가치를 발견할 때마다 사랑하라고. 그리고 페이디피데스의 발자취를 좇아 달리기를 하면서, 우리는 달리기가 놀이이며 그렇기 때문에 본질적 가치를 지니고 삶에서 그 모습을 드러내는 선이라는 것을 알게 된다.

물론 달리기가 유일한 놀이는 아니다. 그리스인들은 수많은 놀이들을 개발하고 즐겼다. 이러한 모든 놀이에서 우리는 본질적 가치, 즉 삶의 선이 그 모습을 드러내는 것을 본다. 마침내 내가 더 이상 달리기를 할 수 없게 되면, 그때는 다른 놀이를 찾아야 한다. 그러나 달리기는 오래된 놀이이다. 가장 오래되고 또 가장 단순한 놀이이다. 그렇기 때문에 달리기는 가장 오래되고 가장 단순한 인간 활동에서의 선의 표명이다. 달리기는 삶의 본질적 가치의 체화된 이해이다. 이것이 달리기의 의미이며, 바로 이것이 달리기이다.

쾌락과 환희와 행복 사이

실러는 올림포스의 신들은 '인간의 뺨에 깊은 주름을 패이게 만드는 고통과 노동'뿐 아니라 '표정 없는 얼굴이 미소 짓게 만드는 헛된 쾌락'도 없을 거라고 했다. 실러가 바라본 고통과 쾌락은 긴밀하게 연결되어 있다. 쾌락이 삶에서 가지는 가치는 뺨에 깊은 주름을 패이게 하는 고통을 잊게 하는 것이다. 따라서 쾌락은 고통의 안티테제가 아니며 그 가치는 본질적으로 고통에 의존한다.

예를 들어, 고통과 노동의 하루를 보내고 집으로 돌아와 하루의 고단함을 씻으려 술 한 잔을 할 수 있다. 그다음 편안히 앉아서 잘 만든 시트콤 한 편을 즐길 수 있다. 술과 TV는 쾌락의 원천이 될 수도 있다. 그러나 그것들이 주는 쾌락은 일상의 목적, 의무와 걱정을 잠시 잊게 만드는 기능이다. 바로 이것이 표정 없는 얼굴이 미소 짓게 만드는 헛된 쾌락이며, 영혼의 표면만을 어루만질 뿐 그 효과는 오래 가지 못한다.

쾌락과 기분 전환은 재미 fun 라는 단어가 공통적인 어원이다. 우리는 무언가를 재미삼아 한다. 재미는 즐거움을 뜻하지만 동시에 기분 전환의 뜻도 가진다. 1700년대 초반까지 재미라는 단어는 주로 명사가 아니라 '속이다' 혹은 '놀리다'라는 뜻의 동사로 쓰였고, 아마도 앵글로색슨어로 '놀리다'라는 뜻의 'fonnen'에서 왔을 것이다. 따라서 이에 상응하는 명사형은 속임수나 장난이 된다.

쾌락은 도구적 가치로 점철된 삶을 잠시 잊고 기분 전환을 하게 해 주는 것이라는 의미에서 속임수나 장난이 된다. 따라

서 우리가 쾌락에 두는 가치는 우리의 삶이 얼마나 치열한 일
(오직 수단일 뿐인 인간 활동)의 전쟁터가 되었는지를 잘 보여 주
는 증상이다. 쾌락은 본질적 가치가 부재한 삶에서 가장 중요
한 것이다. 쾌락은 현대 사회의 거대한 속임수요, 장난이다.

　그러나 이 시대의 또 다른 특징은 행복을 이해하는 방식이
다. 행복은 보통 쾌락의 한 형태이거나 최소한 그와 유사한 것
이라고 여긴다. 행복과 쾌락은 모두 따뜻하고 편안하며 즐거
운 감정의 하나로 정의한다. 행복과 쾌락 사이에 미묘한 차이
는 있을 수 있다. 예를 들어 행복의 감정은 쾌락보다 더 안정되
고 덜 순간적이다. '더 깊다' 혹은 '더 의미 있다'라고 하면 좀 모
호해진다. 그러나 이 두 가지 사이의 차이점은 감정의 유형이
나 질의 차이일 것이다.

　이는 행복에 대한 쾌락주의적 해석이며, 아리스토텔레스가
말한 유다이모니아eudaimonia(행복을 삶의 최고 가치로 보고 이것의
실현을 도덕적 이상으로 삼는 윤리설—옮긴이)와는 반대의 입장이
다. 고대 그리스인들은 행복을 감정으로 보지 않았다. 그들에
게 행복은 인문적 소양인 지·덕·체의 덕목을 추구하며 사는 안
녕wellbeing이었다. 그리스인들에게 행복은 감정이라기보다는
존재의 방식이었다.

　행복에 대한 쾌락주의적 개념은 공리주의로 알려진 도덕론
의 창시자인 제레미 벤담Jeremy Bentham이 주창했으며, 이후 행복

에 대한 우리의 생각을 지배해 왔다. 사람들마다 행복을 만들 거나 사회에서 행복을 증진시키는 방법에 대해서는 생각들이 다르지만, 행복이 일종의 즐거운 감정이라는 데에는 별다른 이 견이 없다. 런던정경대LSE의 명예교수이자 영국의 영향력 있 는 사회 정책 자문인 리처드 레이어드Richard Layard는 우리에게 행복이란 "기분이 좋고, 삶을 즐기며 그러한 감정이 유지되기 를 원하는 것"이라고 말했다. 그리고 하버드 대학의 탈 벤 샤하 르Tal Ben-Shahar 교수는 행복이 "전반적인 쾌락과 의미의 경험"이 라고 말했는데, 이 둘은 모두 정통적인 견해이다.

따라서 만약 쾌락이 현대의 위대한 속임수이며 쾌락과 행복 사이의 구분이 아무리 잘해 봤자 거의 없는 것이라면, 나도 행 복에 대해 같은 이야기를 해야만 하리라. 그러나 아직 단언하 기는 이르다. 행복에 대한 쾌락주의적 접근이 잘못 되었다는 것이 아니라 절반만 옳다는 것이 문제이다.

쾌락주의적 접근에서는 행복을 하나의 것, 즉 어떤 종류의 감정으로 본다. 그러나 행복의 개념은 근본적으로 애매하다. 행복은 하나가 아니다. 전혀 다른 두 가지가 공존하는 것이 행 복이다. 쾌락과 유사한 것으로 이해했을 때, 장난이나 속임수 는 분명히 행복과 같은 것으로 취급될 것이다. 그러나 이것은 행복에 대한 유일한 해석이 아니다.

행복을 다른 것으로서의 수단이 아닌 그 자체를 원하는 본질적 가치를 지닌 것으로 생각하는 것이 보편적이다. 행복이 본질적으로 가치 있다는 주장은 보편적인 정도가 아니라 거의 범세계적으로, 최소한 철학자들 사이에서는 당연시되는 견해이다. 일견 그럴싸해 보인다. 행복을 돈으로 살 수 있기에 돈을 원할 수 있다. 그렇다면 우리는 행복으로 무엇을 살 수 있다고 생각하는가? 사람들은 다른 이유는 없이 그저 행복해지고 싶어서 행복을 원한다. 바로 이곳이 의미나 목적이 멈추는 곳이다. 따라서 행복은 본질적으로 가치 있는 것이라야 한다.

그러나 만약 우리가 행복을 쾌락으로 생각한다면 이야기가 달라지지 않을까? 쾌락으로서의 행복은 다른 무언가의 수단으로 행복을 원하게 만든다. 다른 무언가를 위한 도구로 한 가지 활동만을 무한히 반복하는 삶의 노동에서 벗어나기 위해 행복을 원한다. 쾌락으로서의 행복은 삶의 의미나 목적이 멈추는 곳이라야 한다. 그러나 쾌락은 그런 것이 아닌 걸로 판명되었다. 쾌락으로 이해하는 행복은 인간 영혼의 시트콤이다.

시트콤이 무엇인지는 모르지만 제우스는 이를 알고 있었다. 제우스는 놀이로 인해 쾌락의 감정이 늦어지고 또 가끔은 사라질지라도 놀이를 고집했다. 원하면 행복을 쾌락으로 생각할 수 있지만, 그럴 경우 행복은 삶을 살 만한 가치가 있게 만드는 중요한 것이 아닐 수 있다는 것까지도 인정해야 한다. 확신에 차서 놀이를 하고 잠시라도 그에 관련된 것이 무엇인지 생각해 본 사람이라면 놀이는 결코 쾌락일 수 없다는 것을 알리라.

내가 막 끝낸 42.195킬로미터의 달리기는 쾌락과 아무 상관 없다고 자신 있게 말할 수 있다. 사실 매우 불쾌했고 특히 21킬로미터 지점에서 불쾌감은 극에 달했다. 달리기가 끝난 후 모든 불쾌감을 일소해 줄 빛나는 성취감도 없었다. 달리기가 끝나자 나는 모호하고 꼭 집어 말하기 어려운 당혹감을 느꼈는데, 경험적으로 그게 '이젠 뭘 하지?'라는 기분인 것을 알았다.

그럼에도 달릴 때와 경주가 끝난 후의 내가 모두 행복하지 않았다고는 확신을 가지고 말할 수 없다. 오히려 너무나 깊게, 심지어 혐오스러울 만큼 극도로 행복했다. 만약 이것이 맞다면, 나는 반드시 모든 행복이 쾌락은 아니라는 결론을 내려야만 할 것 같다. 행복이 언제나 쾌락을 수반하지는 않는다.

경주를 하는 동안 처음으로 이유와 행동 사이의 메울 수 없는 간극을 이해했을 때, 그래서 세상의 모든 이유가 나를 강제할 수 없다는 것을 깨달았을 때, 나는 환희 속에서 달렸다고 말하고픈 거부할 수 없는 유혹을 느꼈다. 슐리크 역시 쾌락을 그가 환희라고 명명한 것과 구분했다. 그러나 무엇인가를 명명하는 것은 그 이름이 무엇을 의미하는지 말할 수 없다면 아무 소용이 없다. 그리고 설령 쾌락과 환희의 구분이라는 것이 있다 해도 현대 사회에서는 보이지 않을 것이다.

  누군가 무언가를 즐긴다면 그것이 주는 기쁨, 즉 재미를 느
낀다는 것 외에 다른 뜻은 없다. 현대는 감정의 시대이다. 그래
야만 한다. 감정은 노동으로 점철된 삶에서 누리는 일탈이다.
그렇기 때문에 우리는 환희가 특별히 고조된 쾌락의 감정, 즉
심화되고 강화된 쾌락과 다르지 않다고 생각하게 된 것이다.
그러나 내가 환희라고 부른 것은 오히려 더 무자비한 불쾌감의
형태로 나타났다. 그러면 어떤 의미와 어떤 근거로 나의 이 경
험을 '환희'라고 부를 수 있을까?

  환희는 행복의 또 다른 형태로, 쾌락이라고 볼 수 없는 여러
행복 중 하나이다. 쾌락으로서의 행복은 느낌의 방식으로 정
의된다. 그러나 환희로서의 행복은 그렇지 않다. 나는 이유와
행동의 간극에서 달릴 때 환희를 경험했다. 그러나 사르트르
는 같은 경험을 고뇌로 표현했다. 그처럼 정반대의 의미를 내
포한 경험이 어떻게 같은 것을 지칭할 수 있는지는 이 환희가
느낌의 방식으로는 설명할 수 없다는 것을 보여 준다.

  환희는 여러 가지 느낌으로 경험될 수 있다. 감정은 환희에
수반할 수 있지만 환희를 정의하거나 성립시키지는 못한다.
갑자기 나타난 사유와 함께 달리면서 내가 만난 환희는 그에
수반하는 감정의 측면에서는 어떤 이유도 나를 강제할 수 없음
을 깨달으며 만난 환희와는 매우 다르다. 그럼에도 이 둘은 모
두 환희가 가질 수 있는 형태들이다. 환희는 본질적으로 하나

혹은 그 이상이 합쳐진 감정이 아니다. 환희는 인식의 한 형태이다.

도구적인 것에 더 많이 지배받는 삶일수록 쾌락에 가치를 두게 된다. 그러나 환희의 기능은 사뭇 다르다. 환희는 여러 경험의 형태를 취할 수 있다. 현재 하는 일에 철저히 몰입하는 경험인 집중의 환희도 있다. 결과가 아닌 행동, 목표가 아닌 활동에 몰두하는 열정의 환희도 있다. 어떤 대가를 치르든 자신을 올인하고 놀이를 가장 어려운 방식으로 만드는 경험인 인내의 환희도 있다. '나는 오늘 이곳에서 굴복하지 않는다'는 저항의 환희도 있다.

환희는 그 형태가 무엇이든 달리기의 심장박동에서 찾을 수 있다. 그러나 결국 이 모든 것은 하나로 귀결된다. 환희는 삶의 본질적 가치의 경험이자 인식이다. 환희는 삶에서 그 자체로서 가치 있는 것, 삶에서 사랑할 가치가 있는 것을 인식하는 것이다. 쾌락은 우리를 본질적 가치가 없는 것에서 일탈하게 만든다. 환희는 행동의 인식이다. 쾌락은 감정의 방식이다. 그러나 환희는 보는 방식이다. 환희는 결코 쾌락이 아니며 쾌락이 될 수도 없는 어떤 것이다. 그것은 삶의 의미와 목적이 멈추는 곳에 대한 인식이다.

주어진 운명과 화해하는 법

사람들은 누구나 이 세상에 처음 올 때 두렵고 혼란스럽고 혼자였던 그 모습대로 이 세상을 떠난다. 태어날 때 우리는 포근한 품에 안겨 부드럽게 어르는 소리를 들었다. 그러나 떠날 때는 아무것도 없을 것이다. 모든 생명체의 삶은 슬프고 처절하다는 면에서 비슷한 굴곡을 그린다. 그러나 인간은 조금 다르다.

나는 미래를 생각하면 두렵고 답답했다. 하지만 내 아이들의 미래를 생각하면 그 정도 두려움과 답답함은 아무것도 아니다. 가끔은 비트겐슈타인이 말했듯, 삶에서 가장 보기 어려운 것은 가장 명백한 것인데 너무나 명백하여 정확히 보는 것이 어려운 것이다.

이제 이것은 내게 명백하다. 아이들을 삶에서 보호할 대단한 힘도 없으면서 이 사악한 곳에 태어나게 만들었다. 아이들이 무사히 잘 자라고 꽃을 피우고 살면서 본질적 가치를 가장 풍부히 만날 때 내가 조금은 도움이 되리라고 확신한다. 그러나 삶이 힘들 때, 나는 마치 이혼하고 양육비 한 푼 대지 못하는 무능력한 아버지처럼 이 세상에 없을 것이다. 몇 십 년 남은 나의 여생을 아이들이 나 없이 서서히 사라져 가도록 방치해 둘 것이다. 그러나 내가 아이들의 기억 속에 살아남아 그들이 이 세상의 악함을 헤쳐 나가고 또 서서히 사라짐에 대처할 때 도움이 될 수 있을까?

불행하게도 어린 시절의 기억은 병약한 아이와 같다. 내 아이들은 아직 기억이 필요 없다. 딱히 필요할 일이 있겠는가? 기억이 필요한 그때가 오면 기억될 나는 더 이상 이 세상에 없을 것이다. 밀란 쿤데라Milan Kundera의 말처럼 잊히기 전에 우리는 키치kitsch가 된다. 우리에게 남은 기억은 한때 존재했던 한 남자의 캐리커처, 모호한 제안 혹은 주제일 것이다.

운명을 이해하는 것은 우리의 운명이다. 그리고 이 때문에 우리가 사랑하는 이들의 운명이 우리 운명의 일부가 되는 것이다. 따라서 우리의 삶은 슬프거나 불행한 정도가 아니라 비극이다. 비극은 불운과 자각이 만날 때 탄생한다. 어떤 사람이 단순히 고통받고 죽는 것이 아니라, 그 고통과 죽음을 돌이킬 수 없다는 것을 자각할 때 비극이 된다.

현세에 의미가 있다면, 그것은 삶을 구원해 주는 것이리라. 바로 까뮈가 말했던 살 만한 가치가 있게 만드는 것이리라. 니체는 이보다 더 나아가서, 삶의 의미는 삶을 견뎌 내는 것만이 아니라 사랑할 수 있게 만들어 주어야 한다고 했다. '인간의 위대함에 대한 나의 공식은 아모르파티amor fati, 運命愛이다. 달라지는 것도, 미래나 과거로 가는 것도, 영원을 통틀어 어떤 것도 더는 원치 않는다. 모든 이상주의는 필요한 것의 앞에서는 허

위에 불과하니, 필요한 것은 절대로 숨기지 말고 그저 견디는
것은 더더욱 아니며, 그저 사랑하라.'

아모르파티, 즉 운명에 대한 사랑은 많은 것을 요구한다. 가
끔은 과거로 돌아가고 싶다. 나는 억세게 운이 좋은 사람이다.
그럼에도 불구하고 과거의 어리석음이나 경솔함을 약간이라
도 후회하지 않는다는 것은 참으로 어려운 일이다. 어떤 사람
들은 현재의 삶 그대로가 만족스럽다고 말하지만 나는 글쎄,
모르겠다. 그러나 뒤로 가는 것의 끔찍함은 앞으로 가는 것에
비하면 아무것도 아니다. 이런 운명을 사랑하는 것은 불가능
에 도전하는 게 아닐까?

그렇지만 내가 가까이 다가가는 순간들이 있다. 근본적으로
중요한 것을 좇는 삶과 그 속에 몰입해서 둘러싸여 사는 삶에
는 큰 차이가 있다. 이 두 삶의 사이에는 메울 수 없는 거대한
간극이 있다. 다른 무언가를 좇아 달리는 사람들이 있다. 그리
고 그저 달리기 위해 달리는 사람들도 있다. 현세에 의미가 있
다면 '쫓아가지 말고 그저 달려라' 이외에 무엇이 있을지 모르
겠다. 도구적 가치의 지배를 받는 삶은 무엇을 하건 그 목적이
다른 것에 있기에 늘 쫓아다니기 바쁜 삶이다. 대신 삶의 선을
찾고 사랑하며 그것으로 주변을 가득 채우고 온 힘을 다해 그
것을 지켜 내라.

달리기와 무리(개과 혹은 인간의 무리)는 내 삶에서 끊임없이

본질적 가치인 선의 양대 산맥을 이루어 왔다. 나는 달릴 때 선에 몰입한다. 구성원들이 계속 변하기는 했으나 내가 무리지어 달릴 때 나는 선으로 둘러싸여 있다. 언제나 무리를 찾을 수 있는 것은 아니다. 상황에 따라 무리가 없을 수 있다. 그러나 혼자일지라도 선을 찾는 것은 가능하다. 방법은 운동화를 신고 달리기의 심장박동이 들릴 때까지 계속 뛰는 것이다. 계속 달리다 보면 결국에는 나타나게 되어 있다.

선에 몰입하고 선으로 둘러싸이게 되는 순간에는 비록 운명을 사랑할 수 없을지라도 최소한 화해는 할 수 있을 것이다. 다른 운명을 바랄 여력이 없기 때문에 나는 운명과 화해한다. 이것은 운명을 사랑하는 것이 아니라 수용하는 것이다. 그리고 이것이 나의 최선이다.

이 짧은 순간 만큼은 과거에 일어났던 어떤 일도, 또 앞으로 벌어질 어떤 일도 끼어들지 못한다. 나와 내 무리가 지나갈 때 태양 아래 일광욕을 즐기는 도마뱀에게 옆 바위로 좀 비켜 달라고 요구할 수 없는 것처럼, 나는 과거나 미래가 다르기를 더 이상 바라지 않을 것이다. 내 운명은 이런 순간들을 지배할 수 없다. 나는 내 운명을 사랑할 수 없지만 최소한 도마뱀이 쉬고 있는 바위 만큼 무감할 수는 있다. 최소한 이런 순간에 나는 내 운명과 동등하다. 모든 의미나 목적이 멈추는 이런 순간은 더 이상 뒤쫓는 것이 아닌 진정한 달리기가 시작되는 곳이다.

달리기의 뛰는 심장 속에서 나는 내가 한때 그랬고 또 알았던 것의 메아리를 듣는다. 달리기의 심장박동이 나를 꼬옥 끌어안을 때 나는 인간의 타락 이전의 본연의 모습으로 돌아간다. 달리기의 리듬이 나를 꼬옥 끌어안을 때, 나는 환희의 들판에서 달린다. 그 속에 둘러싸여 외부에서부터 내부까지 따뜻해진다. 그러한 순간에 달리기는 나에게 속삭인다. 그 속삭임은 불현듯 나타났다 순식간에 사라지는 사유이다.

달리기는 마치 기억이 날 듯 말 듯 애태우다 사라지는 꿈처럼 내가 한때 알았지만 기억할 수 없었던 진리를 속삭인다. 이것은 환희의 속삭임이요, 자유의 속삭임이며, 우리를 발가벗기고 죽음에 이르게 만드는 삶이 내포하는 진정한 의미의 속삭임이다. 달리기는 에덴의 삶을 속삭인다.

감사의 글

나의
인간 무리들에게

가장 먼저 편집자인 사라 홀러웨이에게 감사한다. 드디어 책
이 막바지를 향해 달리던 지난 몇 달간, 인내를 가지고 귀한 조
언과 격려를 아끼지 않았던 그녀가 아니었다면 나는 떠오르는
사유를 마음껏 좇아 이 책을 마칠 수 없었을 것이다. 전체 초안
을 꼼꼼히 읽고 매우 유용한 제안을 해 준 앤 메도스에게도 깊
은 고마움을 느낀다. 훌륭히 교정교열을 해 주신 벤저민 뷰컨
과 편집 교정을 비롯해 많은 도움을 주신 미란다 베이커에게도
진심으로 감사한다.

든든한 에이전시 리즈 퍼틱에게도 늘 고마운 마음이다. 수
십 년 동안 나를 괴롭혀 온 왼쪽 종아리 파열을 조직 부위별 재

활로 치료해 준 신의 손을 가진 물리치료사 브루스 윌크에게도 깊은 감사의 인사를 드린다. 1장과 7장의 골격이 되는 사건들은 그가 없이는 불가능했으며, 머지않아 오른쪽 종아리 문제로 그를 다시 보게 되리라는 것도 알고 있다.

나는 달리기가 오래 전에 잊힌 역사 속 사상가들의 사유를 전하는 장소라고 확신한다. 사실 그 덕분에 내가 매일 살아가며 사리분별을 할 수 있음에도 불구하고, 그들이 무덤에 묻힌 것처럼 나의 기억 속에 묻혀 거의 잊히다시피 한 사유들 말이다. 마치 나는 가만히 서 있는데 여러 가지 방식으로 내 책에 들어왔다 나가는 것처럼 달리는 나를 스친 사유들은 바로 플라톤, 모리츠 슐리크, 아르투어 쇼펜하우어, 장 폴 사르트르, 프리드리히 니체, 마르틴 하이데거, 아리스토텔레스, 데이비드 흄과 르네 데카르트 같은 대가들의 것이다.

무엇보다 나는 그들의 삶을 나와 공유해 주고, 중요한 것을 좇는 삶과 그 속에 둘러싸여 사는 삶의 차이를 이해할 수 있게 도와 준 나의 무리에게 가장 큰 빚을 졌다. 가장 먼저 나의 개과 무리들에게 고마움을 느낀다. 부츠, 파라오, 샌디, 브레닌, 니나, 테스 그리고 휴고. 나와 함께 달려 주어 고맙구나. 나처럼 의지도 약하고 게으른 사람은 너희들이 없었다면 그렇게 될 수 없었을 거야.

나의 인간 무리에게도 감사한다. 부모님 덕분에 나는 살아가면서 늘 개와 함께 지낼 수 있었다. 나의 아들 브레넌과 맥슨. 오래 전에 내가 잊어버렸고 또 그럴 수밖에 없었던 것을 도저히 흉내 낼 수 없는 너희들만의 방식으로 내게 일깨워 줘서 고맙구나.

끝으로 고마움을 표할 한 사람은 사랑하는 아내 엠마이다. 전작에서 내가 본 가장 아름다운 여인일 뿐만 아니라 내가 아는 가장 너그러운 사람이라고 했던 내 생각에는 아직도 변함이 없다.

중년의 철학자가 달리면서 깨달은 인생의 지혜와 성찰

철학자와 달리기

1판 1쇄 2022년 10월 13일
1판 2쇄 2023년 10월 10일

지은이 마크 롤랜즈
옮긴이 강수희
펴낸이 유경민 노종한
책임편집 김세민
기획편집 유노책주 김세민 이지윤 **유노북스** 이현정 함초원 조혜진 **유노라이프** 박지혜 구혜진
기획마케팅 1팀 우현권 이상운 **2팀** 정세림 유현재 정혜윤 김승혜
디자인 남다희 홍진기
기획관리 차은영
펴낸곳 유노콘텐츠그룹 주식회사
법인등록번호 110111-8138128
주소 서울시 마포구 월드컵로20길 5, 4층
전화 02-323-7763 **팩스** 02-323-7764 **이메일** info@uknowbooks.com

ISBN 979-11-92300-32-0 (03100)